스탈린주의에 맞선 레닌의 투쟁
레닌 저작선

스탈린주의에 맞선 레닌의 투쟁
레닌 저작선

블라디미르 레닌 지음 | 최일봉 옮김

책갈피

차례

차례

일러두기

1. 인명과 지명 등의 외래어는 최대한 외래어 표기법에 맞춰 표기했다.

2. 《 》부호는 책과 잡지를 나타내고, 〈 〉부호는 신문, 주간지를 나타낸다. 논문은 " "로 나타냈다.

3. 2~6장의 배경 설명은 모두 영어판 편집자가 쓴 것이다.

4. 본문에서 [ ]는 옮긴이가 독자의 이해를 돕거나 문맥을 매끄럽게 하려고 덧붙인 것이 다. 영어판 편집자가 덧붙인 것은 [— 영어판 편집자]로 표기했다.

5. 본문의 각주는 옮긴이가 독자의 이해를 돕기 위해 넣은 것이다.

6. 후주는 영어판 편집자가 넣은 것이다. 트로츠키의 후주는 '— 트로츠키'로 표기했다.

7. 원문에서 이탤릭체로 강조한 부분은 고딕체로 나타냈다.

옮긴이 머리말

레닌에 대한 오해가 상식이 된 지는 오래됐다. 오해의 핵심은 바로 레닌과 1917년 10월 러시아 혁명 자체에서 스탈린주의가 비롯했다는 생각이다. 스탈린주의는 1920년대 말부터 1991년 몰락 때까지 존속한 소련의 사회체제를 가리키는 말이기도 하고, 그 사회체제를 합리화하고 지지하는 사상과 운동을 가리키는 말이기도 하다.

러시아 혁명 이후 6년여 시간이 흘렀을 때 레닌이 사망했고, 10여 년의 시간이 흘렀을 때 스탈린 체제가 확립됐다. 그 중요한 특정 시기에 일어난 일을 정확하게 알려는 노력 없이, 그저 매스 미디어와 자본주의 대학의 영향에 무방비로 노출된 채 레닌과 러시아 혁명에 대해 재단하는 것은 정치적으로 게으른 행동이다.

이 정치적 나태가 스탈린주의를 소생시키는 것으로까지 나타나기는 쉽지 않았다. 소련 시대의 잔재를 표상하는 푸틴 자신이 소련과의 단절을 더할 나위 없이 분명히 해 왔기 때문이다. 그러나 중국의 부상과 그에 대응한 미국의 중국 중심 대외 정책은 '시장 스탈린주의'라고 할 만한 것의 부상을 초래했다. 특히, 시진핑은 '21세기 마르크스주의'를 주창하고 있다.

게다가 북한의 김정은은 한껏 냉전적 대남 정책을 선포했다. 물론 자기 부친과 구별되는 그의 노선은 서방(특히 미국과 일본) 제국주의와 남한 국가의 친서방 노선에 대응하는 성격이 강하다.

이와 맥을 같이해 북한 스탈린주의 체제의 기관지 〈로동신문〉은 2020년 1월 17일 '사회주의 운동의 더러운 배신자'라는 제목의 기사에서 트로츠키를 다음과 같이 비난했다.

"사회주의 운동사에는 자기를 혁명의 길에 내세워 준 수령의 믿음을 저버리고 배신한 자들도 기록돼 있다. 러시아의 트로츠키도 그러한 자 중의 하나다. … 트로츠키는 레닌이 병상에 들 무렵 스탈린을 후계자로 지목하자 자기의 더러운 본색을 드러내고야 말았다. … 그는 분별을 잃고 반反레닌, 반反스탈린, 반反혁명 책동을 광란적으로 벌였다. … 소련에서의 사회주의 건설을 환상이라고 헐뜯었는가 하면, 사회주의 건설이 추진되자 초공업주의를 비롯한 황당한 궤변을 늘어놓았다."

이 책은 이런 주장이 순전한 거짓임을 명명백백하게 보여 준다. 특히, "트로츠키는 레닌이 병상에 들 무렵 스탈린을 후계자로 지목하자 자기의 더러운 본색을 드러내고야 말았다"는 거짓말이나 소련에서의 사회주의 건설 관련 거짓말이 두드러진다. 트로츠키는 (소련) 한 나라에서 사회주의 건설을 시작할 수 있다는 것을 반대하지 않았다. 그가 반대한 것은 사회주의 건설을 완수할 수 있다는 것, 즉 계급 없는 사회를 구현할 수 있다는 주장이었다.

가령 이 책 5장에서 다루는 문제, 즉 노동자 국가에 의한 대외무역 독점 같은 정책을 트로츠키가 지지했는데도 그를 사회주의 건설 반대론자로 모는 것은 명백한 왜곡 아니겠는가.

레닌과 트로츠키 시대의 마르크스주의자들은 마르크스 자신처럼 사회주의를 계급 없는 사회로 이해했다. 그런 사회로 가려면 자본주의의 철폐가 필요했다. 자본주의를 철폐하려면, 노동자 혁명으로 자본주의 국가를 분쇄하는 것과 아래로부터 노동자 국가(마르크스는 "프롤레타리아 독재"라고 불렀다)를 수립하는 것이 전제 조건으로 요구됐다. 이 두 가지 일을 말하지 않고 사회주의를 말하는 것(특히 카우츠키주의)을 두고 레닌은 (《국가와 혁명》에서) 마르크스주의의 모조품이라고 규탄했다.

10월 혁명은 두 가지 일 중 한 가지 일(기존 국가 분쇄)을 성취했음을 뜻했다. 그러나 다른 일, 즉 노동자 국가 수립은 진행형이었다. 그 과정은 지난했다. 처음에는 차르 잔당들(백군)과의 내전이 가장 큰 장애물이었다. 백군을 물리친 후에는 서방의 경제적·외교적 압박이 가장 큰 장애물이었다. 이 압박은 혁명 러시아 사회에 거대한 부담이 됐다. 레닌은 특히 관료주의 문제에 주목한다. 그는 당시 러시아 국가가 "관료적으로 일그러진 노동자 국가"라고 정의한다. 그가 그 사회를 사회주의라고 정의하지 않았음에 유의하라.

관료화를 표현하는 핵심 국가 관리자가 바로 스탈린이었다. 레닌은 그를 직위(직책)에서 밀어내려 했다. 〈로동신문〉이 주장하듯이 "스탈린을 후계자로 지목하"기는커녕 말이다. 리투아니아 태생 유대계 마르크스주의자 모셰 르빈(1921~2010)은 레닌의 이 노력을 "레

닌의 마지막 투쟁"이라고 불렀다. 레닌의 투쟁은 그가 세 번째 뇌졸
중으로 반신불수가 되고 언어 능력을 완전히 상실하는 바람에 실패
했다. 르빈은 그의 투쟁을 대신할 사람이 없었다는 점에서 "대안의
실종"을 얘기했다. 실제로 트로츠키는 "반反스탈린 책동을 광란적으
로 벌"(《로동신문》)이기는커녕 투쟁을 회피한 측면이 있다. 역자는
이것이 트로츠키의 큰 잘못이었다고 보는데, 그가 레닌의 자리를
계승하기 위해 애쓴다는 비난을 듣지 않으려 그랬다고 나중에 설명
했음에도 그렇다. 역자는 트로츠키가 당시에 레닌주의 정당 사상을
충분히 이해하지 못했고, 그가 충분히 이해하기 시작한 것은 레닌
사후 스탈린 체제가 갈수록 굳어지고 있음을 깨달으면서였다고 본
다. 레닌이라는 비빌 언덕이 사라지고 나서야 비로소 스스로 개척하
기 시작했다는 말이다.

하필 1923년 10월에는 그 갈망했던 독일 혁명도 실패했다. 러시아
의 경제적·외교적 고립은 더 심화됐다. 그리고 1924년 1월 마침내 레
닌이 사망했다. 그러자 몇 달 뒤 스탈린은 자신이 쓴 책의 국제주의적
주장 부분을 개악한 개정판을 내놓으면서까지 일국사회주의론(러시
아 한 나라에서도 무계급 사회를 이룩할 수 있다는)을 주장했다. 스
탈린은 전혀 사상가 재목이 못 되었으므로 사실 일국사회주의론은
부하린이 주창한 것을 훔쳐 온 것이었다. 스탈린은 부하린의 주장이
독일 혁명 패배 후에 고립을 애국심에 호소해 극복해 보려던 신흥 러
시아 관료의 처지를 합리화하기에 적합한 이데올로기라고 본 것이다.

이 책에 실린 글들은 이런 상황 전개를 예상할 수 없었던 레닌이

낙관론을 갖고, 또는 설사 불길한 예감이 들어도 애써 억누르며 쓴 것들이다. 아직 러시아 혁명의 성취가 완전히 무로 돌아가고 사회가 자본주의의 한 변형이 되기 전에, 단지 퇴화했을 뿐인 노동자 국가 하에서 개혁을 추구하며 의견 교환을 한 글들이다(레닌과 연대하며 의견을 주고받은 트로츠키의 글들도 포함돼 있다).

이런 과정을 진지하게 알아보려 하지 않고, 또 레닌 사후 전개된 당내 갈등을 개인들 간의 권력투쟁 정도로 축소해 이해하는 것이 정치적으로 얼마나 나태한 일인지 이 책을 읽어 보면 알 수 있다.

오늘날 중국과 북한 바깥에서 스탈린주의는 좌파적 사회민주주의와 경쟁하며 좌파적 개혁 운동 구실을 하고 있다. 가령 한국에서 민주당이 재기를 위해 애쓰는 노력의 일부를 진보당과 그 계열 노동조합 지도부들이 담당하려 하고 있다. 윤석열 정부가 극우적으로 행동하고 있으므로 이 노력들은 흔히 지지받을 만하다. 그러나 이 전략은 민중주의라는 한계가 설정돼 있다. 그래서 노동자 투쟁이 정치적 항의 이상으로 나아가는 것을 상정하지 않는다. 특히, 이윤 시스템의 근간을 흔들 계획이 포함되지 않는다.

이 책은 스탈린주의를 레닌주의의 적법한 상속자로 오해하는 사람들을 위한 것이다. 러시아 혁명 후 100년이 넘는 시간이 흘러 비정통적인 스탈린주의 운동도 생겨났다. 그럼에도 이 책은 스탈린주의의 기원을 보여 주는 구실을 할 것이다.

최일붕

1장

영어판 편집자 머리말

스탈린과 소련 관료 집단이 러시아 혁명을 이끈 레닌과 볼셰비키의 정당한 계승자란 견해만큼 일반적으로 받아들여지는 신화는 없을 것이다. 그 이유를 알아내는 것은 어렵지 않다. 이 견해가 '사회주의 국가'들에서뿐 아니라 자본주의적 '민주주의 국가'들에서도 공식 이데올로기의 입장이기 때문이다. 물론 양 진영은 각자 자기 나름의 이유로 그 견해를 널리 퍼뜨린다. 소련 관료들과 동유럽·아시아의 관료들은 최초의 반자본주의 혁명의 영광을 독차지해서 자신들의 지배를 정당화하려고 레닌과 볼셰비키를 자신들과 동일시하려 한다. 다른 한편, 자본주의 이데올로그들은 10월 혁명과 자본주의 타도를 관료 집단이 저지른 잘못된 경제 운영, 민족 억압, 개인적 자유 탄압과 동일시하고 싶어 한다. 그들은 혁명의 변질을 필연적이고 예정된 결과로 보이게 만들려고 한다. 자본주의적 지배가 경제적 혼란, 인종차별, 시민적 자유 억압을 가져온다지만 그에 대한 혁명적 대안도 별 볼 일 없다는 것이다.

스탈린주의가 볼셰비즘의 자연스러운 계승자란 견해를 뒷받침하기 위해 스탈린주의자들이 사용하는 방법은 역사를 노골적으로 날조하고 왜곡하는 것이다. 소련에서 나온 다양한 소련공산당 역사책들을 대강만 훑어봐도 출판 연도에 따라 서로 어긋난다는 점을 알 수 있다. 그 유명한 《소련공산당 약사略史》를, 스탈린의 지시하에 출판된 1939년 판과 [흐루쇼프 때 쓰인] 1960년 판을 비교해 보면, [숙청된 이들의] '범죄 사실'이나 혐의가 달라졌음을 알 수 있다. 1939년 판의 "사보타주 세력"과 "간첩"이란 표현이 1960년 판에서는 "좌·우파적 일탈을 저지른 자들"로 바뀌어 있다. "자본주의의 첩자들"도 단지 사회주의 건설을 방해한 "모험가들"로 바뀌었다.

스탈린이 살아 있는 동안 모든 역사서는 스탈린을 영명하고 전지全知한 "인민의 아버지", 무오류의 진정한 신으로 묘사했다. 오늘날에는 스탈린의 역할에 대한 관료들의 공식 평가가 그들의 국내 정책을 보여 주는 척도 구실을 한다. 관료들이 스탈린을 비판한다면 그것은 그들이 소련 내의 정치적 이견에 대한 제약을 완화하기로 했다는 뜻이다. 스탈린을 찬양한다면 이는 강력한 탄압을 한다는 뜻이다. 이처럼 소련 역사에 관한 모든 서술은 일정한 의도를 품고 쓴 것이다. 물론 그 의도는 레닌과 그가 건설하고 지도한 볼셰비키와, 현재 소련의 정치권력을 장악하고 있는 지배 카스트 사이의 관계를 명확히 하려는 것이 전혀 아니다.

트로츠키가 "발표 금지된 레닌의 유언장에 대해"라는 글을 쓴 것은 소련의 관료 집단이 레닌 전통의 계승자가 아니라는 사실을 밝히기 위해서였다. 트로츠키는 스탈린에 의해 1929년 소련에서 추방된 후 첫 망명지인 터키[지금의 튀르키예]의 뷔위카다(프린키포)에서 1932년 12월 31일 이 글을 완성했다.

독일 저술가 에밀 루트비히가 쓴 스탈린 전기의 등장이 트로츠키가 이 글을 쓰게 된 직접적 계기였다. 루트비히는 현대의 "인간 중심적 전기" 학파의 주도자이고 루스벨트, 프로이트, 비스마르크에 관한 연구서를 내기도 했다. 루트비히가 쓴 전기는 스탈린과의 대담을 토대로 스탈린이 레닌의 정당한 계승자라고 암묵적으로 가정하고 거듭거듭 트로츠키를 비방한다. 그러나 트로츠키는 자신의 누명을 벗기는 것보다 훨씬 더 큰 것을 염두에 두고 이에 대한 답변을 썼다. 트로츠키는 소련공산당 내부 투쟁에서 자신이 한 구실과 레닌의 정치 활동 마지막 몇 달간 자신과 레닌이 맺은 개인적·정치적 관계를 밝힘으로써 소련공산당 좌익반대파야말로 레닌주의 전통의 진정한 계승자임을 보여 주려 했다.

트로츠키가 "발표 금지된 레닌의 유언장에 대해"를 쓰던 당시, 소련 내의 좌익반대파는 스탈린주의 관료들의 탄압으로 산산조각 나고 있었다. 좌익반대파의 모든 지지자가 당에서 제명됐고, 수천 명이 감옥에 갇히거나 소련의 오지로 유배됐으며, 많은 사람들이 '자기비판'을 하고 자신의 견해를 철회하도록 강요받았다. 트로츠키는 소련에서 추방된 후에도 망명지에서 투쟁을 계속했다. 스탈린은 좌익반대파의 구심을 없애기 위해 트로츠키를 추방한 것이었는데(당시에는 반대파를 제압하는 데 더 직접적이고 영구적인 수단을 쓸 자신이 없었다), 트로츠키가 국제적 범위에서 반대파를 조직할 수 있으리라고는 예상하지 못했다. 트로츠키는 프랑스·독일·영국·미국 등에서 좌익반대파 단체들을 조직했다. 이 좌익반대파의 중심 세력이 나중에 제4인터내셔널로 발전한다. 1938년에 결성된 제4인터내셔널은 오늘날[1974년 9월 현재] 40여 개국에 지부를 두고 있다.

트로츠키는 자신의 글을 뒷받침하기 위해 레닌이 쓴 문서들, 특히 생애 마지막 무렵에 쓴 여러 글과 편지를 담은 문서들을 증거로 제시했다. 그중 훗날 "레닌의 유언장"이라고 불리게 된 가장 중요한 문서는 볼셰비키 12차 당대회에 보내는 편지의 한 부분으로 당의 주요 지도자들, 특히 트로츠키와 스탈린에 대한 레닌의 평가가 담겨 있다. 이 편지는 대회에 제출되지 못했다. 레닌의 아내인 크룹스카야는 레닌이 건강을 회복한 후 그 편지가 불러올 투쟁을 직접 이끌 수 있기를 바라며 편지를 비밀리에 간직했다. 1924년 1월 21일에 레닌이 죽고 난 후 크룹스카야는 그 편지를 당 중앙위원회로 보내, 1924년 5월로 예정된 13차 당대회에서 공표할 것을 요청했다. 스탈린과 그의 지지자들은 극렬히 저항한 끝에 대회에 참석한 대의원들에게 그 편지를 낭독하는 데에는 동의했으나 그 편지를 발간하는 것은 거부했다.

실제로 그 편지는 소련에서 줄곧 출판되지 못하다가 1956년 소련 공산당 관료들 내부의 투쟁이 긴박한 상황에 이르러서야 비로소 흐루쇼프와 그의 그룹이 레닌의 다른 글이나 서한과 함께 공개했다. 이 자료들이 발행되자 스탈린주의 서클들에서 일대 파문이 일어났는데, 이들에게는 레닌이 스탈린을 "절대적으로 지지"했다는 것이

30년 넘는 신조였기 때문이다. 그 "새로운" 자료는 대부분 거의 30년 전에 트로츠키가 "당사黨史 편찬국에 보내는 편지"에서 공개한 것들이다. 이 편지는 《러시아의 실제 상황》이란 제목으로 1928년 미국에서 맥스 이스트먼이 출판했으며 그 후 2년 동안 10개 언어로 번역됐다. [1956년] 소련에서 이 자료들이 출판됨으로써 트로츠키가 자신의 글에서 언급한 근거들은 진짜임이 입증됐다.

본 저서의 핵심 부분은 볼셰비키와 소비에트 국가기구에서 날로 성장해 가던 관료주의와 스탈린주의에 반대한 레닌의 유언장과 레닌의 투쟁을 설명한 트로츠키의 글로 구성돼 있다. 트로츠키의 글은 그의 주장이 진실임을 뒷받침하는 문서들과 함께 수록됐는데, 이 문서들은 입수할 수 있는 소련의 공식 문헌에서 그대로 가져온 것이다. 그뿐 아니라 우리는 레닌이 정치적 생애 말년에 전개한 투쟁의 전모를 보여 주기 위해 레닌과 트로츠키가 쓴 그 밖의 많은 문서를 발췌하거나 전문 그대로 공개하고 있다.

스탈린주의자들이 역사를 노골적으로 날조해 자신들이 레닌주의의 유산을 물려받았다고 주장해 왔다면, 그 밖의 역사가들은 더 교묘한 수단들을 사용해 '스탈린주의=레닌주의'라는 등식을 증명하려 해 왔다. 이런 역사가들은 대부분 볼셰비키 '원죄原罪'론을 이러저러한 형태로 지지해 왔다. 이 이론은 10월 혁명의 변질과 관료 집단 등장의 근원을 레닌이 만들어 낸 볼셰비키의 조직 형태에서 찾으려 한다. 이런 학자들은 혁명 이후 스탈린을 정점으로 하는 관료 독재 체제가 "자연스럽게" 발전하게 된 기초를 레닌이 주장한 중앙 집중적이고 규율 있는 조직에서 찾았다. 그런 견해는 한 가지 아주 기본적인 오류를 범하고 있다. 그것은 조직 문제를 볼셰비키가 활동하던 실제 세계를 초월한 형이상학적이고 절대적인 위치로 끌어올린다는 점이다. 즉, 볼셰비키가 후진적이고 전쟁으로 피폐화된 사회를 재조직하려 하면서 직면한 물질적 어려움과 이런 어려움이 당의 변화에 미친 영향 등의 문제를 한쪽으로 제쳐 놓고 있는 것이다.

러시아 혁명의 문제들

1917년 10월 혁명의 승리와 1922~1923년 스탈린주의의 대두 사이의 기간은 세 시기로 나눌 수 있다. 첫째, (토지개혁 법령을 제정하고 독일과의 전쟁을 끝내는 등) 초기의 과업들을 완수한 볼셰비키와 좌파 사회혁명당의 연립정부 시기(1917년 11월부터 1918년 3월까지). 둘째, 산업을 국유화하고 농민에게 곡물을 강제 징발한 내전과 전시戰時공산주의의 시기(1918~1920년). 셋째, 소비에트 권력을 공고화하고 신경제정책NEP을 도입한 시기(1921~1922년).

이 시기를 상세히 분석하는 것은 이 머리말의 범위를 벗어나지만, 관료주의와 스탈린의 부상浮上을 초래한 주된 추세들은 대강의 윤곽을 살펴볼 수 있다.

첫째이자 가장 중요한 요인은 혁명의 국제적 고립이었다. (스탈린을 포함해) 볼셰비키 지도자들 가운데 러시아 혁명이 고립적 현상일 것이라고 생각한 사람은 아무도 없었다. 오히려 그들은 러시아 혁명을 전 유럽을 휩쓸게 될 혁명적 파고의 시작으로 봤다. 서구의 선진 공업국들에서 혁명이 성공하면, 러시아를 기술적·경제적으로 도울 수 있을 것이고, 그러면 사회주의의 발전을 방해하는 러시아의 낙후한 경제적·문화적 기반에서 비롯하는 문제들을 러시아 혁명가들이 극복하는 데 도움이 될 것이라고 봤다. 그런 혁명의 파고가 실제로 일어나 독일 북부와 바이에른주, 헝가리, 이탈리아에서 봉기로 발전했다. 서유럽의 혁명적 분출은 자본주의 열강이 러시아에 개입할 능력을 발휘하지 못하게 함으로써 소비에트 정권이 내전에서 승리하는 데 일조했다. 그러나 결국 이 혁명들이 모두 노동자 권력을 수립하는 데 실패함으로써 러시아 혁명은 고립됐고 전례 없는 궁핍에 시달려 온 러시아인들은 사기가 떨어졌다.

볼셰비키는 국제 혁명의 발전에 희망을 걸고 있었지만 서구의 혁명이 오래 지체될지도 모르는 상황에서 국내적 발전을 위한 계획의 수립을 소홀히 하지는 않았다. 이런 고려가 레닌의 글 "느릿느릿 걸어도 황소걸음으로"(이 책에 전문 수록)와 트로츠키의 연설 "12차 당대회의 과제"(이 책에 발췌 수록)의 요점 가운데 하나였다. 트로츠키는 이 연설에서 다음과 같이 설명했다.

그렇습니다. 이것이 문제의 본질입니다. 1920년과 1921년의 경험을 통해, 소비에트공화국연방이 어쩌면 꽤 오랫동안 자본주의에 둘러싸인 채 존속해야 할 것이라는 점이 우리에게 분명해졌습니다. 우리나라보다 훨씬 경제력이 강하고 훨씬 고차원적인 형태의 국가로 조직된 프롤레타리아가 직접적·즉각적 원조를 보내오는 것은 가까운 장래에도 불가능할 것입니다. 그 점이 1920년에 우리가 스스로 다짐한 바입니다. 우리는 그것이 1년, 2년, 3년이 걸릴 문제인지 아니면 10년이 걸릴 문제인지 몰랐지만 우리가 진지하게 장기적으로 준비해야 하는 시기의 출발점에 서 있다는 점은 알았습니다.

여기서 도출되는 기본적 결론은 우리가 서구에서 세력 관계가 변화하기를 기다리는 한편 우리 자신의 나라 소련의 세력 관계에 훨씬 더 주의를 기울여야 한다는 사실입니다.[1]

외국에서 지원이 올 때까지 혁명을 지탱하려면 인구의 대다수를 차지하는 농민과 안정적 관계를 발전시키는 것이 핵심적으로 중요했다. 제1차세계대전과 뒤이은 내전으로 말미암아 러시아의 공업은 붕괴하다시피 했다. 이것은 도시와 농촌 사이의 거래 관계도 무너졌음을 의미했다. 정상적 시기에 농민은 잉여 곡물 등의 식량을 생산해서 그것을 시장에 내다 팔아 마련한 돈으로 도시에서 생산되는 공산품을 구입했다. 그러나 공업이 거의 정지한 상태에서는 구매할 수 있는 공산품이 거의 없었기 때문에 농민은 잉여 농산물을 판매하지 않고 상황이 나아지기를 기다리며 저장해 뒀다.

내전 기간에 볼셰비키는 도시의 기아를 해소하고 군수품 생산을 유지하기 위해 적군赤軍 분견대와 빈농위원회를 통해 곡식을 강제로 징발했다. 농민은 자신들의 생계에 필요한 만큼만 경작하는 방식으로 이에 대응했다. 마침내 1921년에 내전이 종식되자 강제 징발 정책은 철회됐고 신경제정책 아래에서 시장경제가 다시 도입됐다.

신경제정책의 기초는 현물세 제도의 도입이었다. 농민은 일정량의 생산물을 세금으로 국가에 납부해야 했다. 그리고 남은 잉여 농산물은 농민 자신의 의사대로 처분하는 것이 허용됐다. 이런 방식을 통해 농민이 생산을 늘릴 물질적 동기를 갖게 되고 정부 정책을 지지하도록 설득되기를 기대한 것이다. 이런 조치가 시행되기 위해서는 농민이 자신의 생산물을 판매할 수 있도록 시장경제를 재건할 필요가 있었다. 사적 교환의 복원은 자본 축적으로 이어질 것이고 이렇게 축적된 자본은 공업에 투입될 수 있었다. 그리고 이는 국영 공업에서 사적 이익(외국인의 이익을 포함해)의 보장을 수반할 것이었다. 국가는 중공업·대외무역·금융 독점을 통해 레닌이 경제의 "감제고지"라고 부른 것[기간산업]에 대한 통제를 유지했다.

내전이 끝날 무렵에 소련 공업의 상태는 극도로 열악했다. 생산량은 1913년의 5분의 1도 안 됐다. 석탄 생산량은 평년 생산량의 10분의 1이었고 주철은 겨우 14분의 1이었다. 철도가 파괴돼 모든 생산품의 재고와 비축량이 완전히 고갈됐다. 게다가 내전 기간에 (노동자 국가의 기초인) 프롤레타리아는 와해됐다. 정치의식이 가장 높은 노동자들은 많은 수가 내전 기간에 최전선에서 싸우다 죽었다. 가동이 거의 정지된 공장에 남아 있던 수백만 명의 노동자들이 기아를 면하기 위해 농사 지으러 시골로 내려갔다. 1921년, 주요 공업 도시인 모스크바와 페트로그라드[오늘날의 상트페테르부르크]에는 각각

평상시 주민 수의 2분의 1, 3분의 1밖에 남아 있지 않았다.

이런 상태에서는 당연히 경제적 문제들이 발생했다. 그런데 근본적인 정치적 문제도 생겨났다. 노동계급이 기진맥진하고 원자화되자 소비에트들은 더는 권력기관으로 기능하지 못하게 됐다. 권력이 점점 더 볼셰비키의 수중에 집중됐고, 당 기구는 갈수록 국가기구와 융합됐다. 그런데 국가기구는 주로 옛 제정의 관료 체제에 기초한 것이었다. 이런 사태 변화는 볼셰비키가 계획하거나 의도한 것이 아니었다. [국가권력의] 공백을 메우고 자본주의의 부활을 저지해야 할 필요성 때문에 볼셰비키에게 강요된 것이었다. 문제는 형식이 아니라 내용이었다. 즉, 문제는 노동자들이 공장을 관리하지 못했다는 것이 아니라, 오히려 공장이 가동되지 못했다는 것이다. 프롤레타리아가 정치권력을 가지지 못했다는 것이 아니라, 프롤레타리아가 정치권력을 행사할 수 있는 형태로 존재하지 못했고 정부의 법령이나 민주주의 선언으로도 이런 사정을 바꿀 수 없다는 것이 문제였다. 이를 해결하려면 정치권력을 행사할 수 있는 프롤레타리아를 부활시키고 그럼으로써 허구적이지 않은 현실적 기초 위에 노동자 민주주의를 복원할 수 있는 정책들이 필요했다. 이것이 이 책에 실린 레닌과 트로츠키의 글에 일관되게 흐르고 있는 맥락이다. 즉, 그들은 서유럽 선진국의 혁명에서 즉시 원조를 받는 것이 기껏해야 불확실한 시기에 후진적이고 고립되고 피폐해진 나라에서 사회주의적 민주주의를 실현하는 데 필수 불가결한 경제적·사회적 전제 조건을 어떻게 만들어 낼지를 논했다. 볼셰비키 당내 분파 형성 금지 조치,

야당 탄압 같은 볼셰비키의 "조직 방침들"은 바로 이런 점에 비춰 평가해야 한다.

관료주의의 위험성

먼저 '관료제'란 무엇을 의미하는지 분명히 하고 시작하자. 관료제란 단순히 비능률적이고 고압적인 행정기관만은 아니다. 행정기관은 그저 주어진 결정들을 집행한다. 그러나 관료제는 행정관리들이 특권과 권력을 누리는 것을 포함한다.

[소련의] 관료들은 기본적으로 장기적 전망을 상실해 버린 행정관리들이다. 관료들에게 행정 기구는 더는 목적을 위한 수단이 아니라 목적 그 자체다. 행정 기구를 유지하고 그 속에서 자신들의 특권적 지위를 보존하는 것이 관료들의 존재 이유다. 이런 관료 체제는 결핍과 사기 저하로 말미암은 것이다. 이제 갓 탄생한 소비에트 국가가 혁명 직후 몇 해에 걸쳐 직면할 수밖에 없었던 극도의 난관 때문에 결핍과 사기 저하가 심각했다.

1917년 혁명 직후 가장 부족한 것 하나가 행정관리였다. 1920년에 문맹률이 70퍼센트나 되는 나라에서, 읽고 쓸 수 있는 인력은 희소성 있는 자원이었다. 그런데 볼셰비키가 물려받은 것이 바로 그런 상황이었다. 국가와 경제를 운영하기 위해 볼셰비키는 이 방면에 기술과 경험을 가지고 있던 유일한 사람들, 즉 옛 제정의 관리·기술자에 의존할 수밖에 없었다. 이들이 수백 년 동안 공직을 사리사욕을 채우는 도구로만 삼아 온 자들인데도 말이다. 이런 조치는 심지어 적군赤軍을 조직하는 데도 적용돼, 옛 제정 장교들이 백군白軍에 맞선 전투에 동원됐다. 옛 제정 장교들이 외국으로 망명하거나 백군에 협력하지 않고 소비에트 국가에 봉사하도록 유도할 목적으로 그들에게 상당한 물질적 특권을 허용했다. 이처럼 소비에트 국가는 거의 첫 출발부터 관료주의적 변형을 겪었다.

이런 상황을 잘 알고 그것에 주목하고 있던 레닌은 "소비에트 정부의 당면 임무"(1918년 4월 28일)라는 글에서 이런 종류의 물질적 유인은 "높은 수준의 봉급을 노동자 평균임금 수준으로 낮추는 정책을 애당초 선언하고 추구해 온 우리 사회주의자들, 소비에트 국가 권력의 편에서 봤을 때, 일 보 후퇴"라고 규정했다.[2]

이때 레닌은 소비에트들이 정부 행정기관 내 이기주의자와 출세주의자의 영향력을 통제할 수 있는 기관이 될 수 있다고 제안했다. 또한 볼셰비키는 1919년에 '노동자·농민 감사 인민위원회'(러시아어 머리글자 약어인 '라브크린'으로 알려져 있다)[이하 노농감사부]를 조직했다. 스탈린이 이 위원회의 수장을 맡아 1922년 봄까지 그 자리에 있었다. 라브크린은 권한과 책임이 막강했다. 다른 인민위원회의 업무를 사전 통고 없이 감사할 수 있었고, 그리하여 비효율성과 관료주의를 근절할 수 있을 것으로 기대됐다. 레닌은 라브크린에 기대를 잔뜩 걸고 있었기 때문에, 라브크린을 비판하는 사람들에 맞서 오랫동안 라브크린을 변호했다. 반면에, 트로츠키는 일찍이 1920년

12월부터 라브크린을 날카롭게 비판했다. 그는 "특별한 부서 하나가 통치의 시시비비를 모두 가릴 수 있다"는 발상은 비현실적이며, 구체적 실행에서는 문제가 더 크다고 생각했다. "라브크린 자체가 정부 법령과 정부 기구가 조응하지 못한다는 뚜렷한 실례이며, 혼란과 방종을 낳는 강력한 요인이 되고 있다." 그는 라브크린을 [다른 모든 인민위원회에서 거부당해 좌절한] 부적응자들의 피난처라고까지 비판했다.[3]

레닌은 (직접 참석할 수 있었던 마지막 당대회인) 1922년 3~4월 11차 당대회에서 연설의 많은 부분을 관료주의의 위험성을 논하는 데 할애했다. 러시아의 낮은 문화 수준이 당과 국가기구 내에 반영돼 관료주의가 광범하게 확산되고 있었다. 러시아는 기대했던 바와는 다른 방향으로 나아가고 있었다. 레닌은 자기 생각을 잘 설명하기 위해 다음과 같은 비유를 사용했다. "자, 이제 [신경제정책의 실시 이후] 1년이 지났습니다. 국가는 우리 수중에 있습니다. 그러나 과연 그 국가는 지난 1년간 우리가 원하는 방식으로 신경제정책을 운용했습니까? 그렇지 않습니다. 그러나 우리는 국가가 우리가 원하는 방식으로 [신경제정책을] 운용하지 않았다는 사실을 인정하기를 거부하고 있습니다. 실상은 어땠습니까? [국가]기구는 자기를 조종하는 손을 따르지 않았습니다. 그것은 마치 운전자가 원하는 방향이 아니라 다른 누군가가 원하는 방향으로 나아가는 자동차와 비슷했습니다. 뭔가 신비하고 제멋대로 움직이는 손, 아무도 모르는 누군가의 손이 그 자동차를 몰고 있는 것처럼 말입니다. 아무도 모르는 그 손은 아마도 부당이득자의 손이거나 사적 자본가의 손이거나 둘 다의 손일 것입니다."[4]

공식적으로는 공산주의자들이 권력을 장악하고 있었지만, 국가기구는 다른 의지의 지시에 따라 움직이고 있었고 당도 그것에 질질 끌려가고 있었다. "모스크바에는 4700명의 공산주의자가 책임 있는 지위를 맡고 있고, 저 어마어마한 관료 기구, 산더미처럼 거대한 저 기구가 우리 앞에 있습니다. 그렇다면, 우리는 누가 누구를 지도하고 있는지 물어야 합니다. 저는 공산주의자들이 저 거대한 기구를 지도하고 있다는 것이 참말인지 심히 의심스럽습니다. 솔직히 말하면, 공산주의자들은 지도하고 있는 게 아니라 지도받고 있습니다."[5]

그러면 무엇을 해야 했을까? 이때 레닌은 새로운 정부 부서들을 설치하는 계획을 "해롭고 어리석은 소리"라고 일축했다. "핵심 문제는 우리가 알맞은 사람들을 적재적소에 배치하지 못했다는 점, 혁명 기간에 뛰어난 능력을 발휘했던 신뢰할 만한 공산주의자들에게 그들이 전혀 알지 못하는 상공업 분야의 임무가 주어졌다는 점, 우리가 진상을 파악하는 데 그들이 방해가 되고 있다(그들 뒤에 기막히게 숨어서 행동하는 협잡꾼들과 악당들 때문에)는 점입니다. … 임무에 적합한 사람들을 선택해 실질적 통제를 도입해야 합니다. 그것이야말로 인민에게 인정받는 길일 것입니다."[6]

레닌은 1922년 11월 코민테른 4차 대회에서도 동일한 취지로 연설했다. 기본적으로 그 문제에 대한 레닌의 견해는 국가기구 내의 비당원 관료들이 당을 포위해 제구실을 하지 못하게 마비시킬 위험이 있다는 것이었다. 당시에 레닌은 당 내부의 관료주의를 명확히 인식하지 못했으며, 관료주의를 극복하는 데에서 국가 계획이 수행하는 구실도 분명히 인식하지 못했다. 이 두 문제에 대한 통찰을 보여 준 것은 트로츠키였다.

앞서 봤듯이 레닌이 라브크린과 그 수장인 스탈린을 여전히 확고하게 옹호하던 시기에 트로츠키는 라브크린을 예리하게 비판했다. 트로츠키의 비판에서 훨씬 더 근본적인 것은 중앙집권화된 경제계획이 부재하다는 지적이었다. 트로츠키는 1920년 11월 소비에트 8차 대회에서 다음과 같이 연설했다. "우리에게 귀가 따갑도록 쏟아지는 비난, 즉 소비에트 기구들이 옛 관료들의 악습(형식주의, 더딘 일 처리 등)에 오염돼 버렸다는 지적은 문제의 근본을 전혀 건드리지 못하고 있습니다. … 꾸물거림, 까다로운 형식주의, 조직적 무기력은 소비에트 기구에 배어든 악습의 산물이 아닙니다. 그 뿌리는 훨씬 더 깊습니다. 즉, 우리의 산업과 그것의 운영이 마치 가건물처럼 과도기에 있다는 것이 그 근원입니다."[7]

트로츠키는 문제를 "알맞은 사람들"의 부재라는 문제로 보지 않고, 러시아의 객관적 경제 상태와 경제의 조직화 부재와 관련된 문제로 봤다. 그는 위의 연설에서 반증 사례를 들었는데, 그해 봄에 자신의 지도하에 착수한 철도 수송의 중앙집권적 조직화를 통해 거둔 성과였다. 트로츠키의 기본 관점은 두 가지 주요한 개념으로 이뤄져 있다. 그중 하나는 레닌도 공유한 것으로, 소련 사회가 직면한 심각한 위기의 해결은 형식적 민주주의에 의거해서가 아니라 나라

경제의 재구성을 통해서만 가능하다는 생각이다. 당시 트로츠키는 "당은 대중의 자생적 정서가 일시적으로 흔들리는 것에 아랑곳하지 않고, 심지어 노동계급조차 일시적으로 동요하는 것에 아랑곳하지 않고 자신의 독재를 유지할 수 밖에 없다"는 견해에 동의했다.[8]

트로츠키가 레닌과 달랐던 점은 고스플란(국가계획위원회)이 대규모 국유 산업에 주안점을 두고 중앙 경제계획을 수행해야 한다고 주장했다는 것이다. 레닌은 중앙 계획을 둘러싼 재조직화라는 제안을 거부하고, 그 대신에 기존 기관들을 더 엄밀히 규제할 것을 강력히 요구했다. 1921년 8월 7일과 1922년 4월 19일에 당 정치국에 보낸 두 편지(후자는 이 책에 발췌 수록)에서 트로츠키는 자신의 제안을 내놓으며 중앙집권적 계획 없이는 다양한 경제기구와 개별 기업이 서로 어긋나는 방향으로 운영돼 그 자체로 혼란을 야기하고 나라 경제의 발전을 더디게 만들 것이라고 주장했다. 그런 혼란이 관료주의의 성장에 미치는 직접적 효과는 자명하다. 우선 전반적 무계획성으로 말미암아 "협잡꾼들과 악당들"이 몸을 숨길 수 있는 수많은 은신처가 생겨났다. 더 중요한 것은 계획 부재가 행정관리들의 사기를 저하시키곤 했다는 점이다. 행정직에서 일하는 가장 헌신적인 볼셰비키 당원들조차 자신들의 건설적 노력이 모두 자신들이 통제할 수 없는 요인들(원자재 수급의 불확실성, 기계 교환 부품의 부족, 수송 체계 붕괴)에 부딪혀 좌초되는 현실을 보면서, 구제 불능으로 제 잇속만 챙기는 태도를 보이기도 했다. 게다가 산업이 나빠지면 노동자들도 고통을 당했다. 이런 혼란은 해고, 휴업·폐업, 임금

체불을 야기했다. 노동자들은, 이런 문제가 흔히 행정관리들의 통제를 벗어난 요인들 때문에 일어났는데도, 그런 문제의 관리를 직접적으로 책임지고 있는 행정관리들에게 비난을 퍼붓곤 했다. 그 결과 노동자들과 볼셰비키 공장 관리자들 사이의 밀접한 유대와 협력 관계가 깨져 나가기 시작했다. 이런 조건 속에서 어떻게 정직한 행정관리가 사리사욕을 채우기에 급급한 관료로 전락할 수 있는지를 이해하는 것은 어렵지 않은 일이다.

트로츠키의 제안은 그것이 제출된 당시에는 받아들여지지 않았지만, 나중에 레닌은 자신의 글 "국가계획위원회에 입법 기능을 부여하는 것에 관해"에서 논하는 바처럼 트로츠키의 제안에 동의하는 방향으로 견해를 바꿨다. 트로츠키의 제안은 1923년 4월 12차 당대회에 제출한 "공업 문제에 관한 테제"에도 포함됐다. 그 "테제"는 대회에서 만장일치로 통과됐지만 시행되지는 않았다. 1928년에 1차 5개년계획으로 강압적 공업화가 시작되고 나서야 비로소 공업이 발전하게 된다.

앞서 살펴봤듯이, 1922년 11월까지 레닌은 관료주의 문제를 당 외부에서 생겨나는 것으로 봤고, 고스플란을 통한 중앙집권적 계획에 반대했으며, 당 기구와 서기장인 스탈린을 전적으로 신뢰하고 있었다. 그러나 그 후 12월 중순경에 갑작스런 변화가 일어난다. 1922년 12월 12일, 레닌은 트로츠키에게 대외무역의 국가 독점을 수호할 동맹을 구성하자고 제안한다. 1922년 12월 23일에서 1923년 1월 4일 사이에 레닌은 스탈린의 민족문제 처리 방식을 통렬히 비판하는 글을 구술하고 스탈린을 서기장 직위에서 해임할 것을 제안할 뿐 아니라 중앙위원회 성원을 50~100명으로 확대하고 국가계획위원회에 입법 기능을 부여하는 전반적 재편을 요구한다. 레닌은 12월 12일과 22일에 두 차례 치명적 뇌졸중으로 쓰러져 [반신불수가 되는 등] 어려움을 겪으면서도 이런 일을 수행한다. 1923년 1월 23일과 3월 2일에는 "우리는 노농감사부를 어떻게 재조직해야 하는가?"와 "느릿느릿 걸어도 황소걸음으로"라는 두 편의 글을 제출한다. 두 글은 "우리 노농감사부의 조직 상태가 다른 어느 기구보다도 나쁘다는 사실, 현 상태에서는 이 위원회에 아무것도 기대할 수 없다는 사실을 누구나 안다"면서 따라서 라브크린의 재조직화가 필요하다고 요구한다. 비록 스탈린의 이름이 언급되지는 않지만, 스탈린이 1922년 중반까지 라브크린을 이끌었고 그 후에도 비공식적으로나마 여전히 라브크린과 밀접한 연관을 맺고 있었기 때문에 레닌의 요구는 스탈린의 권위에 대한 직접적 공격이다.

이런 공격은 레닌이 그루지야 문제에서 스탈린에 반대한 이들을 적극적으로 지원하고 그루지야 공산주의자들을 옹호하는 싸움에서 트로츠키에게 도움을 요청하면서 계속된다(아래 "민족문제" 절을 참조). 이 문서들은 다가오는 당대회에서 스탈린과 관료들에 대항해 사용될 강력한 무기였다(당대회는 레닌이 건강을 회복해 참가할 수 있으리라는 기대 때문에 4월로 연기돼 있었다). 그러나 레닌은 3월 10일에 닥친 세 번째 뇌졸중 때문에 언어 능력을 완전히 상실하게 됐고, 이로써 그의 정치적 삶은 종말을 맞았다. 그 후 레닌은 1924

년 1월 21일 사망할 때까지 전개된 사건들에 대해 무언의 관찰자로 남아 있을 수밖에 없었다.

그런데 레닌의 태도는 왜 이처럼 갑작스럽게 변화했을까? 1922년 12월에 두 가지 중요한 쟁점이 크게 부각됐기 때문인데, 앞서 언급한 그루지야 문제와 대외무역 독점에 관한 결정이 그것이다. 이 두 문제에 관해 레닌이 쓴 여러 글과 편지가 이 책에 수록돼 있다.

대외무역의 국가 독점

대외무역 독점은 신경제정책의 중요한 부분이었다. 그것은 세계시장의 압력에 대항해 취약한 소련 경제를 방어하기 위한 일종의 '사회주의적 보호무역주의'로서 계획된 것이다. 또 사기업이 대외무역에 진출해 국가 경제에 대한 장기적 영향을 무시하고 사기업 자체의 단기적 이윤을 기준으로 상품 수출입을 결정하는 것을 막기 위한 조처이기도 했다.

1922년 10월 초, 레닌과 트로츠키가 불참한 상태에서 열린 당 중앙위원회에서 대외무역 독점을 약화시키는 조치들이 통과됐다. 사기업이 세계시장에 직접 접근할 수 있도록 허용한 것은 아니었지만, 레닌은 이것이 '사회주의적 보호무역주의'의 보호막에 위태로운 균열을 낸 것이라고 봤다. 1922년 10월 13일에 스탈린에게 보낸 편지에서 레닌은 그 조치가 "대외무역 독점을 파괴하는 것"일 뿐 아니라 충분한 고려나 협의 없이 경솔하게 처리된 것이라고 썼다. 레닌은 두 달 뒤에 있을 차기 중앙위원회 전원회의 때까지 그 결정을 유보할 것을 요구했다. 그사이 레닌은 트로츠키가 그 문제에 관해 자신과 견해가 비슷하다는 것을 발견하고는 12월 13일에 트로츠키에게 편지를 보내 중앙위원회를 앞두고 자신들의 공통된 입장을 옹호해 줄 것을 요청했다. 레닌은 이처럼 싸움을 준비했지만, 실제로는 그가 12월 21일에 트로츠키에게 보낸 편지에 썼듯이 "총 한 방 쏘지 않고" 승리를 거뒀다.

논쟁은 장차 노선상의 차이로 발전할 수 있는 징조를 충분히 내포하고 있었다. 그 논쟁에서 스탈린과 그의 이론 참모 격인 부하린은 국가 경제 부문에 대항해 사적 경제 부문을 강화하는 정책을 지지하고 있었다. 이는 "달팽이 걸음으로 성취하는 사회주의" 대對 국가 계획과 공업화라는 논쟁의 조짐을 보이고 있었다. 또한 부농을 지지할 것인가 아니면 빈농을 지지하고 점진적 농업 집산화를 추진할 것인가 하는 논쟁이 벌어질 것임을 보여 주는 것이기도 했다. 관료들의 보수적 정치는 벌써 분명하게 모습을 드러내고 있었다. 트로츠키에게 대외무역 독점에 관한 승리의 편지를 보낸 지 1주일 만에 레닌은 "국가계획위원회에 입법 기능을 부여하는 것에 관해"라는 글을 구술했는데, 이 글에서 레닌은 경제정책에 관해 트로츠키와 대동소이한 견해에 도달하게 됐다.

레닌과 트로츠키가 마지막으로 단둘이 만난 것은 바로 이때, 즉 12월 첫째 주 무렵이었다. 그 만남에서 레닌은 트로츠키에게 "관료 일반과 특히 [스탈린이 이끄는 — 영어판 편집자] 조직국에 맞서는 연합"을 구성하자고 제안했다.[9] 비록 그 만남에 대해 트로츠키의 증언 외에는 남아 있는 것이 없지만, 레닌이 그 후에 한 행동들을 봐도 그런 "관료에 맞서는 연합"이 존재했음을 알 수 있다.

민족문제

둘째 중요한 논쟁은 "민족과 자치공화국화" 문제를 둘러싸고 벌어졌다. 소비에트사회주의공화국연방USSR은 1922년 12월 30일에야 비로소 형성됐다. 그 전에 존재한 것은 러시아소비에트연방사회주의공화국RSFSR[이하 러시아연방]과 5개의 민족 공화국(우크라이나, 벨라루스, 그루지야, 아제르바이잔, 아르메니아) 사이의 쌍무협정에 기초한 느슨한 연합이었다. 1922년 당시에 스탈린은 민족문제 인민위원으로서 공화국들 간의 관계를 정상화하는 계획을 입안할 책임을 맡고 있었다. "자치공화국화 계획"으로 알려진 이 계획은 비러시아계 민족 공화국들을 모스크바 중앙정부의 통치를 받는 자치 지역으로서 러시아연방에 편입시키려는 것이었다. 그루지야 볼셰비키 당원들은 이 계획을 단호히 거부했다. 그들에게는 스탈린의 계획이 차르 제국 아래에서 억압당해 온 민족들에게 다시 "분리될 수 없는 단일한" 옛 러시아로 돌아갈 것을 강요하려는 시도로 여겨졌기 때문이다. 스탈린의 계획은 그루지야 볼셰비키 당원들의 감정을 상하게 했을 뿐 아니라 독립 정신이 대단히 강한 그루지야 인민들도 분노케 했다. 그루지야 볼셰비키 당원들은 자신들의 통치 정당성을 확립하고 싶어 했고 모스크바 정부의 간섭에 반대했다.

스탈린과 그의 부관인 오르조니키제(둘 다 공교롭게도 그루지야 출신이다)가 반대파를 고압적 태도로 대하면서 사태는 더욱 격화됐다. 스탈린과 오르조니키제는 므디바니, 마하라제, 친차제 등이 지도하는 그루지야공산당 중앙위원회 다수파가 "민족주의적 편향"을 저지르고 있다고 즉각 비난하고 나섰다. 이 논쟁은 1922년 여름과 가을 내내 치열하게 전개됐다. 그러던 중 오르조니키제가 므디바니와 마하라제를 모스크바로 "추방"해 버렸다. 그러나 이들은 모스크바에서도 투쟁을 계속하면서 레닌에게 호소하거나 누구든 자신들의 주장에 귀를 기울일 중앙위원을 접촉하고자 노력했다.

그해 여름, 이 공화국들 간의 관계를 규정하는 계획을 연구하기 위해 위원회가 설치됐다. 9월 말 그 위원회가 다시 소집됐을 때 스탈린은 자치공화국화 계획 초안을 제출했는데, 그 초안의 마지막 문단에 이 문제에 관한 스탈린의 처리 방식이 잘 표현돼 있다. "이 결의가 러시아공산당 중앙위원회에서 확정되면, 그것은 공표되지 않고 전 러시아 소비에트 대회가 소집되기 전에 각 공화국들의 당 중앙위원회에 통고돼 해당 공화국들의 소비에트 기관, 중앙집행위원회, 소비에트 대회에서 회람될 것이다. 그리하여 이 결의안은 전 러시아 소비에트 대회에서 이 공화국들의 갈망이라고 선포될 것이다."[10]

이처럼 심각한 논란을 불러일으킬 뿐 아니라 볼셰비키가 피억압 민족의 자결권에 관해 천명해 온 모든 원칙과 위배되는 이런 제안을 처리하면서 그 제안의 영향을 받을 인민들의 공개적 논의도 거치지 않겠다는 것이다. 오히려 그 제안은 각 공화국의 지도적 행정기관에 "통고"된 후 전 러시아 소비에트 대회에서 "이 공화국들의 갈망이라고 선포"될 터였다. 달리 말하면, 러시아 당 중앙위원회가 각 공화국의 기관들에 이 제안을 기정사실로서 제시하고 그 기관들도 소비에트 대회에서 각 공화국의 인민에게 그 제안을 기정사실로서 다 함께 선포한다는 것이다.

이 시점에 레닌은 순전히 원칙상의 근거에 기초해 스탈린의 제안을 반대한 것으로 보인다. 즉, 레닌은 스탈린이 조직적으로 무슨 꿍꿍이를 꾸미고 있는지를 그때까지는 파악하지 못했다. 레닌은 스탈린을 만나 그 제안에 관해 토론했고 므디바니와 만나기로 했다. 레닌은 카메네프를 통해 당 정치국에 편지를 보내 스탈린이 "지나치게 서두른다"고 책망했다. 이 책에도 수록돼 있는 그 편지의 어조는 대단히 외교적이다. 거기서 레닌은 스탈린이 [비러시아계 민족 공화국들이] "러시아연방으로 편입"한다는 문구를 "유럽·아시아소비에트공화국연방 안에서 러시아연방과 함께 공식적 연방"을 이룬다는 문구로 대체하는 양보를 하기로 이미 동의했다고 보고한다. 레닌은 모든 공화국이 "법적으로 평등해야 한다"는 점을 분명히 밝히고, 카메네프와 지노비예프에게 이 문제를 심사숙고해 달라고 요청한다. 논의를 원활하게 하기 위해서라도 레닌은 스탈린의 제안이 볼셰비키의 민족자결 원칙을 위반한 것을 너무 서두르다 저지른 과오 정도로 보아 넘길 태세였다.

스탈린은 레닌의 편지를 정치국의 다른 국원들에게 회람시킬 때 거기에 자신의 소견을 첨부했다. 거기서 스탈린은 레닌의 주장에 반대할 때 보이던 평소의 조심스런 태도를 버리고 레닌이 분리주의자들을 부추기는 "민족적 자유주의"를 주장하고 있다고 비난했다.[11] 그럼에도 스탈린은 10월 6일 당 중앙위원회에 자신의 최종 초안을 제출할 때 레닌의 수정 제안을 포함시켰으며, 단지 그루지야를 아제르바이잔과 아르메니아와 함께 "남캅카스연방"의 일원으로 포함시켜야 한다고만 주장했다. 이것은 논란이 분분했던 이전 계획의 잔재였는데, 인접한 세 공화국의 통치·경제 행정기관을 합병시키려는 것이었다. 스탈린이 새로운 소비에트연방을 세우는 계획에 이런 구상을 도입한 목적은 반항적인 그루지야 볼셰비키 지도부를 당시에는 더 고분고분했던 아르메니아와 아제르바이잔 당 지도자들의 하위에 놓으려 하는 데 있었다.

이 계획은 당 중앙위원회의 승인을 받았지만, 그루지야인들은 그루지야가 남캅카스연방의 일부로서가 아니라 독립적 공화국으로서 소비에트연방의 일원이 될 것을 주장하면서 완강하게 버텼다. 캅타라제와 친차제는 카메네프와 부하린에게 편지를 보내 스탈린의 계획과 오르조니키제의 행동에 대해 격렬하게 항의했다. 부하린은 그 편지를 레닌에게 보냈고, 이에 대해 레닌은 "오르조니키제에게 퍼부은 독설"을 비판하면서 그 문제는 러시아공산당 중앙위원회 서기국의 조정에 따라 해결될 것이라고 밝히는 퉁명스럽고 짜증 난 듯한 답변을 썼다.[12] 당시 서기국의 수장이 스탈린이었다는 점을 기억할 것이다. 그때까지만 해도 레닌은 스탈린과 오르조니키제에게 받은 정보를 여전히 신뢰하고 있었던 것으로 보인다.

그러나 그 문제는 결코 해결된 게 아니었다. 2주 후에 11명의 그루지야 당 중앙위원 가운데 9명이 항의의 표시로 사퇴했다. 스탈린은 그저 자신의 견해에 더 동조적인 새로운 사람들을 중앙위원에 임명했다. 그러나 옛 지도부는 투쟁을 포기하지 않았다. 그들의 저항은 계속됐다. 논쟁은 더욱 격렬해져 11월에 열린 한 모임 중에 오르조니키제가 그루지야 반대파의 지도자 중 하나인 카바니제에게 폭행을 가하는 사태에까지 이르렀다. 레닌은 제르진스키(11월 말에 조직된 그루지야 사태 진상 조사 위원회의 위원장)에게서 이 사태를 보고받고 큰 충격을 받았다. 레닌은 민족문제에 관해 구술한 글에서 다음과 같이 서술했다. "오르조니키제가 물리적 폭력을 사용할 정도로 사태가 그렇게 극단적 상황에 이르렀다면 … 우리가 얼마나 엉망진창인 상태에 빠졌는지 상상이 갑니다."

제르진스키의 보고서는 스탈린과 오르조니키제의 잘못을 덮어주고 얼버무리는 내용이었으나 레닌은 더는 속지 않았다. 소비에트 사회주의공화국연방의 수립이 공포된 날인 1922년 12월 30일, 레닌은 다음과 같이 구술했다. "분명히 '자치공화국'을 만드는 일 자체가 근본적으로 잘못됐고 시기도 좋지 않았습니다. 흔히들 통합된 기관이 필요했다고 이야기합니다. 그런 확신은 어디서 나왔습니까? … 우리가 제정에게 물려받아 소비에트 성유聖油를 약간 바른 바로 그 러시아 기구에서 나온 것 아닙니까?"[13] 물론 더 직접적으로 말하면, 통합된 기구가 필요하다는 확신은 자치공화국화 계획을 입안한 스탈린에게서 나왔다. 다음 날 이어서 구술한 민족문제에 관한 글에서 레닌은 그 책임이 어디에 있는지를 분명히 한다. "이 모든 진짜 대大러시아 민족주의 운동의 대한 정치적 책임은 당연히 스탈린과 제르진스키에게 있습니다." 여기서 레닌은 또한 오르조니키제를 "일벌백계로 처벌"할 것을 요구한다.

레닌은 여기서 멈추지 않았다. 1923년 2월 중순경 레닌은 그루지야 사건을 조사하기 위해 자신의 비서들로 이뤄진 비밀 위원회를 출범시켰다. 러시아어판《레닌 전집》54권에 첨부된 연표를 통해 그 위원회가 1923년 3월 3일에 보고서를 제출한 사실을 알 수 있다. 그러나 그 보고서는 끝내 공개되지 못했다. 레닌이 트로츠키에게 보낸 다음의 편지를 보면, 그 보고서는 레닌이 우려한 것을 확인해 준 듯하다. "동지가 당 중앙위원회에서 그루지야인들을 옹호해 줘야 한다는 것이 내 간절한 요청입니다"(이 편지와 그다음 편지가 6장에 수록돼 있다). 이것이 3월 5일이었다. 다음 날 레닌은 므디바니, 마하라제 등의 그루지야 반대파에게 짤막한 편지를 구술해 보냈다. "저는 진심으로 여러분의 주장에 공감합니다. 저는 오르조니키제의 무례함과 스탈린과 제르진스키의 묵인에 분노하고 있습니다. 여러분을 위해서 편지와 연설을 준비하고 있습니다." 이것이 레닌의 마지막 정치 행위였다.

그루지야 사태는 레닌에게 큰 충격을 줬다. 당내에서 일어나고 있던 관료주의화 과정이 그루지야 사건에서도 싹트고 있음을 볼 수 있었기 때문이다. 관료주의의 모든 본질적 특징이 그 사건에서 표출되고 있었다. 즉, 당의 최고 지도자들이 드러낸 옛 제정 관료들과 똑같은 대러시아 국수주의적 태도, 위로부터 무분별한 결정을 강요하고는 그것을 정당화하려고 [반대 의견을 향해] "민족주의적 편향"이라는 터무니없는 비난을 퍼부은 것, 이견을 밝힌 이들에 대한 징벌적 전보 발령, 오로지 서기장의 명령에 얼마나 순종하는지를 기준으로 새로운 '지도자'를 위로부터 임명한 것, 동지에게 물리적 폭력을 사용한 것, 눈가림식 진상 조사, 그리고 가장 중요한 것으로서 원칙에 입각한 정치적 고려를 하지 않는 기구가 그것이었다.

비록 과거에 볼셰비키가 레닌의 승인 아래 대중에게 평판이 나쁜 조치들을 집행하기 위해 가차 없는 조치들을 사용하기도 했지만, 이는 항상 무엇이 혁명을 위해 최상인지에 대한 고려 속에서 이뤄진 것이었다. 예를 들면, 곡물 강제 징발은 도시의 기아를 모면할 목적으로 이뤄진 것이었다. 사람들이 이런 조치에 동의하든 동의하지 않든 간에, 또 그것이 어떻게 수행됐든 간에, 그 조치가 당 지도부의 개인적 이익을 도모할 목적으로 도입된 것이 아니라는 점은 의심할 여지가 없다. 그러나 '자치공화국화' 계획을 둘러싸고 전개된 상황은 정반대였다. 즉, 거기에는 그 조치의 강제 집행을 정당화할 만한 (절박한 기아 상태, 반혁명, 경제 붕괴와 같은) 긴급한 이유가 없었다. 그 사안과 관련해서 긴급한 이유라고는 한 가지뿐이었다. 즉, 민족문제 인민위원(스탈린)과 그의 부관인 그루지야 군 사령관(오르조니키제)의 정치적 위세와 권위가 걸려 있었던 것이다. 마찬가지로, 과거 볼셰비키는 기존 정책을 조직적으로 후퇴시킬 수밖에 없는 상황에 직면할 때면 항상 이런 조치를 공개 토론에 부치고 당 안팎에서 제기되는 반대 의견에 답변하려 애썼다. 그리고 무엇보다 중요한 것은 그런 조치가 후퇴임을 공개적으로 선언했다는 점이다. 신경제정책 아래에서 전문가들에게 물질적 인센티브를 제공하고 시장경제를 재도입하기로 결정했을 때가 바로 그런 경우였다. 만일 민족자결 원칙을 훼손할 필요가 있었다면, 과거에 볼셰비키가 그랬듯이 왜 그럴 필요가 있는지를 설명했어야 한다. 그러기는커녕 스탈린은 자신의 제안이 원칙에 위배되지 않았으며 자신의 계획에 반대한 그루지야 당 중앙위원들은 "민족주의적 편향을 범한 자들"이거나 "분리주의자들"이라고, 즉 자기가 아니라 그들이야말로 원칙에서 일탈한 사람들이라고 주장했다.

레닌은 소비에트연방 창립 계획을 둘러싼 이견들을 처리할 때 스탈린이 보인 부정직한 태도도 우려했음이 틀림없다. 과거에도 볼셰비키 내부에서 정책을 둘러싸고 열띤 논쟁이 벌어지는 경우는 많았다. 투표가 끝나고 나면, 표결에서 지거나 타협할 수밖에 없었던 분파는 결정된 정책을 충실히 수행하는 것을 당연하게 여겼다. 동의하는 척하고 뒤에서 자신들의 정책을 수행하려 하는 일은 없었다. 그러나 스탈린이 이어서 한 일이 바로 그런 거짓 합의였다. 스탈린은 레닌의 9월 26일 자 편지(여기서 레닌은 스탈린의 자치공화국화 계획에 반대하고 동등한 [공화국들의] 연방을 주장했다)에 첨부한 메모에서, 거의 모든 점에서 레닌의 견해에 날카롭게 반대했다. 그러나 1주일 남짓 지난 뒤에는 레닌의 수정안을 반박하지 않고 "수락"하면서 자신의 묘안, 즉 남캅카스연방 제안만 하나 끼워 넣었다. 이를 통해 스탈린은 자신이 명목상 받아들인 민족자결 원칙을 침해할 수 있었고 그루지야의 반대파들에게 복수도 꾀할 수 있었다.

이제 명백한 징후가 나타나고 있었다. 당 지도부 내 한 집단이 국가 관료들과 손잡고 인민대중과 일반 당원들로부터 유리됐다. 그들의 동기는 정치적인 것이 아니라 개인적인 것이었으며 그들은 자신들의 권력과 지위를 강화하기 위해서 어떤 수단도 사용할 태세가 돼 있었다. 레닌은 어떤 희생을 치르더라도 이 관료 집단을 분쇄하기로 결심했다.

12차 당대회

레닌은 3월로 예정됐으나 4월로 연기된 12차 당대회에서 투쟁할 준비를 하고 있었다. 그러나 언제든 또 다른 뇌졸중이 닥쳐와 자신이 죽거나 몸을 쓰지 못하는 상태가 될 수도 있다는 것을 알고 있었다. 레닌은 트로츠키의 지원을 기대했다.

레닌의 생애 마지막 몇 달간 두 사람의 견해는 전반적으로 가까워져 있었다. 앞서 언급했듯이 그들은 대외무역의 국가 독점, 당내 관료주의, 경제계획 문제에서 의견이 일치했다. 그루지야 문제에 대한 트로츠키의 견해가 무엇인지만 알아내면 될 터였다. 트로츠키가 전에 스탈린의 그루지야 정책에 이견을 표명한 적이 있었으므로 레닌은 그루지야 문제에 관해서도 트로츠키가 자신과 견해가 같으리라고 믿었다. 그루지야의 반대파들을 변호하기 위해 트로츠키에게 도움을 요청하기에 앞서 레닌은 자신의 비서 한 명을 당 중앙위원회 회의에 파견해 트로츠키가 그 문제에 어떤 태도를 보이는지 살펴보게 했다. 만족스럽게도 트로츠키는 이 문제에 관해서도 레닌과 견해가 같았다.

더구나 트로츠키는, 지도부에서 유일하게, 레닌이 없어도 당대회에서 투쟁을 수행할 수 있는 사람이었다. 두 사람의 이름은 혁명과 내전 기간에 계속 연결돼 있었고 트로츠키는 일반 당원들 속에서 막강한 권위를 누리고 있었다. 레닌은 스탈린과의 가차 없는 투쟁을 앞두고 트로츠키를 준비시키기 위해 자신의 여러 기록과 편지를 트로츠키에게 제공했다. 대외무역의 독점에 관해 쓴 12월 21일 자 편지에서 레닌은 "저는 우리가 공세를 멈추지 말고 계속하기를 제안합니다" 하고 넌지시 이야기했는데, 이것이 뜻하는 바는 레닌이 자신의 비서 포티예바를 통해 전달한 메시지에서 분명히 드러났다. 트로츠키는 포티예바를 레닌에게 보내 카메네프에게 그루지야 문제에 관한 자료들을 보여 줘도 되는지를 물었다. 포티예바는 다음과 같은 답을 갖고 돌아왔다. "절대 안 된다고 하셨습니다. … 블라디미르 일리치[레닌]는 이렇게 말했어요. '카메네프는 곧 모든 것을 스탈린에게 보일 거고, 스탈린은 추잡한 타협을 한 다음에 우리를 속일 거요.' … 일리치는 스탈린을 신뢰하지 않으며 전체 당 앞에서 그를 공개적으로 반대하기를 원하고 있습니다. 그분은 폭탄을 준비하고 있습니다."[14]

그러나 트로츠키는 레닌이 손에 쥐어 준 "폭탄"을 터뜨리지 않았다. 포티예바와 트로츠키 사이에 대화가 오간 직후, 레닌은 카메네프에게 자료를 보여 주는 문제에 관해 마음을 바꿨다. 레닌은 건강이 악화돼 감에 따라 적절한 때가 오기도 전에 "폭탄"을 공개할 수밖에 없었다. 레닌이 카메네프에게 자신의 의중을 밝힌 것은 십중팔구 카메네프의 도움을 얻기 위해서가 아니라 스탈린의 지지자들을 혼비백산시키기 위해서였을 것이다.

트로츠키는 즉시 카메네프를 불러 자신의 의사를 표명했다. 즉, 자신은 스탈린과 오르조니키제와 제르진스키의 직위 해제를 요구하는 것이 아니라, "민족문제 정책의 근본적 변화, 스탈린에 반대하는 그루지야인들에 대한 박해 중지, 당에 대한 행정적 억압 중지, 좀 더 확고한 공업화 정책, 중앙 지도부 사이의 성실한 협력"을 원한다는 것이었다.[15]

스탈린은 타협에 동의했다. 그는 트로츠키의 수정안을 반영해 민족문제에 관한 자신의 테제를 재작성했고, 트로츠키의 공업화 결의안을 지지했으며, 당 중앙위원회에서 자신이 주도해 시작했던 트로츠키 비방 캠페인을 일시적으로 중단했다. 그러고는 레닌이 경고했듯이 사람들을 기만했다. 트로츠키는 스탈린과 맺은 합의를 존중해 민족문제에 관한 레닌의 신랄한 비판 글을 공표할 것을 주장하지 않았고, 12차 당대회에서 스탈린과 그 일파에 대한 공격도 삼갔다. 반면에 스탈린과 그 일파는 트로츠키가 "러시아 혁명의 보나파르트"가 되고자 한다는 얘기를 퍼뜨리면서 당 대의원들 속에서 트로츠키 반대 캠페인을 암암리에 조직하기 시작했다.

스탈린과 그의 일파는 당대회에서 간신히 위기를 모면했고 때마침 레닌이 새로운 뇌졸중으로 영원히 침묵할 수밖에 없는 상황에 이르자 스탈린·지노비예프·카메네프 3두 체제를 구축해 당·국가 기구에 대한 자신들의 영향력을 더욱 강화하고 트로츠키를 더욱 고립시켜 나갔다. 약속한 개혁 조치들은 하나도 실현되지 않았고 1923년 10월 당내 투쟁이 발생했을 때 세력 관계는 현저히 달라져 있었다. 3두 체제가 12차 당대회에서 요구된 경제적·조직적 개혁 조치를 수행하지 않음으로써 국내문제는 더욱 악화됐을 뿐 아니라 서구로부터의 구원이라는 희망을 산산조각 낸 1923년 독일 혁명의 패배 때문에, 새로운 사기 저하의 정서가 나라를 휩쓸고 있었다.

트로츠키의 망설임

역사가들이 의아해하는 것은 왜 트로츠키가 레닌이 요청한 공세를 퍼붓지 않고 타협을 선택했는지다. 이 문제가 더욱 흥미로운 것은 나중에 벌어진 일들에 비춰 볼 때, 관료주의화를 막아야 했다면 바로 이때 막았어야 했다고 말할 수 있기 때문이다. 트로츠키 자신도 이런 견해에 찬성했다. 그는 《나의 생애》에 다음과 같이 썼다. "만일 내가 스탈린 관료 집단에 대항해 '레닌과 트로츠키의 연합'이라는 정신으로 12차 당대회에 임했다면, 설사 레닌이 그 투쟁에 직접 참여하지 못했더라도 승리했을 것임을 의심하지 않는다."[16] 물론 트로츠키가 지적하듯이 그런 승리가 얼마나 오래 유지될 수 있었을지는 또 다른 문제다. 관료 체제를 태동시킨 바로 그 요인들이 관료 체제를 강화하는 방향으로 계속 작용했을 것이기 때문이다. 그러나 "1922~1923년에는 … 공개적 공격을 감행해 유리한 위치를 점하는 것이 여전히 가능했다."[17]

그러면 트로츠키는 왜 행동하지 않았을까? 그 자신은 두 가지 이유를 든다. 첫째는 레닌의 건강 문제였다. 그때까지만 해도 트로츠키는 레닌이 과거에 그랬듯이 병석에서 일어나 12차 당대회에서나 그 후에 스탈린에 대항한 투쟁을 이끌 수 있을지도 모른다고 믿었다. 둘째는 레닌이 참석하지 못한 상태에서 트로츠키가 공공연한 공세를 펴는 것이 "당과 국가에서 레닌의 자리를 차지하려는 개인적 투쟁"으로 받아들여질 수 있다는 우려였다.[18] 레닌이 회복되리라는 희망이 있는 한, 이런 고려들은 꽤 중요했다.

이는 스탈린 분파가 레닌의 당 지도자 위치 계승 문제를 체계적으로 악용했기 때문에 특히 맞는 얘기다. 그들은 자신들을 지노비예프·카메네프·스탈린의 3두 체제, 즉 20년 동안 당에서 활동하며 레닌과 충실하게 협력한 고참 볼셰비키들이 이룬 하나의 팀으로 내세웠다. 그들은 트로츠키를 레닌의 오랜 반대자였다가 1917년 8월에야 볼셰비키에 입당해 벼락출세한 사람으로 묘사했다. 내전 기간에 적군赤軍 지도자였던 트로츠키를, 자신의 군사적 승리를 발판으로 개인 독재로 나아가 혁명을 궤도에서 이탈시킨 프랑스 혁명의 탁월한 군사 지도자 나폴레옹 보나파르트에 빗대어 끊임없이 비난했다.

또 다른 신빙성 있는 설명도 있다. 트로츠키가 자신의 상대들을 그저 과소평가했다는 것이다. 트로츠키는 레닌의 강력한 비판과 그것이 언제든 공개될 수 있다는 점만으로도 스탈린 일파를 겁먹게 만들어 저지할 수 있다고 생각했다. 나중에 레닌이 자신에게 남겨 준 "폭탄"을 실제로 사용하려 했을 때, 트로츠키는 자신이 수세에 몰려 있으며 검열의 벽에 포위당해 있음을 깨달았다. 트로츠키의 언로言路는 좁아졌다가 곧 완전히 봉쇄됐다. 레닌의 견해든 자신의 견해든 기층 당원과 일반 대중에게 전혀 알릴 수 없었다.

결국, 이 책에 기록된 1922~1923년의 역사는 개인들이 저지른 잇따른 잘못(당내 관료 집단의 성장을 제때 알아채지 못한 레닌의 잘못, 12차 당대회에서 단호하게 행동하지 않은 트로츠키의 잘못, 스탈린을 편들었다가 2년 후에야 자신들의 잘못을 깨닫고 트로츠키의 반대파에 가담한 지노비예프와 카메네프의 잘못, 볼셰비키와 공산주의인터내셔널의 파괴로 이어지는 길을 밟은 — 물론 당시에는 그럴 의도가 없었겠지만 — 스탈린의 잘못조차)을 기록하는 것 이상의 의미가 있다.

과거에 볼셰비키는 중대한 실수를 많이 저질렀다(러시아 군대가 거의 붕괴한 상황에서 브레스트리토프스크 강화조약의 체결을 미루다 독일의 군사개입을 다시 초래한 것은 단지 한 예일 뿐이다). 그러나 [유럽] 혁명은 공세로 나아가고 있었으며 그 덕분에 볼셰비키는 희망을 얻고 회복할 기회를 맞을 수 있었다.

그러나 1923년에 혁명은 분명히 수세에 몰렸다. 바로 이 때문에 앞서 언급한 실수들이 결정적으로 중요해졌다. 어떤 사람이 강 흐름을 따라 헤엄치고 있을 때는 물살이 그를 이동시켜 주기 때문에 약간 실수해도 크게 문제가 되지 않는다. 그러나 1923년의 레닌과 트로츠키처럼 강 흐름을 거슬러 헤엄치고 있을 때는 팔을 한 번만 잘못 저어도 끔찍한 결과를 맞을 수 있다.

스탈린주의에 맞선 레닌의 투쟁은 끝났다. 그러나 관료주의의 잠식에 맞서 볼셰비키 전통을 지키기 위한 투쟁은 계속됐다,

12차 당대회의 결의를 중앙위원회 내에서 실행하려던 시도가 수포로 돌아가 버리고 몇 달 후에 트로츠키는 일반 당원들 속에서 투쟁을 전개하기로 결심했다. 그는 1923년 10월 8일 당 중앙위원회에 편지를 써서 보냈다.

중앙위원회와 중앙통제위원회의 위원 여러분도 알듯이, 저는 잘못된 정책에 반대해서 중앙위원회 내부에서 단호하고 분명하게 투쟁했지만 중앙위원회 내부의 투쟁을 아주 좁은 범위의 동지들(특히 당의 방침이 조금만 합리적이라면 중앙위원회와 중앙통제위원회에서 두드러진 구실을 할 것이 분명한 동지들)에게조차 알리지 않았습니다. 유감스럽게도 지난 1년 반 동안의 제 노력은 아무런 성과도 가져오지 못했습니

다. 이 때문에 당은 부지불식간에 아주 심각한 위기에 빠진 듯합니다. 그런 경우, 그 위험을 발견했으면서도 공개적으로 진실을 말하지 않은 동지가 있다면, 내용보다 형식을 중시했다는 당의 비판을 받아 마땅할 것입니다.

그간 전개돼 온 상황에 비춰 볼 때 저는 사건의 진상을 모든 당원에게 알리는 것이 제 권리이자 의무라고 생각합니다. 저는 당원들이 충분히 준비돼 있고 성숙하며 자제력 있고, 따라서 당이 분파 투쟁의 소용돌이에 휘말리지 않고 이 막다른 골목에서 빠져나올 탈출구를 발견하도록 도울 수 있다고 생각합니다.[19]

일주일 후, 46명의 주요한 당 지도자들이 "46인의 강령"이라고 알려지는 선언을 당 중앙위원회에 제출했다. 이 선언은 "서기국 상부와 '말 없는 보통 사람들'로, 위로부터 충원되는 직업 당료와 공적 생활에 참여하지 않는 일반 당원 대중으로 당이 분열하고 있다"고 묘사했다.[20]

두 문서는 레닌주의의 전통을 살리기 위해 투쟁한 좌익반대파의 기점이 됐다. 이 시기의 투쟁 기록은 트로츠키의 1923~1929년 저작 선집인 《좌익반대파의 도전》에 담길 것이다.[*]

---

[*] *The Challenge of the Left Opposition (1923-25)* (New York: Pathfinder Press, 1975), *The Challenge of the Left Opposition (1926-27)* (New York: Pathfinder Press, 1980), *The Challenge of the Left Opposition (1928-29)* (New York: Pathfinder Press, 1981)을 일컫는다.

이 투쟁은 길었고 잔인한 탄압을 받았다. 수천 명이 투옥되고 유배되고 살해당했다. 스탈린은 레닌의 "자연스러운" 계승자 지위를 확고히 하기 위해 볼셰비키 고참 당원들을 모두 물리적으로 제거했다. 트로츠키도 1927년 공산당에서 축출당해 1928년에 중앙아시아의 알마아타[지금의 알마티]로 쫓겨났으며 1929년에는 터키로 추방당했다. 이런 조치들에도 불구하고 스탈린은 원하던 결과를 얻을 수 없었다. 트로츠키는 망명지에서도 좌익반대파를 계속해서 이끌었다.

그 후 좌익반대파의 발전

1929년에 소련에서 추방됨으로써 트로츠키가 소련 내의 반대파와 접촉하는 것은 더 어려워졌지만, 다른 한편으로 해외 공산주의자들과 접촉할 수 있게 돼 세계 수준에서 반대파를 결성할 수 있게 됐다. 터키로 추방된 후 트로츠키는 국제좌익반대파를 창설했는데, 국제좌익반대파는 공산주의인터내셔널(코민테른)의 한 분파로서 활동하고자 했다. 그러나 "트로츠키주의 동조자"로 의심받는 공산당원은 즉각 공식 조직에서 축출됐기 때문에 좌익반대파는 공산당과 별개의 조직을 꾸릴 수밖에 없었다.

1933년에 상황이 바뀌었다. 이때 독일공산당은 변변한 투쟁도 없이 히틀러에게 굴복해 버렸다. 코민테른은 패배의 경험에서 배우기를 거부했다. 오히려 독일공산당의 정책이 전적으로 옳았으며 히틀러의 권력 장악이 독일 노동계급의 패배를 의미하는 것은 아니라고 선언했다! 결국 국제좌익반대파는 1933년에 새로운 인터내셔널, 즉 제4인터내셔널의 창설(1938년 9월 정식으로 출범했다)을 요구하고 소련에서 관료 집단을 타도하고 노동자 민주주의를 재건하는 정치 혁명이 일어나야 한다고 주장했다.

소련 내 좌익반대파의 운명은 암울했다. 좌익반대파 회원들은 강제 노동 수용소로 추방되거나 항복을 강요받거나 처형당했다. 극소수의 고립된 개인들만이 '수용소 군도'에서 기적적으로 살아남아 1950년대까지 저항했다.[21] 그러나 소련에서 스탈린주의에 반대하는 투쟁은 끝나지 않았다.

소련 노동계급은 예전에는 농민의 바다에 떠 있는 섬과 같은 소수였으나 이제는 인구의 대다수고 그들의 문화 수준도 50년 전과는 비교할 수 없이 높아졌다. 제2차세계대전 이후 12개국에서 자본주의적 소유관계가 전복됨에 따라 소련은 자본주의에 포위돼 고립돼 있던 처지에서 벗어날 수 있게 됐다. 그리고 소련 대중의 물질적 조건이 더 높은 수준으로 향상됨에 따라 그들의 기대도 높아졌다. 그들은 더는 1923년의 굶주리고 기진맥진한 세대가 아니다. 문화적·경제적·정치적 영역에서 그들의 열망은 점차 제 잇속만 챙기는 특권 관료들의 협소한 이해와 상충할 수밖에 없다.

이런 변화 때문에 최근 몇 년 사이에 소련에서 새로운 반대파 운동이 생겨났다. 이 운동은 주로 표현의 자유 보장과 비러시아계 민족 억압의 종식을 요구하면서 조직됐는데, 비록 미성숙하고 체계적이지 못하고 대체로 과거의 전통과 단절돼 있기는 하지만, 향후에 소련에서 정치혁명을 위한 대중운동이 발전할 것임을 보여 주는 징조다.

이런 반체제 운동에서 중요한 세력 하나가 바로 볼셰비키 전통을 되살리고 수십 년에 걸친 날조와 왜곡을 뚫고 스탈린주의에 맞선 레닌의 투쟁에 함께하려 하는 경향이다.

1974년 9월 16일
러셀 블록

2장

레닌의 유언장

배경

본래 레닌의 "당대회에 보내는 편지"는 1923년 4월로 예정된 볼셰비키 12차 당대회에 보내려던 것이었다. 이 글의 존재를 아는 사람은 크룹스카야와, 레닌의 구술을 받아 기록한 두 비서 M A 볼로디체바와 L A 포티예바뿐이었다. 1923년 3월 10일 레닌이 뇌졸중을 일으켜 쓰러진 후 크룹스카야는 이 문서를 비밀에 부쳐 보관했다가, 레닌 서거 후인 이듬해 13차 당대회 직전에야 공개했다. 이렇게 해서 그 편지는 레닌의 "유언장"으로 알려지게 됐다.

유언장은 13차 당대회(1924년 5월)에서 아무도 필기를 하지 않는다는 조건으로 대의원들에게 낭독됐다. 유언장의 존재를 처음 바깥세상에 알린 사람은 미국의 급진주의자인 맥스 이스트먼이었다. 그는 자신의 저서 《레닌 사후》(1925)에 유언장의 핵심 구절들을 공개했다. 이스트먼은 "모두 최근에 그 편지를 읽고 그 핵심 구절들을 생생히 기억하는 … 책임 있는 지위에 있는 3명의 러시아 공산주의자들"의 말을 근거로 인용했다.[1]

1926년 10월 18일 이스트먼은 〈뉴욕 타임스〉에 "편지의 전문全文"

을 발표했는데, 실제로는 편지의 둘째 부분과 추신이었고 둘 다 중앙 지도부의 주요 인물들을 다룬 것이었다.

중앙위원을 50~100명으로 확대하자는 언급을 포함해 편지의 전문이 비로소 빛을 보게 된 것은 1956년 소련에서 최초로 이 편지가 출판되고 나서였다.

유언장에 대한 세밀한 분석은 이 책 3장에 담긴 트로츠키의 1932년 글에서 이뤄진다. 전체 그림을 완성하는 것은 중앙위원회의 확대에 관해 언급한 부분이다. 레닌은 전부터 행정기관에 근무해 이미 관료적 습성에 물들어 버린 자들보다는 "일반 노동자·농민에 더 가까운" 새 인물들을 영입해 중앙위원회 내의 관료적 경향을 상쇄하려 했다. 이는 트로츠키가 이끄는 반反관료주의 그룹에게 전술 운용의 여지를 넓혀 주고, 각각의 입장이 강경해져 분열로 나아가는 것을 막으려는 것이었다.

12월 25일에 구술된 편지에서 레닌은 이런 방법을 통해 스탈린과 그의 지지자들을 견제할 수 있다고 보고 서기장에 대한 심각하지만 조심스러운 비판을 하는 선에서 그친 것으로 보인다. 1월 4일의 추신에는 태도의 변화가 보인다. 이때쯤 레닌은 스탈린이 그루지야 문제에서 한 행동을 알게 됐다(1장 "영어판 편집자 머리말"과 6장 "민족문제" 참조). 스탈린의 무례함, 변덕스러움, 충직함 결여에 대한 레닌의 지적은 스탈린의 민족문제 처리 방식에 대한 직접적 지적인 것으로 보인다. 이제 레닌은 스탈린을 서기장직에서 해임할 것을 요구하고 있었다.

2장의 마지막 글은 레닌이 스탈린에게 절교하겠다고 위협하는 내용의 편지다. 12월 21일 레닌은 트로츠키에게 대외무역의 독점 문제에서 자신들의 견해가 승리했음을 선언하는 내용의 구술 편지를 보냈다. 이 편지는 레닌의 요청에 따라 크룹스카야가 받아 적었고 의사의 허락을 받은 것이었다. 이 사실을 알게 된 스탈린은 크룹스카야에게 전화를 걸어 벌컥 화를 냈다. 스탈린은 크룹스카야를 겁줘서 레닌의 병을 구실 삼아 그가 더는 정치 활동에 참여하지 못하게할 셈이었다.

크룹스카야는 12월 23일 카메네프에게 편지를 보내 도움을 요청했다. "일리치와 논의할 수 있는 것과 없는 것을 어떤 의사보다 제가더 잘 알 거예요. 왜냐하면 무엇이 일리치의 신경을 쓰이게 하고 무엇이 그렇지 않은지를 저는 잘 알기 때문이죠. 누가 뭐래도 스탈린보다는 제가 더 잘 알죠."[2] 레닌은 3월 초까지는 이 사건을 전혀 눈치채지 못하고 있었음이 분명하다. 레닌은 3월 초에야 비로소 이 사건을 알고 스탈린에게 절교를 불사하겠다는 편지를 보낸 것으로 보인다.

당대회에 보내는 편지

레닌

I.

저는 이번 대회에서 우리의 정치체제에 상당한 변화가 이뤄지기를 강력히 촉구하는 바입니다.

제가 가장 중요하다고 여기는 문제들을 여러분에게 말씀드리겠습니다.

무엇보다 중앙위원 수를 수십 명이나 심지어 100명으로 늘려야 합니다. 제 생각으로는 이런 개혁이 없다면 우리의 중앙위원회는 우리에게 유리하지 못한 사태가 전개될 때 심각한 위험에 빠질 것입니

출처: Lenin, *Collected Works*, 4th ed (Moscow: Progress Publishers, 1960~70), vol 33, pp 593~597, 603~604. 특별히 명시돼 있지 않다면 이 책에 실린 레닌의 글은 모두 이 4판에서 가져온 것이다 — 영어판 편집자.

다(사태 전개가 우리에게 유리해질 거라고 기대할 수도 없습니다).

다음으로, 저는 대회가 일정한 조건에서 국가계획위원회의 결정들에 입법권을 부여할 것을 제안하고자 합니다. 그리하여 이 점에서 트로츠키 동지의 바람을 (일정 정도, 일정 조건에서) 충족할 수 있을 것입니다.

첫째 문제, 즉 중앙위원의 증원은 중앙위원회의 위신을 세우기 위해서만이 아니라 우리의 행정 기구를 철저히 개선하고 중앙위원회 내부의 작은 분파 간 갈등이 당의 미래에 지나치게 중요해지는 사태를 예방하기 위해서도 반드시 이뤄져야 합니다.

우리 당은 노동계급에게 50~100명의 중앙위원을 요구할 수 있으며 노동계급에게 무리한 부담을 지우지 않고도 그것이 가능하리라고 생각합니다.

그런 개혁을 단행한다면 우리 당의 안정성은 크게 높아질 것이며 적대국들에 둘러싸인 상황에서 당이 수행하는 투쟁(제 생각에는 십중팔구 앞으로 몇 년간 훨씬 더 치열해질 것입니다)도 더 수월해질 것입니다. 저는 그런 조치를 통해 우리 당의 안정성이 백배 천배로 강화될 것이라고 생각합니다.

레닌
1922년 12월 23일
M 볼로디체바 기록

II.

이어지는 편지

1922년 12월 24일

앞서 언급한 중앙위원회의 안정성이란 분열을 막을 조치들을 말합니다. 그런 조치들을 채택할 수만 있다면 말입니다. 왜냐하면 《루스카야 미슬》(러시아의 정신)의 한 백위군 인사(S S 올덴부르크로 짐작됩니다)가 옳게 썼듯이, 소비에트 러시아에 대항하는 백위군의 도박에서 기대할 것이 있다면 첫째는 우리 당의 분열이고 그다음은 그런 분열을 초래할 당내의 심각한 의견 대립이기 때문입니다.

우리 당은 두 계급에 의지하고 있으므로, 만일 그 두 계급 사이에 합의가 이뤄지지 않는다면 당이 흔들릴 수 있고 그러면 당의 붕괴도 피할 수 없을 것입니다. 그런 사태가 벌어지면, 이러저러한 조치도 일반적으로 우리 중앙위원회의 안정성에 대한 모든 논의도 쓸모없게 될 것입니다. 어떤 조치도 그와 같은 경우에는 분열을 막을 수 없을 것입니다. 그러나 저는 이런 사태가 너무나 먼 미래의 일이고 너무나 있을 법하지 않은 사건이라 논할 가치도 없는 것이 되기를 바랍니다.

저는 당면한 미래의 분열을 막을 수 있는 안정성을 염두에 두고 있으므로 여기서는 개인적 자질에 관한 몇 가지 생각을 언급하고자 합니다.

이런 관점에서 보면 안정성 문제에서 주된 요인은 스탈린과 트로츠키 같은 중앙위원들이라고 생각합니다. 제 생각으로는 그들 사이의 관계가 분열의 위험의 대부분을 차지합니다. 이런 분열은 피할 수 있으며 제 생각에 이를 위한 가장 효과적인 방법은 무엇보다 중앙위원을 50~100명으로 늘리는 것입니다.

서기장이 돼 있는 스탈린 동지는 자신의 손에 무제한의 권력을 집중시켜 놨습니다. 저는 그가 항상 충분히 신중하게 그 권력을 사용할 수 있을지 잘 모르겠습니다. 다른 한편, 트로츠키 동지로 말하자면, 교통운수인민위원회 문제를 두고 중앙위원회에 대항해 투쟁한 사례에서 이미 입증됐다시피,[3] 탁월한 능력만으로도 단연 돋보입니다. 아마 그는 개인적 능력으로 보면 현재의 중앙위원회에서 가장 유능한 인물일 것입니다. 그러나 지나치게 자신만만하고 일을 할 때 순전히 행정적인 측면에 지나치게 몰두하는 경향을 보였습니다.

현재의 중앙위원회를 이끄는 탁월한 두 지도자의 이 두 가지 자질은 자칫하면 당의 분열을 낳을 수 있는 요인입니다. 따라서 우리 당이 이를 막을 조치를 취하지 않으면 분열은 예기치 않게 찾아올 수 있습니다.

그 밖의 중앙위원들의 개인적 자질은 더 평가하지 않겠습니다. 다만, 지노비예프와 카메네프의 10월의 일화가[4] 분명히 우연은 아니었음을 상기시키고자 합니다. 그러나 트로츠키를 과거 볼셰비키 당원이 아니었다는 이유로 비난할 수 없듯이 그 사건을 이유로 그들을 비난할 수는 없습니다.

젊은 중앙위원들에 관해 말하자면, 부하린과 퍄타코프에 대해 몇 마디 해 볼까 합니다. 제 생각으로 그들은 (젊은 동지들 가운데) 가장 탁월한 인물들인데, 두 사람에 대해서는 다음과 같은 점을 유념해야 합니다. 부하린은 당의 가장 귀중하고 주요한 이론가일 뿐 아니라 당연히 당 전체가 매우 좋아하는 인물입니다. 그러나 그의 이론적 관점은 완전히 마르크스주의적이라고 보기에는 중대한 문제가 있습니다. 왜냐하면 그는 상당히 현학적인 경향이 있기 때문입니다 (부하린은 결코 변증법을 공부한 적이 없고, 제가 보기에는 변증법을 제대로 이해한 것 같지도 않습니다).

(12월 25일에 계속) 퍄타코프에 관해 말하자면, 그는 분명히 의지와 능력이 탁월한 인물입니다. 그러나 일을 할 때 관리·운영 업무나 행정적 측면에 지나치게 열의를 보이므로 중대한 정치 문제를 믿고 맡기기는 어렵습니다.

물론 이 두 사람에 대한 언급은 모두, 이 탁월하고 헌신적인 두 활동가가 지식을 더 쌓고 자신들의 일면성을 교정할 기회를 얻지 못한다는 가정 아래 현재 상태만을 고려한 것입니다.

레닌

1922년 12월 25일

M 볼로디체바 기록

1922년 12월 24일 자 편지에 덧붙이는 추신

스탈린은 너무도 무례합니다. 그리고 이 결점은 우리 사이에서, 우리 공산주의자들 사이에서는 용납될 수 있을지라도 서기장직을 맡는 데에는 용납될 수 없습니다. 바로 그런 이유로 저는 동지들이 스탈린을 그 직위에서 해임하고 다른 사람을 그 자리에 대신 임명하는 방안을 생각해 볼 것을 제안합니다. 어느 모로 보나 스탈린 동지와는 다른 사람, 즉 더 참을성 있고, 더 충직하고, 더 예의 바르고, 동지들을 더 세심하게 배려하고, 덜 변덕스러운 등등의 장점이 단 하나라도 있는 사람으로 교체하는 방안을 말입니다. 이런 제안은 무시해도 좋은 자질구레한 문제처럼 보일지도 모르겠습니다. 그러나 분열을 막을 안전장치라는 관점에서 보면, 그리고 스탈린과 트로츠키의 관계에 대해 제가 앞서 말한 내용에 비춰 보면, 이는 결코 자질구레한 문제가 아니거나 자질구레하더라도 결정적으로 중요할 수 있는 문제라고 생각합니다.

레닌
L 포티예바 기록
1923년 1월 4일

III.

이어지는 편지

1922년 12월 26일

중앙위원 수를 50명이나 심지어 100명으로 늘리는 것은 제 생각에는 두세 가지 목적에 도움이 될 것이 틀림없습니다. 중앙위원이 더 많아질수록 더 많은 사람이 중앙위원회 활동을 하며 훈련될 것이고 모종의 경솔한 행동으로 분열이 일어날 위험이 줄어들 것입니다. 많은 노동자가 중앙위원회에 들어오면, 지금 매우 열악한 상태에 있는 우리의 행정 기구를 노동자들이 개선하는 데 도움이 될 것입니다. 우리는 사실 구체제의 행정 기구를 물려받았습니다. 왜냐하면 그처럼 짧은 기간에, 특히 전쟁과 기근 등 악조건 속에서 새로운 행정 기구를 재조직해 내는 것은 절대 불가능한 일이었기 때문입니다. 바로 이런 이유로 우리는 우리 행정 기구의 결점을 지적하며 조롱과 악의에 찬 비난을 퍼붓는 '비판자'들에게 현재 혁명이 직면한 조건들을 그들이 전혀 이해하지 못하고 있다고 태연히 대답할 수 있는 것입니다. 5년 만에, 그것도 우리 혁명이 일어난 당시의 그런 조건에서 적합한 행정 기구를 새롭게 재조직해 내는 것은 전적으로 불가능한 일입니다. 5년 동안 우리는 노동자들이 농민을 이끌어 부르주아지에 맞서는 새로운 유형의 국가를 창출해 냈고 그것으로 충분합니다. 적대적 국제 환경 속에서는 이것만으로도 거대한 성과입니다. 그러나 이런 점을 인식한다고 해서, 우리가 사실상 차르와 부르주아지의 낡은 국가기구를 넘겨받았다는 사실, 이제 평화가 찾아오고 기근을 막을 최소한의 조건이 충족됨에 따라 우리의 모든 노력을 행정 기구의 개선에 기울여야 한다는 사실을 외면해서는 결코 안 됩니다.

저는 수십 명의 노동자가 새롭게 중앙위원으로 충원되면 우리 국가기구를 점검하고 개선하고 개조하는 일을 그 누구보다 잘 해낼 수 있다고 생각합니다. 처음에 이런 기능을 맡았던 노농감사부는 그 일을 제대로 수행하지 못했으므로 단지 '부속기관', 즉 특정 조건에서 이 중앙위원들을 돕는 기관으로만 활용될 수 있습니다. 제 생각에, 중앙위원회에 새로 들어올 노동자(여기서 노동자라는 용어는 농민을 포함합니다)는 소비에트 기구에서 오랫동안 일해 온 사람이 아니어야 합니다. 소비에트 기구에서 오랫동안 일한 노동자는 우리가 싸워서 극복하고자 하는 바로 그런 전통과 편견에 이미 물들어 있기 때문입니다.

노동계급 출신의 중앙위원들은 주로, 지난 5년간 승진해서 소비에트 기구에서 일하는 사람들보다 더 낮은 계층의 노동자들이어야 합니다. 일반 노동자·농민에 더 가까운, 그러나 직간접적 착취자의 범주에 속하지 않는 사람들이어야 합니다. 저는 그 노동자들이 중앙위원회와 정치국의 모든 회의에 참석하고 중앙위원회의 모든 문서를 열람해서 첫째, 중앙위원회 자체를 안정시키고 둘째, 국가기구의 혁신과 개선을 효과적으로 추진할 수 있는, 소비에트 체제의 헌신적 지지자 집단을 형성할 수 있으리라고 생각합니다.

레닌

L 포티예바 기록

1922년 12월 26일

VII.

이어지는 편지

1922년 12월 29일

중앙위원회는 중앙위원 수를 늘릴 때 우리의 행정 기구를 점검하고 개선하는 데도 적잖은, 어쩌면 주된 관심을 기울여야 할 것이라고 생각합니다. 우리의 행정 기구는 전혀 좋은 상태라고 할 수 없기 때문입니다. 그러기 위해서는 우수한 자질을 갖춘 전문가들의 도움을 받아야 하며, 그런 전문가들을 공급하는 임무는 노농감사부가 맡아야 합니다.

그러면 우리는 어떻게 충분한 지식을 갖춘 행정 기구 점검 전문가들과 새로운 중앙위원들을 결합할 수 있을까요? 이 문제는 실천 속에서 해결해야 합니다.

제가 보기에 노농감사부는 (그것이 발전하고 그 발전을 우리가 당혹스러워한 결과) 대체로 우리가 현재 보듯이, 특별한 인민위회와 특별한 중앙위원회 업무 사이의 어중간한 지위로 귀착돼 버린 것 같습니다. 다시 말해 모든 것을 감사하는 기관과 높은 보수를 받는 소수의 일급 감사관 집단 사이의 어중간한 위치에 처하게 된 것으로 보입니다(모든 일에 보수를 지급해야 하고 감사관들이 더 나은 보수를 주는 기관에 직접 고용되는 우리 시대에는 특히 불가피한 일입니다).

중앙위원이 적절하게 증원되고, 그들이 우수한 자질을 갖춘 전문가들과 모든 분야에서 상당한 권위가 있는 노농감사부원들의 도움을 받아 해마다 국가 운영 과정을 체득해 나간다면, 제 생각으로는, 그토록 오랫동안 해결하지 못한 이 문제를 성공적으로 해결할 수 있을 것입니다.

요약하면, 최대 100명의 중앙위원과 최대 400~500명의 조력자, 그들의 지도 아래 감사 활동을 하는 노농감사부원들이 필요합니다.

레닌
1922년 12월 29일
M 볼로디체바 기록

스탈린 동지에게

카메네프와 지노비예프 동지에게도 사본 보냄

친애하는 스탈린 동지,

동지가 제 아내에게 전화를 걸어 심한 욕설을 퍼부었다니 정말 무례하기 짝이 없군요. 비록 아내는 그 일을 잊어버리기로 마음먹었다고 동지에게 말했지만, 그 사실은 이미 아내를 통해 지노비예프와 카메네프에게도 알려졌습니다. 저는 저에게 퍼부어진 그런 모욕을 그리 쉽게 잊어버릴 생각이 없습니다. 말할 필요도 없이 아내가 당한 모욕은 제가 당한 것과 다름없습니다. 그러므로 저는 동지가 스스로 했던 말을 취소하고 사과하거나 아니면 우리 사이의 관계를 파기하거나 둘 중 하나를 심사숙고할 것을 요청하는 바입니다.

삼가 레닌 드림

1923년 3월 5일

출처: Lenin, *Collected Works*, vol 45, pp 607~608.

3장

레닌의 유언장에 대해

배경

트로츠키가 쓴 "발표 금지된 레닌의 유언장에 대해"는 1932년 12월 31일에 완성됐다. 그 글은 《뉴 인터내셔널》(《인터내셔널 소셜리스트 리뷰》의 전신) 1934년 7월 호와 8월 호에 영어로 번역돼 처음으로 출판됐다. 1935년에는 파이어니어 출판사가 트로츠키의 글을 레닌의 유언장과 함께 소책자로 출간했다. 1946년 파이어니어 출판사는 트로츠키 글 번역을 약간 수정한 2판을 출판했다. 1970년에 패스파인더 출판사가 1946년 소책자에 새로운 서문을 달아 3판을 출판했다.

이 책에 실린 글은 1946년판을 기반으로 한 것이다. 철자, 대문자 사용, 구두점을 현대 어법에 따라 고치고 몇몇 명백한 실수를 교정했지만 그 밖의 원문은 고치지 않았다. 이것은 트로츠키가 발행한 레닌의 문서와 약 30년 후 마침내 소련에서 발행된 문서를 비교해 볼 기회를 독자에게 제공할 것이다.* 이 책에 실린 레닌의 원문은 영

---

* 국역본도 각각의 차이를 살려서 번역했다.

어판에 없는 두 편의 글만 빼면 모두 프로그레스 출판사가 모스크바에서 출판한 《레닌 전집》 영어판 4판을 근거로 했다. 파이어니어 출판사의 번역과 모스크바의 번역 사이에 두드러진 차이가 있는 경우 《레닌 전집》 러시아어판 5판과 대조해 검토했으며, 후주로 달아 놓았다.

레닌의 유언장에 대해

트로츠키

제1차세계대전 이후, 주인공을 사회에서 완전히 떼어 내 연구하는 심리학적 전기傳記가 널리 유행해 왔다. 이런 전기는 추상적 개념인 개성을 역사의 원동력으로 묘사한다. "정치적 동물"(인간에 대한 아리스토텔레스의 뛰어난 정의)의 행동은 개인의 감정과 충동으로 설명된다.

개성이 추상적이라는 주장이 터무니없어 보일지도 모른다. 역사의 초인격적 힘들이란 실로 추상적인 것이 아닌가? 그리고 살아 있는 인간보다 더 구체적인 것이 도대체 무엇이란 말인가? 그렇지만 우리는 우리의 주장을 굽힐 생각이 없다. 만일 한 개인에게서 (아무리 뛰어난 자질을 타고난 개인일지라도) 환경·민족·시대·계급·집단·가족에 의해 형성된 내용을 제거한다면, 거기에 남는 것은 텅 빈 자동인형, 정신물리학적 로봇이며 이는 사회과학이나 '인문'과학이 아니라 자연과학의 연구 대상일 것이다.

이렇게 역사와 사회를 폐기해 버리는 이유는 항상 그렇듯이 역사와 사회 속에서 찾아야 한다. 20년에 걸친 전쟁과 혁명과 경제 위기는 주권자인 인간 개성에 엄청난 악영향을 미쳤다. 현대사라는 저울에서 무게를 재려면 무엇이든 백만 단위로 측정해야 한다. 상처받은 개성은 이런 현실에 복수를 하려고 한다. 광포한 사회에 대처할 수 없게 되자 개성은 사회에 등을 돌린다. 자신을 역사적 과정으로 설명할 수 없게 되자 개성은 자신의 내부에서 역사를 설명하려 한다. 그래서 인도의 철학자들은 명상을 함으로써 전 우주적 체계를 세우려 했다.

순수심리학파

이 새로운 전기 학파는 명백히 프로이트의 영향을 받았지만 그것을 피상적으로 받아들였다. 근본적으로 이 말뿐인 심리학자들은 순수문학적 무책임성으로 흐르는 경향이 있다. 그들은 프로이트의 방법이 아니라 그의 용어를 사용할 뿐이며, 그것도 분석을 위해서가 아니라 문학적 장식을 위해서 그러고 있다.

이 분야의 가장 인기 높은 대표적 작가인 에밀 루트비히는 최근 저작에서, 자신이 선택한 방향으로 새로운 한 발을 내디뎠다. 즉, 주인공의 삶과 활동에 대한 연구를 대화로 대체해 버렸다. 질문에 대한 정치가의 대답의 이면에서, 그의 억양과 표정의 이면에서 작가는 그의 진정한 동기를 발견한다. 대화는 거의 고백이 돼 버린다. 주인공을 파악하는 루트비히의 새로운 방법은 이런 기법 면에서 프로이트가 환자를 파악한 방법을 연상시킨다. 즉, 개성 자신의 협조를 얻어 개성을 표면에 부각하는 것이다. 그러나 이 모든 외형상의 유사성에도 불구하고 본질적으로 그것은 얼마나 다른가! 프로이트가 연구에서 거둔 풍부한 결실은 인습 일체와 과감히 단절한 대가로 성취한 것이다. 그 위대한 정신 분석가는 가차 없다. 연구에 임할 때 프로이트는 마치 외과 의사 같으며 거의 소매를 걷어붙인 도살업자 같다. 프로이트는 다른 건 몰라도 외교적 수완 따위는 전혀 없다. 프로이트는 환자의 위신을 조금도 개의치 않으며 예의를 갖추거나 장단을 맞추거나 불필요한 가식을 떨려고 하지도 않는다. 병실 뒤에 조수나 속기사를 두지 않고 오직 환자와 마주 앉아 대화를 계속할 수 있는 것은 바로 이 때문이다.

루트비히는 그렇지 않다. 그는 무솔리니나 스탈린의 정신세계에 대한 참된 묘사를 세상에 보여 주기 위해서 그들과 대화에 착수한다. 그러나 모든 대화는 사전에 합의된 프로그램을 따른다. 모든 말을 속기사가 기록한다. 그 저명한 환자들은 이 과정에서 무엇이 자신에게 유용하고 해로운지를 매우 잘 알고 있다. 작가는 수사적 속임수를 구별할 만큼 충분한 경험이 있으며 또한 그 속임수를 지적하지 않을 만큼 공손하다. 이런 분위기에서 진행되는 대화는, 비록 그것이 고백과 실로 유사하더라도, 유성영화에 들어가는 고백과 비슷하다.

에밀 루트비히는 변명거리를 충분히 가지고 있다. 그는 "나는 정치에 문외한이다" 하고 말한다. 이것은 "나는 정치를 초월해 있다"는 뜻일 것이다. 이것은 사실 개인적 중립성의 판에 박힌 표현일 뿐이다. 즉, 프로이트의 말을 빌려 표현하면, 그 심리학자가 자신의 정치적 기능을 더 쉽게 수행하도록 해 주는 것은 그런 "정신의 검열관"이다. 마찬가지로 외교관들은 자신들이 파견돼 주재하는 나라의 내정에 간섭하지 않지만, 그렇다고 해서 반란 음모를 지원하고 테러 행위에 돈을 대 주는 것을 못 하는 것은 아니다.

사람은 조건에 따라 개성의 다른 측면이 발달한다. 얼마나 많은 현인이 돼지를 치고 있으며 얼마나 많은 돼지치기가 머리에 왕관을 쓰는가! 그러나 루트비히는 볼셰비즘과 파시즘의 엄청난 차이조차 단순한 개인 심리의 문제로 가볍게 해소해 버릴 수 있다. 심지어 가장 통찰력 있는 심리학자조차 안일하게 그런 편향적 "중립성"을 채택할 수는 없을 것이다. 루트비히는 인간 의식의 사회적 조건을 도외시하고 단순한 주관적 감성의 영역으로 들어간다. "정신"은 3차원의 세계가 아니므로 그 밖의 다른 모든 실체에 공통된 다루기 힘든 성질은 없다. 이 작가는 사실과 기록에 대한 연구에는 관심이 없다. 이런 색깔 없는 증거를 밝은색의 추측들이 대신할 수 있다면 증거 따위가 무슨 쓸모가 있겠는가?

루트비히는 무솔리니에 관한 책에서와 마찬가지로 스탈린에 대한 저작에서도 여전히 "탈정치"적이다. 이렇다고 해서 그의 저작이 정치적 무기가 되지 못한다는 것은 결코 아니다. 누구의 무기인가? 전자는 무솔리니의 무기고 후자는 스탈린과 그의 분파의 무기다. 자연은 진공을 싫어한다. 루트비히가 정치에 관여하지 않는다고 해서 정치가 루트비히와 상관없다는 뜻은 아니다.

약 3년 전에 내 자서전이 출간됐을 때, 지금은 고인이 된 소련의 공식 역사학자 포크롭스키는 "우리는 이 책에 즉각 응답해야 하며, 우리의 소장 학자들을 투입해 반박할 수 있는 모든 것을 반박하는 작업을 해야 한다"고 썼다. 그러나 주목할 만한 사실은 아무도, 결코 아무도 대응하지 않았다는 것이다. 아무것도 분석되지 않았으며 아무것도 반박되지 않았다. 반박할 수 있는 것도 없었고, 독자들이 찾을 만한 책을 쓸 수 있는 사람을 찾을 수도 없었다.

정면공격이 불가능함이 판명되자 측면공격에 의지하는 것이 필요해졌다. 물론 루트비히는 스탈린 학파의 역사학자는 아니다. 그는 무소속의 심리학적 묘사가다. 그러나 모든 정치에 문외한인 한 작가가 대중적 명성에 의지할 수밖에 없는 통념적 사상을 유포하는 데 가장 편리한 수단으로 판명될 수도 있다. 자, 그러면 이것이 실제로는 어떻게 전개되는지 살펴보자.

"여섯 단어"

에밀 루트비히는 카를 라데크의 증언을 빌려 다음과 같은 에피소드를 인용한다.

레닌이 임종한 후, 우리 19명의 중앙위원들은 우리의 지도자가 세상을 떠나면서 우리에게 무엇을 말하고자 했는지 듣기 위해 모여 앉아 초조히 기다리고 있었다. 레닌의 아내가 그의 편지를 우리에게 건네줬다. 스탈린이 그것을 읽었다. 낭독 중에 아무도 움직이지 않았다. 트로츠키에 대한 대목에 이르렀을 때, 그 말이 나왔다. "그가 과거에 볼셰비키가 아니었음은 우연이 아닙니다."* 그 순간 트로츠키는 낭독을 중단시키고 다음과 같이 물었다. "거기 뭐라고 적혀 있다고요?" 그 문장이 한번 더 낭독됐다. 그것이 그 엄숙한 순간에 나온 유일한 말이다.

그러고 나서 루트비히는 이야기 전달자가 아닌 분석가 역할을 맡아 자기 나름대로 다음과 같은 논평을 덧붙인다. "트로츠키의 심장이 멎어 버렸음이 틀림없을 무시무시한 순간, 여섯 단어로 된 이 문구가 그의 인생의 행로를 근본적으로 결정지었다." 역사의 수수께끼를 푸는 것이 이렇게나 간단할 수가! 만일 … 만일에 이런 라데크와 루트비히의 이야기가 처음부터 끝까지, 하나부터 열까지, 중요한 것부터 사소한 것까지 모두 거짓이 아니었다면, 이런 루트비히의 청산유수 같은 대사는 의심할 여지 없이 내 운명의 비밀을 나 자신에게 밝혀 줬을 것이다.

우선, 유언장은 우리의 작가가 단언하는 것과 달리 레닌의 임종 2년 전이 아니라 1년 전에 씌었다. 그것은 1923년 1월 4일 자로 돼

---

*   His non-Bolshevik past is not accidental. 러시아어로도 여섯 단어다.

있다. 레닌은 1924년 1월 21일에 서거했다. 그의 정치적 삶은 1923 년 3월에 완전히 끝났다. 루트비히는 마치 그 유언장의 전문이 전혀 공개된 적이 없는 양 말하고 있다. 사실은 전 세계 언론에 수많은 언어로 번역돼 여러 차례 실렸다. 크렘린에서 유언장이 처음 공식적으로 낭독된 것은 루트비히가 쓴 것과 달리 중앙위원회 회의가 아니라 1924년 5월 22일 13차 당대회의 원로회의에서였다. 유언장을 낭독한 사람은 스탈린이 아니라 당시 중앙당 기구의 상임의장이던 카메네프였다. 마지막이자 매우 중요한 것은 내가 감정적 외침으로 낭독 중에 끼어든 적이 없다는 것이다. 그런 행동을 할 아무런 동기가 없었기 때문이다. 루트비히가 라데크의 구술을 받아 적었다는 문제의 단어들은 유언장 원문에 없다. 그 단어들은 완전히 날조된 것이다. 믿기 어렵겠지만 사실이다.

만일 루트비히가 자신이 분석한 심리 유형들의 사실적 근거에 대해 그렇게도 경솔하지 않았다면, 별 어려움 없이 유언장의 정확한 원문을 구해서 필요한 사실과 날짜를 확인할 수 있었을 것이고, 그리하여 크렘린과 볼셰비키에 관한 자신의 작품이 형편없는 오류로 가득 채워지는 것을 면할 수 있었을 것이다.

소위 유언장이라는 것은 열흘의 시차를 두고 두 시기(1922년 12월 25일과 1923년 1월 4일)에 씌었다. 처음에는 두 사람만이 그 문서에 대해 알고 있었다. 구술을 문서로 기록한 속기사 볼로디체바와 레닌의 아내 크룹스카야였다.[1] 레닌이 회복하리라는 한 가닥 희망이 남아 있던 동안 크룹스카야는 그 문서를 몰래 보관해 뒀다. 레닌이 서거하고 13차 당대회가 열리기 직전에, 당대회를 통해 유언장이 예정대로 당 대의원들 앞에서 읽히도록 하기 위해 그녀는 유언장을 중앙위원회 서기국에 넘겨줬다.

당시 당 기구는 어느 정도 공식적으로 3두 체제(지노비예프·카메네프·스탈린)의 수중에 장악돼 있었다(실은 이미 스탈린의 수중에 있었다). 3두 체제는 당대회에서 유언장을 낭독하는 것에 결단코 반대를 표명했다(그 동기를 이해하는 것은 전혀 어렵지 않다). 크룹스카야는 자신의 바람을 굽히지 않았다. 이 단계에서 논쟁은 막후에서 진행되고 있었다. 그 문제는 당대회 원로회의, 즉 지역 대의원들의 지도자들에게 이관됐다. 바로 여기서 나를 포함한 중앙위원회 내의 반대파 중앙위원들은 유언장에 관해 처음 알게 됐다. 아무도 필기를 해서는 안 된다는 결정이 채택된 후에 카메네프가 원문을 큰 소리로 읽기 시작했다. 청중은 그야말로 팽팽한 긴장감에 휩싸여 있었다. 그러나 내가 기억하는 한, 문서의 내용을 이미 알고 있던 사람들이 단연코 가장 불안해했다. 3두 체제는 자신들의 심복 한 사람을 시켜, 사전에 지역 지도자들과 합의한 다음과 같은 처리 방안을 제출했다. 문서는 비밀 집행 회의에서 각 대의원단에게 따로따로 낭독된다. 아무도 필기를 하려 해서는 안 된다. 본회의에서는 유언장에 대해 언급해서는 안 된다. 크룹스카야는 그녀 특유의 점잖으면서도 완강한 태도로, 이런 처사는 레닌의 뜻에 정면으로 위배되며 마지막 조언을 당원들에게 전달하려는 그의 권리를 당신들이 부정할 수는 없다고 주장했다. 그러나 원로회의의 구성원들은 분파적 규율에 묶여 여전히 요지부동이었다. 그리하여 3두 체제가 제시한 처리 방안이 압도 다수의 지지를 받아 채택됐다.

내 운명을 결정지었다고 하는 그 신비하고 신화적인 "여섯 단어"의 의미를 파악하려면 약간의 전후 사정을 상기해 볼 필요가 있다. 10월 혁명에 관해 첨예한 논쟁을 벌이던 시기에 이미 일부 우파적 "고참 볼셰비키"들은 불쾌해하면서 결국 트로츠키는 전에 볼셰비키 당원이 아니었다고 몇 번 지적한 적이 있다. 레닌은 항상 이런 발언에 반대했다. 예를 들면, 1917년 11월 14일 레닌은 트로츠키가 오래전에 멘셰비키와의 통합이 불가능하다는 점을 이해했다고 하면서 "그때 이후 트로츠키보다 뛰어난 볼셰비키 당원은 아무도 없었습니다" 하고 말했다.[2] 레닌이 직접 언급한 이 말은 중요한 의미가 있다.

2년 후, 볼셰비즘이 어떤 조건에서 발전했고 어떤 의견 충돌과 분열이 있었는지를 외국 공산주의자들에게 설명하는 편지에서 레닌은 다음과 같이 지적했다. "결정적 시기에, 즉 권력을 장악해 소비에트공화국을 창설한 시기에 볼셰비즘은 단결했으며 자신과 가장 가까운 사회주의 사상의 조류들 중에서 가장 **훌륭한 인자들을 모두 끌어들였**습니다."[3] 내가 1917년까지 대표하던 조류보다 볼셰비즘에 더 가까운 조류는 러시아에도 서구에도 존재하지 않았다. 레닌과 나의 단결은 사상의 논리와 사태의 논리에 따라 예정돼 있었다. 결정적 시기에 볼셰비즘은 "가장 가까운" 경향들 중에서 "가장 훌륭한 인자들을 모두" 자신의 대열로 끌어들였다. 이것이 당시 상황에 대한 레닌의 평가였다. 나도 레닌의 평가에 동의한다.

레닌과 내가 노동조합 문제를 두고 두 달 동안 논쟁을 벌였을 때(1920년과 1921년 사이의 겨울),* 스탈린과 지노비예프는 또다시 트로츠키가 과거에 볼셰비키 당원이 아니었다는 이야기를 유포하려 했었다. 그러자 참다못한 일부 반대파 지도자들이 지노비예프에게 10월 봉기 기간에 그 자신이 한 행동을 상기시키는 것으로 응수했다. 죽음을 앞두고 레닌은 자신이 없어지면 당내에서 어떤 관계들이 형성될 것인지 심사숙고하고는, 스탈린과 지노비예프가 나에 대항해 고참 볼셰비키 당원들을 동원하기 위해서 내가 과거에 볼셰비키가 아니었다는 점을 이용하려 할 것이라고 예견할 수밖에 없었다. 여담이지만 유언장은 이 위험을 미연에 방지하려는 것이기도 했다. 유언장이 스탈린과 트로츠키의 성격을 묘사한 직후에 한 말을 들어 보자. "그 밖의 중앙위원들의 개인적 자질은 더 묘사하지 않겠습니다. 단지, 지노비예프와 카메네프의 10월의 일화가 분명히 우연은 아니었음을 상기시키고자 합니다. 그러나 트로츠키를 과거 볼셰비키 당원이 아니었다는 이유로 공격해선 안 되듯이, 그 사건을 이유로 그들을 공격해선 안 됩니다."

10월의 일화가 "우연은 아니었다"는 이 언급은 아주 분명한 목표를 추구하고 있다. 즉, 중차대한 상황에서 지노비예프와 카메네프가 또다시 우유부단함을 드러낼 수도 있다고 당에 경고하기 위함이다. 그러나 이 경고는 트로츠키에 대한 언급과는 무관하다. 트로츠키와

---

* 3장 후주 17을 보라.

관련해서는 트로츠키의 비볼셰비키 과거를 인신공격적 논거로 이용하지 말라고 충고하고 있을 뿐이다. 그러므로 나는 라데크가 (내가 했다고) 증언한 것과 같은 그런 질문을 할 동기가 전혀 없었다. 내 심장이 "멎어 버렸다"는 루트비히의 추측도 틀린 것이 된다. 무엇보다 유언장은 내가 당 활동에서 지도적 구실을 하기 어렵게 만들려는 것이 전혀 아니었다. 뒤에서 살펴보겠지만 유언장은 정반대의 목적을 추구했다.

"스탈린과 트로츠키의 상호 관계"

두 쪽 분량의 타이핑된 유언장의 중심 부분은 "현재의 중앙위원회를 이끄는 가장 유능한 두 지도자"인 스탈린과 트로츠키의 상호 관계에 대한 묘사에 할애돼 있다. 트로츠키의 "비범한 능력"("현재의 중앙위원회에서 가장 유능한 인물")을 언급한 다음 레닌은 곧바로 그의 부정적 특징들, 즉 "지나친 자신감"과 "일을 할 때 순전히 행정적인 측면에 지나치게 몰두하는 경향"을 지적한다. 지적된 결함들은 그 자체로 중요한 것일 수 있지만, 그 결함들은 (말이 나온 김에 하는 말이지만) "농민에 대한 과소평가"나 "혁명의 내부 동력에 대한 신념 결여" 같은 최근에 레닌의 속물적 아류들이 꾸며 낸 이야기들과는 아무런 관련이 없다.

반면에 레닌은 "서기장이 돼 있는 스탈린은 자신의 손에 막대한 권력을 집중시켜 놨습니다. 저는 그가 항상 충분히 신중하게 이 권력을 사용하는 법을 알고 있는지 잘 모르겠습니다" 하고 쓰고 있다.

여기서 문제는 스탈린의 정치적 영향력(당시에는 보잘것없었다)이 아니라 그가 "서기장이 돼서" 자신의 손에 집중시킨 행정적 권력이다. 이것은 매우 정확하고 신중히 평가된 공식이며 뒤에서 다시 다룰 것이다.

정치국 내부의 원심적 경향을 촘촘한 압력으로 억제하기 위해서 유언장은 중앙위원 수를 50명이나 심지어 100명으로 늘릴 것을 주장하고 있다. 이런 조직상의 제안은 여전히 개인적 갈등에 대비하는 중립적 보장책의 외관을 띠고 있다. 그러나 불과 열흘 뒤에 그 제안은 레닌에게 불충분해 보였고, 그래서 레닌은 그 문서 전체에 최종적 인상을 부여하기도 한 추가 제안을 덧붙였다. "저는 동지들이 스탈린을 그 직위에서 해임하고 다른 사람을 그 자리에 대신 임명하는 방안을 모색할 것을 제안합니다. 어느 모로 보나⁴ 스탈린과는 다른 사람, 즉 더 참을성 있고, 더 충직하고, 더 예의 바르고, 동지들을 더 세심하게 배려하고, 덜 변덕스러운 등등의 장점이 단 하나라도 있는 사람으로 교체하는 방안을 말입니다."

유서를 구술하던 나날 동안 레닌은 여전히 가능한 절제된 표현으로 스탈린에 대한 비판적 평가를 하려고 노력하고 있었다. 몇 주 뒤에는, 그가 아무 말도 할 수 없게 되는 마지막 그 순간까지 그의 어조는 갈수록 날카로워진다. 그러나 유언장에서도 서기장 교체를 요구하는 이유를 충분히 설명한다. 스탈린은 무례하고 변덕스러울

뿐 아니라 **충직하지 않다**는 것이다. 이 지점에서 성격 묘사는 강력한 고발이 된다.

뒤에서 살펴보겠지만, 유언장은 스탈린에게 놀라운 것이 아니었을 것이다. 그러나 그렇다고 해서 타격이 약했던 것은 아니다. 스탈린은 서기국(그와 가장 가까운 동료들로 이뤄진 집단)에서 유언장을 처음 접했을 때, 그 유언을 남긴 레닌에 대한 자신의 진짜 감정을 꽤 숨김없이 표현하는 말을 내뱉었다. 이 발언이 광범위한 집단으로 퍼져 나가게 된 정황과 무엇보다 그 반응 자체의 독특한 특징을 보면, 그 일화는 진짜임이 분명하다. 유감스럽게도 이 의미심장한 말을 활자로 인용할 수는 없다.

유언장의 마지막 문장은 레닌이 생각하기에 어느 쪽에 위험이 놓여 있는지를 명백히 보여 준다. 스탈린을 (그리고 오직 스탈린만을) 해임하는 것은 그를 당 기구에 접근하지 못하게 차단하고, 세력 관계에서 그가 유리한 고지에 설 가능성을 빼앗고, 그가 서기장 직위를 통해 수중에 집중시킨 그 모든 권한을 박탈하는 것을 의미했다. 그러면 누가 서기장에 임명돼야 할까? 스탈린의 긍정적 자질들을 갖추고 있으면서도 그보다 더 참을성 있고 더 충직하고 덜 변덕스러운 사람이어야 한다. 이것이 스탈린의 속마음을 가장 날카롭게 찌른 구절이다. 레닌은 우리에게 스탈린의 자리에 더 적합한 인물을 찾으라고 제안한 것에서 알 수 있듯이 분명히 스탈린을 대신할 사람이 없다고 생각하지는 않았다. 스탈린은 형식적으로 사직서를 제출하면서 변덕스럽게 다음과 같은 말을 반복했다. "그래요, 내가 무례한 건 사실이오. … 일리치는 여러분에게 단지 더 예의 바르다는 점에서만 나와 다른 사람을 찾으라고 제안했소. 자, 그런 사람을 찾아보시오." 당시 스탈린의 측근 하나가 "신경 쓰지 마세요" 하고 대답했다. "무례함은 우리에게 걱정거리가 아닙니다. 우리 당 전체가 무례하며 프롤레타리아적입니다." 여기서 레닌이 말한 예의 바름은 마치 상류층에게나 어울리는 개념인 양 묘사된다. 충직하지 않다는 비판에 대해서는 스탈린도 그의 측근들도 뭐라 할 말이 없었다. 당시 스탈린 지지 발언을 한 농업 인민위원 A P 스미르노프가 지금은 우익반대파로 몰려 연금돼 있다는 것은 흥미로운 일이다. 정치란 고마움을 전혀 모르는 모양이다.

라데크는 당시에 여전히 중앙위원이었으며 유서를 낭독하는 동안 내 곁에 앉아 있었다. 순간의 위세에 쉽사리 굴복하고 내적 단련이 결여된 그는 유언 내용에 즉각 흥분해 내게 몸을 기울여 "이제 저들이 감히 당신에게 대항하지 못할 겁니다" 하고 말했다. 나는 그에게 "오히려 저들은 끝까지 가야 할 것이오. 그것도 가능한 빨리 그러지 않으면 안 될 것이오" 하고 대답했다. 13차 당대회에서 며칠 동안 일어난 일들은 내 판단이 전혀 과장된 것이 아님을 증명했다. 3두 체제는 유언장이 발휘할 수 있는 효과를 방지하기 위해 가능한 한 빨리 당을 정해진 각본대로 움직이게 만들었다. 지역 대의원들에게 유언장을 읽어 주는 것마저 '외부인들'은 못 들어오게 한 채 나에 대한 노골적인 투쟁으로 바꿔 버렸다. 대의원들의 지도자들은 유언장을 읽으면서 어떤 대목은 슬쩍 넘어가 버리고, 어떤 것은 강조하고,

레닌이 중병을 앓으면서 책략과 음모의 영향 아래 그 편지를 썼다는 취지의 해설을 하기도 했다. 당 기구는 이미 완전히 통제되고 있었다. 3두 체제가 레닌의 의지를 거슬러 당대회에서 그의 편지를 읽는 것을 거부할 수 있었다는 단순한 사실만으로도 당대회의 구성과 그 분위기를 충분히 알 수 있다. 유언장은 내부 투쟁을 약화시키거나 종식시키기는커녕 그것에 재앙적 가속도를 붙여 줬다.

스탈린에 대한 레닌의 태도

정치란 끈덕진 것이다. 그것은 공개적으로 정치에 등을 돌린 사람들까지 정치적으로 봉사하도록 강요할 수 있다. 루트비히는 다음과 같이 쓰고 있다. "스탈린은 레닌이 죽을 때까지 열렬히 그를 따랐다." 만일 이 문구가 스탈린을 포함해 레닌의 제자들에 대한 레닌의 강력한 영향력을 표현한 것일 뿐이라면 논쟁의 여지는 전혀 없을 것이다. 그러나 루트비히는 그 이상을 의미하고 있다. 그는 이 특별한 제자가 스승과 이례적으로 긴밀했다고 암시하고 싶어 한다. 특히 루트비히가 이 점을 보여주는 귀중한 증거로 인용하는 것은 스탈린 자신의 말이다. "나는 레닌의 제자일 뿐이며 내 목표는 그의 훌륭한 제자가 되는 것입니다." 본질적 내용이라고는 티끌만큼도 없는 진부한 관례적 겸손의 발언을 가지고 전문적 심리학자가 이처럼 무비판적으로 일한다면 그것은 참 딱한 일이다. 여기서 루트비히는 최근 몇 년 동안 날조된 공식 신화의 단순한 전달자가 된다. 자신이 사실들에 무관심한 나머지 자가당착에 빠지게 됐다는 생각을 어렴풋이나마 그가 하고 있는지 모르겠다. 만일 스탈린이 실제로 레닌이 사망할 때까지 그를 따르고 있었다면, 그렇다면 레닌이 두 번째 뇌졸중으로 쓰러지기 직전에 구술한 마지막 문서가 스탈린과 모든 개인적·동지적 관계를 끊겠다는 내용의 몇 줄도 안 되는 무뚝뚝한 편지였다는 사실은 어떻게 설명해야 할까? 레닌이 생전에 가까운 동료와 모질게 단절한 사건은 이것이 유일하며 매우 심각한 심리적 요인이 있었음이 틀림없다. 그리고 마지막까지 스승을 "열렬히" 따른 제자와의 관계에서 일어난 일이라고 본다면 적어도 이해할 수 없는 일일 것이다. 그러나 루트비히는 이에 대해 한마디도 하지 않았다.

스탈린과의 단절을 표명하는 레닌의 편지가 당 지도자들 사이에 광범위하게 알려졌을 때, 3두 체제는 산산이 분열했고, 스탈린과 그의 측근들은 레닌이 판단력이 흐려진 상태에서 유언을 구술했다는 판에 박힌 낡은 이야기를 똑같이 반복하는 것밖에 다른 방도가 없었다. 사실, 유언장과 관계 단절을 선언한 편지는 모두 레닌이 일련의 강령적 논설들을 통해 자기 사상의 가장 성숙한 결과물을 당에 제출한 그 몇 달 동안(1922년 12월부터 1923년 3월 초까지)에 쓴 것이다. 스탈린과의 단절은 마른하늘의 날벼락이 아니었다. 그것은 원칙과 실천 모두의 문제에 대한 일련의 많은 갈등들에서 비롯했으며, 이런 갈등들의 첨예함을 비극적 양상으로 표현하고 있다.

레닌은 의심할 여지 없이 스탈린의 몇몇 특성, 즉 그의 단호한 성격, 집요함, 완강함, 심지어 냉혹함과 약삭빠름까지 높이 평가했다 (전쟁에서 필요하고 따라서 전쟁의 참모본부에서 필요한 특성들이다). 그러나 레닌은 이런 재능들이 아무리 비범하더라도 결코 당과 국가를 지도하기에 충분하다고 생각하지는 않았다. 레닌은 스탈린을 혁명가로는 봤지만, 훌륭한 정치가로는 보지 않았다. 레닌은 정치투쟁에서 이론을 매우 중요하게 여겼다. 아무도 스탈린을 이론가라고 여기지 않았으며 그 자신도 1924년까지는 결코 이론가인 체하지 않았다. 오히려 그의 빈약한 이론적 기반은 소규모 서클에서도 잘 알려져 있었다. 스탈린은 서구에 대해서도 잘 알지 못한다. 이를테면 그는 외국어를 전혀 모른다. 국제 노동운동의 문제들에 대한 토론에 참여한 적도 없다. 그리고 마지막으로 스탈린은 (덜 중요한 문제이긴 하지만 그럼에도 중요한데) 엄밀한 의미에서 저술가도 연설가도 아니다. 그의 글은, 아무리 조심스럽게 글을 써도, 이론적 오류와 어설픔뿐 아니라 러시아어에 맞지 않는 조잡한 문체로 가득하다. 레닌이 보기에 스탈린의 가치는 전적으로 당 행정과 당 기구 운영 분야에 있었다. 그러나 이 점에서도 레닌은 상당한 의문을 표명했으며 이런 의문은 마지막 시기에 더 커졌다.

레닌은 이상주의적 도덕을 설교하는 것을 경멸했다. 그러나 그렇다고 해서 레닌이 혁명 윤리를 엄격히 고수하지 않았던 것은 아니다. 혁명의 성공과 새로운 사회의 창조에 필요하다고 자신이 생각한 그런 행동 규칙들에 관한 한 그는 엄격주의자였다. 레닌의 성격에서 거리낌 없이 자연스럽게 흘러나온 엄격한 윤리에는 현학이나 편협

함이나 완고함 따위는 티끌만큼도 없었다. 그는 사람들을 아주 잘 알았으며 있는 그대로 파악했다. 레닌은 어떤 사람의 단점을 다른 사람들의 장점과 결합시키려 했고 때로는 다른 사람들의 결점과도 결합시키려 했으며, 그 결과가 어떤지 반드시 날카롭게 관찰했다. 그는 또한 시대는 변하며 그와 함께 우리도 변한다는 것을 알고 있었다. 당은 지하활동을 하다 권력의 꼭대기로 단숨에 솟아올랐다. 이 때문에 옛 혁명가들은 개인적 상황과 다른 사람과의 관계에서 놀라울 정도로 급격한 변화를 맞게 됐다. 레닌은 이런 새로운 조건에 놓인 스탈린에게서 발견한 것을 신중하지만 분명하게 자신의 유언장에서 지적했다. 충직함이 부족하고 권력을 남용하는 경향이 있다고 말이다. 루트비히는 이런 암시를 놓쳤다. 그렇지만 이런 암시야말로 말년에 레닌과 스탈린 사이의 관계를 이해할 수 있는 열쇠다.

레닌은 혁명적 독재의 이론가이자 전문가였을 뿐 아니라 혁명적 독재의 도덕적 기초에 대한 빈틈없는 수호자였다. 개인의 이해관계를 위해 권력을 사용할 모든 징후가 그의 눈에 위험한 불씨로 비쳤다. 그는 자신의 숨 막힐 듯한 의분을 좀 더 효과적으로 표현하기 위해 "개인적 권력 남용이 부르주아 의회정치보다 조금이라도 나을 게 도대체 무엇입니까?" 하고 의문을 제기하곤 했다. 그리고 종종 의회정치라는 주제에 자신의 풍부한 정의를 하나 덧붙이곤 했다. 그동안 스탈린은 갈수록 더 광범하고 무차별적으로 혁명적 독재의 여러 가능성을 이용해 자신에게 개인적으로 순종하고 헌신하는 사람들을 모으고 있었다. 서기장 자리에 있으면서 그는 혜택과 부富를 베푸는 권한을 갖게 됐다. 여기에 피할 수 없는 갈등의 기초가 놓였다. 레닌은 점점 스탈린에 대한 도덕적 신뢰를 잃어 갔다. 이 기본적 사실을 이해한다면, 마지막 시기에 일어난 모든 개개의 일화들이 제대로 자리매김될 것이며, 스탈린에 대한 레닌의 태도의 그릇되지 않은 진짜 모습을 알게 될 것이다.

조직가의 유형들로서 스베르들로프와 스탈린

당의 발전에서 유언장이 차지하는 올바른 위상을 이해하기 위해서는 여기서 잠시 다른 이야기로 넘어갈 필요가 있다. 1919년 봄까지 당의 최고 조직자는 스베르들로프였다. 그는 서기장이라는 직책을 맡지는 않았는데, 당시에는 아직 그 직책이 만들어지지 않았기 때문이다. 그러나 실질적으로는 당의 서기장이었다. 스베르들로프는 이른바 스페인 독감에 걸려 1919년 3월 34살의 나이로 사망했다. 내전과 전염병의 확산 속에서 사람들이 여기저기서 마구 죽어 나갔기 때문에 당은 스베르들로프의 죽음의 심각성을 거의 깨닫지 못했다. 두 번의 장례 연설에서 레닌은 스베르들로프에 대한 평가를 했는데, 이는 마치 스탈린의 거울상과 같아서 레닌과 스탈린 사이의 나중의 관계를 분명히 이해하는 데도 도움이 된다. "우리의 혁명 과정에서, 혁명의 승리에서 프롤레타리아 혁명의 정수를 어느 누구보다 완전히 표현한 것은 바로 스베르들로프였습니다" 하고 레닌은 말했다. 스베르들로프는 "무엇보다 조직가"였다. 이론가도 저술가도 아닌 평범한 지하 활동가에서 단시일 내에 "흠잡을 데 없는 권위를 누리는 조직가, 러시아 소비에트 권력 전체의 조직가, 누구보다 당 활동을 잘 이해하는 조직가"로 성장했다. 레닌은 기념식이나 장례식에서 과장된 예찬을 늘어놓는 데에는 별로 흥미가 없는 사람이었다. 스베르들로프에 대한 레닌의 평가는 동시에 조직가의 임무를 규정하는 것이기도 했다. "오로지 스베르들로프와 같은 조직가를 보유하고 있었다는 사실 덕분에 우리는 내전 기간에 마치 우리에게 **이렇다** 할 만한 갈등이 단 하나도 없는 것처럼 사업을 추진할 수 있었습니다."

실제로 그랬다. 당시 레닌과 대화하면서 우리는 여러 차례 거듭 만족스러워하며, 우리가 성공할 수 있었던 주요 조건 하나는 통치 집단의 단결과 결속이라고 말했다. 여러 사태와 난관이 가하는 무지막지한 압력, 처음 부딪혀 보는 문제들, 때때로 터져 나오는 실천상의 날카로운 이견에도 불구하고 우리는 놀라울 정도로 순조롭고 우호적이고 거침없이 일을 진행했다. 한두 마디 간단한 말로 우리는 과거 혁명들의 여러 일화를 떠올리곤 했다. "아니요, 우리가 더 나은 상황입니다." "이것만으로도 우리의 승리는 보장됩니다." 중앙의 결속은 볼셰비즘의 역사 전체를 통해 갖춰졌고 지도자들(무엇보다 레닌)의 군건한 권위에 의해 유지됐다. 그러나 이런 유례없는 단합의 내부 역학에는 스베르들로프라는 중요한 조직가가 있었다. 스베르들로프의 조직술의 비결은 간단했다. 대의를 따르는 것, 그것뿐이었다. 당 활동가 중 아무도 당 서기국에서 은밀히 내려와 파고드는 음모의 소용돌이에 말려드는 것에 대한 공포를 느끼지 않았다. 스베르들로프가 누린 이런 권위의 바탕은 충직함이었다.

레닌은 모든 당 지도자를 마음속으로 점검해 보고는 장례 연설에서 실천적 결론을 이끌어 냈다. "그런 사람을 대신할 수 있는 인물은 결코 찾을 수 없습니다. 그런 자질을 모두 갖춘 한 동지를 찾으려 한다면 말입니다. … 그가 혼자서 한 일은, 이제 그의 발자취를 좇아 그의 역할을 수행할 일군의 사람들이 함께해야 해낼 수 있습니다."[5] 이 말은 미사여구가 아니라 실천과 직결된 제안이었다. 그래서 그 제안은 실천에 옮겨졌다. 1명의 서기장 대신에 3명으로 구성된 위원회가 임명됐다.

레닌의 이런 말을 통해, 스베르들로프가 살아 있는 동안에는 스탈린이 당 기구에서 지도적 구실을 하지 못했음을 당의 역사를 모르는 사람도 분명히 알 수 있다(10월 혁명 때나 소비에트 국가의 기초를 닦고 뼈대를 세운 시기에나 마찬가지였다). 스탈린은 스베르들로프를 대신해 구성된 최초의 서기국에 포함되지도 않았다.

스베르들로프가 죽은 지 2년 후에 열린 10차 당대회에서 지노비예프 등이 나에 대항한 투쟁을 벌이려는 속셈으로 스탈린을 서기장 후보로 지지했을 때(즉, 스베르들로프가 사실상 맡았던 직위에 스탈린을 정식으로 앉히려 했을 때), 레닌은 어느 작은 서클에서 이 계획에 반대하는 연설을 하면서 자신의 우려를 다음과 같이 표현했다. "이 요리사는 오직 매운 음식만 내놓을 것입니다." 스베르들로프의 성격과 연결해서 보면, 그 문구만으로도 우리는 두 유형의 조직가 사이의 차이를 알 수 있다. 한 사람은 갈등을 완화하고 위원회 활동을 원활히 하는 지칠 줄 모르는 조직가이며, 다른 사람은 매운 음식의 전문가다(심지어 음식에 실제 독극물을 양념으로 치는 것조차 서슴지 않는다). 만일 레닌이 1921년 봄에[*] 자신의 반대 의사를 끝까지 밀고 나가지 않은 것(즉, 스탈린을 임명하는 것에 반대해 공개적으로 당대회에 호소하지 않은 것)은 권한과 영향력이 정치국에 집중돼 있던 당시의 지배적 조건에서는 아무리 서기'장'이라 해도 서기(사무국원)라는 직위가 엄밀히 말하면 부차적 중요성만 있었기 때문이다. 아마 레닌도 다른 많은 사람과 마찬가지로 위험을 제때 충분히 깨닫지는 못한 것 같다.

1921년 말경 레닌의 건강이 심각하게 나빠졌다. 12월 7일 의사의 권고로 휴양지로 떠나면서, 자신의 신체적 고통을 좀처럼 호소하지 않던 레닌이 정치국원들에게 다음과 같은 글을 썼다. "저는 오늘 떠납니다. 일하는 시간을 줄이고 쉬는 시간을 늘렸지만 요 며칠 동안 불면증이 극심해졌습니다. 당대회나 소비에트 대회에서 연설할 수 없을까 봐 두렵습니다."[6]

다섯 달 동안 레닌은 의사들과 동료들의 만류로 업무에 반쯤 손을 놓은 채 정부와 당의 정책의 진로에 대해 끊임없이 경고하고 지병과 계속 싸우면서 쇠약해져 갔다. 5월에는 첫 뇌졸중을 일으켰다.

---

[*] 트로츠키가 시기를 착각한 듯하다. 스탈린을 서기장으로 임명한 대회는 1921년 봄의 10차 당대회가 아니라 1922년 봄의 11차 당대회다.

두 달 동안 레닌은 말할 수도 글을 쓸 수도 거동을 할 수도 없게 된다. 7월에는 서서히 회복되기 시작한다. 그는 시골에 있으면서 조금씩 적극적 서신 왕래를 시작한다. 10월에는 크렘린으로 복귀해 정식으로 업무를 수행한다.

"나쁜 일에도 좋은 면이 있기 마련입니다" 하고 레닌은 나중에 어느 연설문의 원고에서 심경을 밝히고 있다. "저는 반년 동안 조용히 앉아서 '장외에서' 지켜보고 있었습니다."[7] 레닌은 다음과 같은 의미로 말한 것이다. 전에는 내 직책에 너무 매여 있던 나머지 많은 것을 관찰하지 못했다. 긴 휴지기 덕분에 이제 많은 것을 새로운 눈으로 볼 수 있게 됐다. 레닌을 가장 신경 쓰이게 한 것은 말할 나위도 없이 관료 권력의 엄청난 성장이었는데, 그 힘의 집중점은 중앙위원회의 조직국이 돼 있었다.

매운 음식을 만드는 데 전문가인 우두머리를 제거할 필요성은 레닌이 업무에 복귀한 직후 분명하게 다가왔다. 그러나 이 인사 문제는 특히 복잡하게 얽혀 있었다. 레닌은 자신이 떠나 있는 틈을 이용해 스탈린이 얼마나 광범위하게 편파적으로(그리고 흔히 대의에 정면으로 어긋나게) 인사권을 휘둘러 왔는지를 확연히 알 수 있었다. 서기장은 이제, 지적으로 그다지 뛰어나지는 않지만 적어도 견고한 유대로 묶인 큰 규모의 분파에 의존하고 있었다. 당 기구의 우두머리들을 교체하는 것은 상당한 정치 공세를 준비하지 않고는 이미 불가능하게 돼 있었다. 이때 레닌과 나 사이에 소비에트와 당의 관료주의에 대항하는 연대 투쟁에 관한 "음모적" 대화가 있었고, 레닌은 조직국(당시 스탈린의 핵심 근거지)에 대항하는 "연합"을 제안했다. 그런 대화가 있었다는 사실과 대화의 내용은 곧 여러 문서에 반영됐으며, 이 문건들은 부정할 수 없고 아무도 부정하지 않는 당 역사의 한 일화를 이루고 있다.

그러나 겨우 몇 주 뒤에 레닌의 건강이 다시 나빠졌다. 의사는 일상 업무뿐 아니라 동지들과의 공무상 대화마저 다시 금지했다. 레닌은 홀로 사방의 벽 안에 갇힌 채 투쟁할 다른 방도를 고안해 내야 했다. 서기국의 막후 활동을 통제하기 위해서 레닌은 몇 가지 조직상의 일반적 조치들을 구상했다. 이리하여 믿을 만하고 경험 많은 당원으로 구성되는 통제위원회의 형태로 고도의 권위를 누리는 당 중앙을 창출하는 계획을 세웠다. 통제위원회는 위계적 관점에서 완전히 벗어난 독립적 기구였으며(즉, 공무원도 아니고 행정관리도 아니다) 동시에 법률 위반, 당내 민주주의와 소비에트 민주주의 위반, 혁명적 도덕의 결핍에 대해 (중앙위원을 포함한) 당의 모든 간부뿐 아니라 (노농감사부의 중재를 통해) 국가의 고위 관리까지 예외 없이 소환할 권한을 가졌다.

1월 23일 레닌은 크룹스카야를 통해, 자신이 제안한 중앙 기구들의 재조직에 관해 쓴 글 한 편을[8] 〈프라우다〉에 발표해 달라고 보냈다. 자신의 건강도 서기국의 반응도 믿을 수 없었던 레닌은 자신의 글을 〈프라우다〉에 즉시 인쇄해 달라고 요구했고 이것은 당에 직접 호소하겠다는 뜻이었다. 스탈린은 그 문제는 정치국에서 토의돼야 한다며 크룹스카야의 이 요청을 거절했다. 형식적으로는 단지 하루

미뤄지는 것뿐이었다. 그러나 그것을 정치국 논의에 부치겠다는 것 자체가 좋지 않은 징조였다. 레닌의 지시로 크룹스카야는 나에게 협조를 요청했다. 나는 정치국 회의를 즉시 소집하라고 요구했다. 레닌의 우려는 완전히 맞아떨어졌다. 회의에 참석한 모든 정치국원과 후보 정치국원, 즉 스탈린·몰로토프·쿠이비셰프·리코프·칼리닌·부하린은 레닌이 제안한 개혁에 반대했을 뿐 아니라 그 글의 인쇄 자체도 반대했다. 쿠이비셰프(나중에 중앙통제위원회의 우두머리가 된다)는 격렬한 감정적 흥분이 환자의 병을 더 악화시킬 위험이 있으므로 레닌을 달래기 위해 그 글이 실린 〈프라우다〉 호외를 딱 한 부만 인쇄해서 레닌에게 보여 주자고 제안했다. 이런 식으로 "열렬히" 이 사람들은 자기들의 스승을 따랐다. 나는 분개해, 레닌의 눈을 속이려는 그 제안을 거부하고 레닌이 제안한 개혁에 근본적으로 찬성하는 연설을 했으며, 그의 글을 즉각 공개하라고 요구했다. 1시간 늦게 도착한 카메네프가 나를 지지했다. 레닌이 어떻게든 자신의 글을 유포할 것이고, 그것은 타자기로 복사돼 더 큰 관심 속에 읽힐 것이며, 그러면 그만큼 더 분명하게 정치국을 겨냥하게 될 것이라는 주장에 밀려 다수파는 결국 태도를 바꿀 수밖에 없었다. 그 글은 다음 날인 1월 25일 아침에 〈프라우다〉에 모습을 드러냈다. 이 일화는 또한 적절한 시기에 공식 기록 문서들에 반영됐으며 내 서술은 그것들에 기초를 둔 것이다.

일반적으로 강조할 필요가 있다고 생각하는 사실은, 나는 순수심리학파에 속하지 않기 때문에, 그리고 기억 속에 감정적으로 반영된 생각이 아니라 확실하게 입증된 사실을 믿는 데 익숙하기 때문에, 특별히 언급한 몇몇 일화를 제외하면 모두 내 문서 보관함에 있는 기록들에 기초해 날짜, 증언, 사실적 정황을 전반적으로 주의 깊게 검증해 설명하고 있다는 점이다.

레닌과 스탈린 사이의 의견 충돌

조직 정책이 레닌이 스탈린에 맞서 투쟁한 유일한 분야는 아니었다. 중앙위원회 11월 전원회의(1922년)는[9] 레닌과 내가 불참한 상태에서 개최돼, 뜻밖에도 대외무역 체계에 근본적 변화를 도입했는데, 이는 국가 독점의 기초 자체를 허무는 것이었다. 당시 대외무역 인민위원 크라신과의 대화에서 나는 중앙위원회의 이 결정에 대해 대체로 다음과 같이 이야기했다. "그들은 아직 통을 완전히 망가뜨리지는 않았지만, 거기에 구멍을 몇 개 뚫은 겁니다." 레닌이 이 말을 전해 들었다. 그는 12월 13일 나에게 다음과 같은 글을 써 보냈다. "독점을 무조건 보존하고 강화해야 한다고 보는 우리의 공통된 견해를 차기 중앙위원회 전원회의에서 동지가 책임지고 옹호해 줄 것을 진지하게 요청합니다. … 지난번 회의는 이 문제에서 대외무역 독점과 완전히 충돌하는 결정을 내렸습니다."

이 문제에 대해 레닌은 어떤 양보도 거부하면서 나에게 중앙위원회와 당대회에 호소하라고 주장했다. 공격 대상은 주로 서기장으로서 중앙위원회 전원회의 안건 상정에 책임이 있는 스탈린이었다. 그러나 당시에 그것은 공개 투쟁으로까지 가지는 않았다. 위험을 감지한 스탈린은 싸우지 않고 굴복했으며 그의 동료들도 그와 행동을 같이했다. 12월 전원회의에서 11월의 결정이 취소됐다. "총 한 방 쏘지 않고 그저 시늉만으로도 고지를 탈환한 것 같습니다" 하고 레닌은 12월 21일 나에게 농담조로 글을 써 보냈다.

민족 정책 분야에서의 의견 충돌은 훨씬 심각했다. 1922년 가을에 우리는 소비에트 국가를 민족 공화국들의 연방으로 전환시킬 준비를 하고 있었다. 레닌은, 오랫동안 압제하에 살아 여전히 그 후유증에서 전혀 벗어나지 못하고 있는 이 민족주의자들의 요구와 주장을 가능한 한 많이 충족시킬 필요가 있다고 생각했다. 반면에, 민족문제 인민위원으로서 준비 작업을 지도한 스탈린은 이 분야에서 관료적 중앙집권주의 정책을 수행하고 있었다. 레닌은 모스크바 근교 마을에서 요양하면서 정치국에 보내는 서신들을 통해 스탈린과 계속 논쟁했다. 연방 설립을 위해 스탈린이 입안한 계획을 처음 언급할 때 레닌은 지극히 부드럽고 절제된 표현을 사용했다. 레닌은 당시(1922년 9월 말 무렵)에는 공개적으로 충돌하지 않고 정치국을 통해 그 문제를 바로잡을 수 있기를 바랐다. 반면, 스탈린의 대답들에는 눈에 띄는 짜증이 담겨 있었다. 스탈린은 레닌이야말로 "성급하다"며 레닌이 "민족적 자유주의"를 주장하고 있다(즉, 이방인들의 민족주의에 영합하고 있다)고 비난했다. 이 편지는 정치적으로 매우 흥미로운 것인데도 지금까지 당에는 공개되지 않고 있다.

관료주의적 민족 정책은 이미 당시에 그루지야에서 강력한 반대를 불러일으켰으며, 그루지야 볼셰비즘의 가장 뛰어난 지도자들이 스탈린과 그의 오른팔인 오르조니키제에 맞서 단결했다. 크룹스카야를 통해서 레닌은 스탈린·오르조니키제·제르진스키 일파에 대항하는 그루지야의 반대파 지도자들(므디바니·마하라제 등)을 따로 접촉하기 시작했다. 변경 지방들에서의 투쟁이 너무 첨예했고 스탈린 자신이 특정 집단들과 너무나 밀접히 연결돼 있었기 때문에 스탈린은 대외무역 독점 문제에서와 달리 조용히 굴복할 수 없었다. 몇 주 후에 레닌은 당에 호소할 필요가 있겠다고 확신하게 됐다. 12월 말경 레닌은 민족문제에 관한 긴 편지를 구술했는데, 이것은 병이 악화돼 당대회에 참석해 연설하지 못할 것에 대비한 것이었다.

레닌은 자신을 터무니없이 민족주의라고 몰아세우는 스탈린에 대항해 그의 충동적이고 악의적인 운영 방식을 비난했다. "일반적으로 정치에서 앙심을 품는 것만큼 최악의 구실을 하는 것은 없습니다" 하고 레닌은 강조했다. 비록 처음에는 다소 지나친 요구일지라도 과거 억압받던 민족이 제출한 정당한 요구에 맞서 싸우는 것은 대러시아 관료주의를 드러내는 일이라고 레닌은 불렀다. 그는 처음으로 자신이 누구를 비판하는지 직접 거명했다. "이 모든 철두철미하게 대러시아적인 민족주의 운동의 책임은 당연히 스탈린과 제르진스키에게 물어야 합니다." 대러시아인인 레닌이 그루지야인인 주가시빌리[스탈린]와[10] 폴란드인인 제르진스키를 대러시아 민족주의라고 비난하는 것이 역설적으로 보일지도 모르지만, 여기서 문제는 민족 감정과 편들기의 문제가 아니라 모든 분야(민족문제는 그중 하나일 뿐이다)에서 차이가 드러나는 두 정치 노선의 문제다. [중앙위원인] 라콥스키는 몇 년 후에 스탈린 분파의 방식을 가차 없이 비난하면서 다음과 같이 썼다. "민족문제에 대해 관료들은 다른 모든 문제와 마찬가지로 행정과 규제의 편의라는 관점으로 접근한다."[11] 더할 나위 없이 정확한 비판이었다.

[레닌의 수정안을 받아들인] 스탈린의 말뿐인 양보는 전혀 레닌을 침묵시키지 못하고 오히려 레닌의 의혹을 심화시켰다. "스탈린은 추악한 타협을 할 겁니다. 그러고 나서 속이려고 말이죠" 하고 레닌은 자신의 비서를 통해 나에게 경고를 보내왔다. 그리고 스탈린은 바로 그렇게 행동했다. 중앙과 변경 지방에서 자기 분파에 대한 지지가 약화되지만 않는다면 스탈린은 차기 당대회에서 민족 정책에 대한 어떤 이론적 정식화도 받아들일 태세였다. 확실히 레닌은 스탈린의 계획을 완전히 꿰뚫어 보고 있었고 스탈린은 당연히 이것을 두려워했다. 그러나 다른 한편, 레닌의 건강 상태는 계속 악화되고 있었다. 스탈린은 차가운 태도로 이 중요한 요인을 자신의 계산에 넣고 있었다. 서기장의 실제 정책이 더 과감해질수록 레닌의 건강도 그만큼 더 악화돼 갔다. 스탈린은 자신의 위험한 상관[레닌]을 격리해서 서기국과 그 동맹자들에 대항할 무기를 제공할지도 모를 모든 정보를 차단하려 했다. 이런 봉쇄정책은 자연히 레닌의 가장 가까운 측근들을 겨냥한 것이었다. 크룹스카야는 아픈 레닌이 서기국의 적대적 음모를 접하지 않도록 보호하기 위해 최선을 다했다. 그러나 레

닌은 우연적 조짐들에서 전체 상황을 추측하는 법을 알았다. 레닌은 스탈린의 활동·동기·계산을 꿰뚫고 있었다. 여기에 레닌의 정신이 어떻게 반응했는지를 상상하는 것은 어렵지 않다. 이미 그때 레닌의 책상 위에는 스탈린의 해임을 주장하는 유언장과 나란히, 레닌의 비서인 포티예바와 글랴세르가 자신들의 상관의 마음을 예리하게 헤아려 "스탈린에게 던질 폭탄"이라고 묘사한 민족문제에 대한 문서들도 놓여 있었음을 기억해야 한다.

투쟁이 첨예해진 반년

몇 년간 스탈린이 우두머리였던 노농감사부(라브크린)를 재조직하는 문제와 관련해 레닌은 중앙통제위원회를 만들어 당의 규율과 단결을 수호하게 한다는 생각을 발전시켰다. 1923년 3월 4일 〈프라우다〉에 당 역사에 길이 남을 유명한 글 "느릿느릿 걸어도 황소걸음으로"가[12] 실렸다. 이 글은 조금씩 여러 차례에 걸쳐 손으로 쓴 것이다. 레닌은 구술하는 방식을 원하지 않았고 [실어증 때문에] 구술할 수도 없었다. 그는 오랫동안 힘겹게 그 글을 썼다. 3월 2일 드디어 [비서가] 낭독하는 것을 듣고 만족할 수 있었다. "이제야 좀 괜찮은 것 같군요." 이 글은 폭넓은 국내외 정치 전망에 근거해 지도적 당기관을 개혁하는 방안을 담고 있다. 여기서 이 문제를 자세히 다룰 수는 없다. 그러나 노농감사부에 대해 레닌이 내린 평가는 우리가 다루는 주제에 매우 중요하다. 레닌은 다음과 같이 썼다. "솔직히 이야기해 봅시다. 현시점에 노농감사부는 권위라고는 티끌만큼도 없습니다. 우리 노농감사부의 조직 상태가 다른 어느 기구보다도 나쁘다는 사실, 현 상황에서는 노동감사부에 아무것도 기대할 수 없다는 사실을 누구나 압니다."

가장 중요한 국가기관 중 하나에 대해 정부 수반이 발표한 이 놀라울 정도로 날카로운 언급은 이 감사부의 조직자이자 우두머리인 스탈린을 직접적으로 가차 없이 공격한 것이었다. 그 이유는 이제 분명해졌을 것이다. 감사부는 주로 혁명적 독재가 관료적으로 왜곡되지 못하게 교정하는 기능을 하는 것이었다. 이런 막중한 기능은 그 지도부가 완전히 충직하다면 성공적으로 수행될 수 있겠지만, 스탈린에게 부족한 것이 바로 이 충직함이었다. 스탈린은 당 서기국을 변질시킨 것과 마찬가지로 감사부도 "내 사람들"을 보호하고 반대자들을 박해하는 도당적 음모의 도구로 전락시켰다. "느릿느릿 걸어도 황소걸음으로"에서 레닌은 (얼마 전에 그 책임자가 츄루파로 바뀐) 감사부에 대해 자신이 제안한 개혁이 "우리의 모든 관료, 소비에트 관료와 당 관료 둘 다"의 저항을 필연적으로 받을 거라고 공개적으로 지적했다. 레닌은 의미심장하게 다음과 같이 덧붙인다. "소비에트 기관들만이 아니라 당내에도 관료주의가 있습니다." 이것은 서기장인 스탈린을 완전히 의도적으로 공격한 것이다.

그러므로 레닌이 회복했다가 다시 병상에 눕게 되기까지 정치 생활의 마지막 반년간은 스탈린에 반대한 첨예한 투쟁으로 점철됐다고 해도 결코 과장이 아닐 것이다. 다시 한 번 주요한 날짜들을 상기해 보자. 1922년 9월에 레닌은 스탈린의 민족 정책을 공격하는 포문을 열었다. 12월 초순에는 대외무역의 독점 문제에 관해 스탈린을 공격했다. 12월 25일에는 유언장의 첫 부분을 썼다. 12월 30일에는 민족문제에 관한 편지("폭탄")를 썼다. 1923년 1월 4일에는 스탈린을 서기장 직위에서 해임해야 한다는 추신을 유언장에 덧붙였다. 1월 23일에는 스탈린에 대항해 중화기를 배치했는데 통제위원회라는 계획이 그것이다. 3월 2일 자 글에서는 감사부 조직자로서의 스탈린과 당 서기장으로서의 스탈린에게 이중 공격을 가했다. 3월 5일에는 민족문제를 다룬 자신의 메모에 관해 나에게 다음과 같이 써 보냈다. "동지가 그루지야인들을 옹호하는 일을 맡아 준다면 저는 안심할 수 있을 겁니다." 같은 날[13] 레닌은 스탈린과 격렬히 대립하던 그루지야인들에게 힘을 보탤 것을 처음으로 공개적으로 밝히고, 그루지야인들에게 편지를 보내 자신이 그들의 입장을 "진심으로" 지지하며 그들을 위해 스탈린·오르조니키제·제르진스키를 반대하는 문건들을 준비하고 있다고 알렸다. "진심으로" 같은 표현은 레닌이 흔히 쓰는 표현이 아니었다.

"그분은 이 문제[민족문제]를 극도로 우려해서 당대회에서 이 문제에 대해 연설할 준비를 하고 있었습니다" 하고 레닌의 비서인 포티예바가 증언한다.[14] 그러나 당대회 한 달 전에 레닌은 결국 건강이 아주 나빠져 그 글을 가지고 어떻게 하라는 지시조차 내리지 못하게 됐다. 스탈린의 어깨를 짓누르던 압박이 사라졌다. 12차 당대회

원로회의의 간부 회의에서 스탈린은 레닌의 편지에 대해 특유의 말투로, 아픈 사람이 "아녀자들"(즉, 크룹스카야와 두 비서)의 영향력 아래에서 쓴 것이라고 말할 만큼 이미 대담해졌다. 레닌의 실제 의견을 파악할 필요가 있다는 핑계 아래 그 편지를 금고에 넣어 자물쇠로 잠가 두기로 결정됐다. 그것은 지금까지 거기에 남아 있다.

위에서 열거한 극적인 일화들은, 비록 그 자체로는 생생하지만, 레닌이 활동한 마지막 몇 달 동안 당내 사건들을 겪으며 기울인 그의 열정을 조금도 전달하지 못한다. 편지와 글을 쓸 때 레닌은 평소처럼 매우 엄격히 자제했다. 레닌은 첫 번째 뇌졸중으로 병석에 누웠을 때부터 자기 병의 성격을 잘 알고 있었다. 1922년 10월 업무에 복귀한 후, 레닌의 뇌혈관에서 아주 뚜렷하지는 않지만 불길한 통증이 점점 더 자주 느껴져 재발 위험이 커지고 있었다. 의사들은 레닌을 안심시키려 했지만 레닌은 자신의 병세를 냉정하게 평가했다. 3월 초 다시 업무를 중단해 회의, 면담, 전화 통화조차 할 수 없게 됐을 때, 병실에서 그는 자신이 관찰한 수많은 걱정거리와 두려움에 휩싸여 있었다. 관료 기구는 중앙위원회 서기국에 있는 스탈린 분파의 비밀 참모부와 함께 큰 차원의 정치에서 하나의 독자적 요인이 됐다. 레닌이 특별히 신중을 기하라고 요구한 민족문제에서는 차르 제국과 다를 바 없는 중앙집권주의가 점점 더 공공연히 이빨을 드러내고 있었다. 혁명의 사상과 원칙은 막후의 이합집산에 고개를 숙였다. [혁명적] 독재의 권위는 갈수록 관리들이 명령을 내릴 때 써먹는 구실로 전락하고 있었다.

레닌은 정치적 위기가 다가오고 있음을 예리하게 감지했으며 당 기구가 당을 질식시킬 것을 염려했다. 생애 마지막 기간의 레닌에게는 스탈린의 정책들이 관료주의라는 떠오르는 괴물의 화신이었다. 쇠약해진 레닌은 자신이 병으로 다시 자리에 눕기 전에 나와 함께 이야기한 바 있는 당 기구의 개혁을 성공적으로 수행하지 못했다는 생각에 몇 번이나 진저리를 쳤음이 틀림없다. 그는 무시무시한 위험이 자신의 평생 과업을 위협하고 있다고 봤다.

그러면 스탈린은 무얼 하고 있었을까? 물러서기에는 너무 늦어버린 상황인 데다 자기 분파의 부추김을 받고, 자신의 무시무시한 적이 병상에서 쏟아 내는 집중포화에 공포심을 느낀 나머지 스탈린은 이미 무턱대고 나아가고 있었고, 당과 소비에트의 직위를 배분함으로써 열성적 추종자들을 공공연히 모으고 있었으며, 크룹스카야를 통해 레닌에게 호소하는 사람들을 위협하고 있었고, 레닌이 이미 자기 행동에 책임질 능력이 없다는 소문을 점점 더 줄기차게 퍼뜨리고 있었다. 바로 이런 분위기에서 스탈린과 완전히 절연하겠다는 레닌의 편지가 나오게 된 것이다. 그렇다, 그 편지는 마른하늘의 날벼락이 아니었다. 그것은 단지 인내가 한계를 넘어섰다는 것을 뜻했을 뿐이다. 연대순으로뿐 아니라 정치적으로도 도덕적으로도 그것은 스탈린에 대한 레닌의 태도에 마지막 선을 긋는 것이었다.

루트비히가 스승이 "죽을 때까지" 그에게 충실했던 제자에 대한 공식적 이야기를 기꺼이 반복하면서도, 이 마지막 편지에 관해서나 현재의 크렘린 신화들과 일치하지 않는 그 밖의 모든 상황에 관해서는 한마디도 언급하지 않는 것은 놀라운 일이 아닌가? 루트비히는 내 자서전을 전부터 알고 있었고 호의적 서평을 쓴 바 있으므로 최소한 그 편지의 존재는 알고 있었음이 틀림없다. 아마도 루트비히는 내 증언의 신빙성을 의심했나 보다. 그러나 편지의 존재도 그것의 내용도 누군가에게 논박된 적이 한 번도 없다. 더군다나 편지의 존재와 그 내용은 중앙위원회의 속기록에서 확인된다. 1926년 7월 전원회의에서 지노비예프는 다음과 같이 말했다. "1923년 초에 블라디미르 일리치는 스탈린 동지에게 개인적 편지를 보내 스탈린과의 동지적 관계를 모두 파기했습니다."[15] 그리고 레닌의 누이인 M I 울리야노바 같은 다른 발언자들도 중앙위원회 내에서 일반적으로 알려진 사실로서 그 편지에 대해 이야기했다. 당시에는 이런 증언을 반박하려는 생각이 스탈린의 머리에 떠오를 수조차 없었다. 실제로 스탈린은 내가 아는 한에는 심지어 그 후에도 직접적 형태로는 그런 시도를 감히 하지 않았다.[16]

공식 역사가들이 최근에 이런 역사의 한 국면 전체를 사람들의 기억에서 지워 없애려고 문자 그대로 막대한 노력을 기울여 온 것은 사실이다. 그리고 청년 공산당원들 사이에서는 이 노력이 일정한 성과를 거뒀다. 그러나 내가 생각하기에 연구자라는 것은 바로 신화를 깨뜨리고 스스로 진상을 확인하기 위해 존재하는 것이다. 그렇지 않다면 이것이 심리학자에게는 적용되지 않는다는 말인가?

'2두정치'라는 가설

우리는 앞에서 레닌과 스탈린 사이의 마지막 투쟁을 살펴봤다. 이 모든 국면에서 레닌은 나의 지원을 구했으며 얻어 냈다. 레닌의 연설과 글과 편지를 살펴보면 다음과 같은 사실을 보여 주는 수많은 증거를 쉽사리 제시할 수 있을 것이다. 즉, 노동조합 문제를 두고 우리 둘의 일시적 의견 충돌이[17] 있은 후에 1921년부터 1922년을 거쳐 1923년 초까지 레닌은 기회가 있을 때마다 공개 석상에서 나와의 연대를 강조했고 내 이러저러한 말을 인용했으며 내가 취한 조치를 지지했다. 우리는 그의 동기가 개인적인 데 있지 않고 정치적인 데 있었다는 것을 이해해야 한다. 마지막 몇 달간 그를 놀라게 하고 슬프게 한 것은 바로 스탈린에 대항한 그의 투쟁 조치들을 내가 충분히 적극적으로 지원하지 않았다는 점인 것 같다. 그렇다, 이것이 당시 상황의 역설이다! 레닌은 장래에 스탈린과 트로츠키가 노선상 분열을 할까 봐 염려해서 나에게 더 정력적으로 스탈린에 맞서 투쟁할 것을 요구했다. 그러나 여기서 보이는 모순은 단지 표면적일 뿐이다. 레닌이 당시 스탈린을 날카롭게 비난하고 무장해제 시키고자 한 것은 장차 당 지도력을 안정시키기 위해서였다. 내가 머뭇거린 것은 레닌이 죽음과 싸우고 있던 바로 그때 지도 집단 내에서 날카로운 갈등이 생기면 그것은 누가 레닌의 후계 자리를 차지할지를 정하는 선발전으로 당에 이해될지도 모른다는 염려 때문이었다. 나는 이 글에서는 그때 내가 자제한 것이 옳았는지 틀렸는지 문제를 제기하지는 않겠으며, 또한 조직적 개혁과 인물 교체로 점증하는 위험을 격퇴하는 것이 당시에 가능했을지라는 더 폭넓은 문제도 제기하지 않겠다. 그러나 모든 수수께끼를 푸는 열쇠를 그토록 가벼이 선택하는 이 독일인 대중작가가 우리에게 제시한 그림은 배우들의 모든 실제 배역과 얼마나 거리가 먼가!

　루트비히는 유언장이 "트로츠키의 운명을 결정했다"고 했다(즉, 유언장이 결국 트로츠키가 권력을 잃게 만드는 원인 구실을 했다는 것이다). 루트비히는 이것과 모순되는 설명도 천연덕스럽게 하는데 이에 따르면 레닌은 "트로츠키와 스탈린의 2두정치"를 원했다고 한다. 역시 의심할 여지 없이 라데크가 내놓은 것으로 보이는 이 후자의 발상은 다음의 사실을 보여 주는 훌륭한 증거다. 즉, 심지어 지금도, 스탈린의 측근들 사이에서조차, 대담을 위해 초청된 외국 작가의 편향적 조작 속에서조차 아무도 레닌이 스탈린을 자신의 후계자로 봤다고는 감히 주장하지 못한다는 것이다. 유언장이나 그 밖의 기록 전체의 내용과 너무 노골적으로 모순을 빚는 것을 피하기 위해 이 2두정치라는 발상을 사후에 제시할 필요가 생긴 것이다.

　그러나 이 이야기를 어떻게 서기장을 해임하라는 레닌의 조언과 조화시킬 수 있을까? 서기장 해임은 스탈린에게서 영향력을 행사할 수 있는 무기를 모두 빼앗는 것을 뜻했을 것이다. 2두정치의 후보자를 이런 식으로 대하지는 않는다. 더욱이 라데크와 루트비히의 이 둘째 가설은 더 용의주도한 것이기는 하지만 유언장의 내용에서 전혀 근거를 찾을 수 없다. 그 문서의 목적은 그것을 쓴 레닌 자신이 규정했는데, 즉 중앙위원회의 안정성을 확보하는 것이었다. 레닌은 이 목표에 이르는 길을 2두정치라는 인위적 짝 맞추기가 아니라 지도자들의 활동에 대한 집단적 통제를 강화하는 것에서 찾았다. 레닌이 이렇게 할 때 집단지도체제 구성원들 각자의 상대적 영향력을 어떻게 생각했는지에 관해서는 앞에서 인용한 유언장 내용에 기초해 독자 여러분이 자기 나름의 결론을 도출할 수 있다. 그러나 유언장이 레닌이 남긴 마지막 말은 아니라는 사실과 레닌이 파국이 더 가까이 다가옴을 느끼면 느낄수록 스탈린에게 갈수록 적대적 태도를 보였다는 사실을 간과해서는 안 된다.

만일 루트비히가 유언장이 그 후 처해진 운명에 조금이라도 관심을 기울였다면, 그는 유언장의 의미와 정신을 평가하는 데에서 그토록 중대한 오류를 범하지는 않았을 것이다. 스탈린과 그의 분파가 유언장을 숨기고 당에 공개하지 않았기 때문에 오직 반대파들만이 유언장을 (물론 비밀리에) 인쇄해 발간했다. 내 동료와 지지자 수백 명이 2쪽밖에 안 되는 그 문서를 복사해서 배포했다는 이유로 체포되고 유형에 처해졌다. 1927년 11월 7일(10월 혁명 10주년 기념일) 모스크바의 반대파들은 "레닌의 유언을 이행하라"고 적힌 플래카드를 들고 기념 행진에 참가했다. 특별히 선발된 스탈린주의 행동대가 이 행렬을 깨뜨리고 들어와 그 "범죄적" 플래카드를 낚아챘다. 2년 후 내가 국외로 추방당할 때, 1927년 11월 7일 "트로츠키주의자"들이 반란을 준비했다는 날조된 이야기까지 나왔다. "레닌의 유언을 이행하라"는 호소를 스탈린주의자 일당은 반란 호소로 이해한 것이다! 그리고 심지어 지금도 공산주의인터내셔널의 전 세계 모든 지부는 그 유언장의 출판을 금지하고 있다. 그와 대조적으로 좌익 반대파는 기회가 있을 때마다 모든 나라에서 유언장을 공개하고 있다. 정치적으로 이런 사실들은 문제의 성격을 남김없이 드러내 주고 있다.

정보 제공자 라데크

그러면 유언장을 읽는 동안 내가 자리에서 벌떡 일어났다는, 심지어 유언장에 있지도 않은 "여섯 단어"에 대해 "거기 뭐라고 적혀 있다고요?" 하고 질문했다는 기상천외한 이야기는 어디서 나왔을까? 물론 나로서는 가설을 제기할 수 있을 뿐이다. 이 가설이 얼마나 정확한지는 독자들의 판단에 맡기겠다.

[이 이야기를 증언한] 라데크는 재치 있는 이야기꾼에 속한다. 그렇지만 그에게는 다른 특징도 있다. 1918년 3월 8일 7차 당대회에서 평소 개인에 대한 언급을 극히 자제하던 레닌이 다음과 같이 말했다는 사실을 지적하는 것으로 충분할 것이다. "라데크 동지에 대해 말하자면, 저는 여기서 그가 우연히 중요한 주장을 했다고 말하고 싶습니다." 그러고 나서 다시 한 번 말했다. "이번에 우리는 우연히

---

* 10월 혁명이 성공한 뒤 전쟁을 끝내기 위해 독일과 강화조약을 맺을지를 두고 벌

라데크에게서 매우 중요한 발언을 듣게 됐습니다."[18]

단지 예외적으로만 중요한 이야기를 하는 사람들은 현실을 윤색하려는 유기적 경향을 보인다. 왜냐하면 있는 그대로의 현실은 그들의 이야기에 항상 적합하지는 않기 때문이다. 개인적 경험을 통해 나는 라데크의 증언들에는 매우 신중한 태도를 취해야 한다는 것을 배웠다. 그는 사건들을 있는 그대로 설명하지 않고 그것들을 재치 있는 이야기를 할 기회로 삼는 버릇이 있다. 입증되지 않은 일화를 포함해 모든 예술은 종합을 열망하기 때문에 라데크는 다양한 사실이나 다양한 일화의 눈에 띄는 특징들을, 그것들이 다른 시기와 장소에서 일어난 일이더라도, 한데 뭉뚱그리는 경향이 있다. 여기에는 어떤 악의도 없다. 그저 자신의 타고난 천직을 수행하는 방식일 뿐이다.

그리고 이번에도 그런 일이 벌어진 것으로 보인다. 모든 증거를 보면, 라데크는 1924년 13차 당대회 원로회의와 1926년 중앙위원회 전원회의를 뒤섞었다. 두 회의 사이에는 2년 이상의 간격이 있었는데도 말이다. 1926년 전원회의에서도 비밀 문서들이 낭독됐는데, 그 가운데 유언장도 있었다. 이번에는 카메네프가 아니라 정말로 스탈린이 그것들을 낭독했다(카메네프는 당시에 이미 반대파 자리에 나

어진 논쟁 과정에서 나온 발언이다. 라데크가 강화조약 체결이 아니라 혁명전쟁을 벌여야 한다고 주장하며 "레닌 동지는 시간을 벌기 위해 공간을 내주고 있습니다" 하고 레닌을 비판하자, 레닌은 라데크가 10년 만에 처음으로 우연히 중요한 주장을 했다며 그것이 바로 자신이 하려는 일이라고 말했다.

와 나란히 앉아 있었다). 그즈음에 자물쇠로 채워져 보관된 레닌의 유언장과 민족문제에 관한 편지 등의 사본이 이미 상당히 광범위하게 당내에 나돌고 있었다는 사실 때문에 그런 낭독이 이뤄졌다. 당 기구는 초조해하며 레닌이 실제로 뭐라고 말했는지를 알고 싶어 했다. "반대파는 알고 있고 우리는 모릅니다" 하고 그들은 말하고 있었다. 스탈린은 오랫동안 거부하던 끝에 결국 중앙위원회 회의에서 그 금지된 문서들을 읽을 수밖에 없었다(그리하여 그 내용은 자동으로 속기록에 옮겨지고 인쇄돼 당 기구의 책임자들이 비밀리에 보관했다).

이때도 유언장이 낭독되는 동안 누군가가 소리치는 일은 없었다. 왜냐하면 그 문서는 중앙위원들에게 오래전부터 너무도 잘 알려져 있었기 때문이다. 그러나 나는 스탈린이 민족문제에 관한 편지를 읽는 도중에 실제로 그의 낭독을 제지했다. 그 일화 자체는 그리 중요하지 않지만, 일정한 추론을 하려는 심리학자들에게는 아마 유용할 것이다.

레닌은 글을 쓰는 수단과 방식이 극도로 간결했다. 그는 가까운 동료들과 업무상 교신을 주고받을 때 축약된 언어를 사용했다. 호칭은 항상 T자(Tovarishch, 동지)와 함께 수취인의 성姓만 적었으며 서명은 "레닌"이었다. 복잡한 설명 대신에 낱낱의 단어들에 이중 삼중으로 밑줄을 치거나 느낌표 같은 것을 추가했다. 우리는 모두 레닌 문체의 특성을 잘 알고 있었으며, 그래서 심지어 그가 자신의 간결한 문체에서 조금만 벗어나도 우리의 주의를 끌었다.

레닌은 3월 5일 민족문제에 관한 편지를 보내면서 내게 다음과 같이 썼다.

존경하는 트로츠키 동지

동지가 당 중앙위원회에서 그루지야인들을 옹호해 주셔야 한다는 것이 제 간절한 요청입니다. 지금 스탈린과 제르진스키가 이 사건을 '심리'하고 있지만, 저는 그들이 공명정대하리라고 믿을 수 없습니다. 사실은 정반대라고 생각합니다! 동지가 이 일을 맡아 주신다면 저는 안심할 수 있을 것입니다. 어떤 이유로든 거절하시겠다면, 그동안 제가 드린 자료를 모두 돌려보내 주십시오. 그러면 동지가 받아들이지 않는 표시로 알겠습니다.

가장 동지적인 인사를 전하며,

레닌

1923년 3월 5일

레닌이 정치 활동 마지막 날에 구술한 이 짧은 편지는 내용과 어조 모두 유언장 못지않게 스탈린에게는 고통스러운 것이었다. "공명정대"하지 않다. 이것은 앞서 지적한 것처럼 충직하지 않다는 뜻 아닐까? 이 편지에서는 스탈린에 대한 신뢰가 털끝만큼도 느껴지지 않는다. "사실은 정반대라고 생각합니다." 여기서 강조되는 것은 나에 대한 신뢰다. 스탈린과 그의 분파에 대항한 레닌과 나 사이의 암묵적 연합을 확인해 주는 증거가 바로 눈앞에 있었다. 스탈린은 그것을 낭독하는 동안 거의 자제심을 잃을 지경이었다. 서명 부분을 읽을 즈음, 그는 머뭇거렸다. "가장 동지적인 인사를 전하며." 그것은 레닌이 친히 쓴 표현으로서는 너무 거리낌 없이 감정을 드러낸 것이었다. 스탈린은 "공산주의적 인사를 전하며"라고 [바꿔서] 읽었다. 그것은 실제 표현보다 무미건조하고 형식적으로 들렸다. 그 순간 내가 자리에서 일어나 "거기 뭐라고 적혀 있다고요?" 하고 물었다. 스탈린은 당황해하며 레닌이 쓴 진짜 문장을 읽을 수밖에 없었다. 스탈린의 측근 중 누군가가 내가 사사건건 꼬투리를 잡는다고 소리를 질렀다. 나는 단지 원문을 확인하려 했을 뿐인데 말이다. 그 가벼운 사건은 인상 깊은 것이었다. 당 지도자들 사이에서 그것에 관한 이야기가 오갔다. 라데크는 당시에 더는 중앙위원이 아니었지만 전원회의에서 다른 사람들, 아마 나한테서 그 일을 전해 들었다. 5년 후 라데크가 이미 스탈린 편에 서고 더는 나와 의견을 같이하지 않게 됐을 때, 그는 자신의 불확실한 기억에 기초해서 이런 짜깁기식 일화를 지어낸 듯한데, 이것이 루트비히로 하여금 그토록 효과적이면서도 그릇된 추측을 하도록 만들었다.

앞서 살펴봤듯이 레닌은 내가 과거에 볼셰비키가 아니었던 것이 "우연이 아니었다"고 자신의 유언장에서 천명할 아무런 이유가 없었지만, 여전히 나는 내 나름으로 그 공식을 사용할 용의가 있다. 정신세계의 인과법칙은 물질세계와 마찬가지로 확고하다. 그런 일반적 의미에서 내 정치적 궤적은 물론 "우연이 아니었다." 그러나 내가 볼셰비키가 됐다는 사실 또한 우연이 아니었다. 내가 얼마나 결정적으로 그리고 얼마나 영구적으로 볼셰비즘 진영에 합류했는지의 문제는 단순한 연대기적 기록이나 문학심리학의 추측으로는 판명될 수 없다. 이론적이고 정치적인 분석이 필요하다. 물론 이것은 너무도 커다란 주제이고 이 글의 주제를 완전히 벗어나는 문제다. 이 글에서 밝히려고 하는 바를 위해서는, 레닌이 1917년의 지노비예프와 카메네프의 행동을 "우연이 아니었다"고 묘사한 것은 철학적으로 결정론의 법칙을 언급하려 한 것이 아니라 장래를 위해 정치적 경고를 하려 한 것임을 지적하는 것으로 충분할 것이다. 라데크가 루트비히를 통해 지노비예프와 카메네프를 향한 경고를 내게 옮겨 놓을 필요가 있다고 느낀 것은 바로 이 때문이다.

'트로츠키주의'라는 신화

이 문제의 주요한 이정표들을 기억해 보자. 1917년부터 1924년까지는 트로츠키주의와 레닌주의의 차이 운운하는 이야기가 전혀 나오지 않았다. 이 기간에 10월 혁명, 내전, 소비에트 국가 건설, 적군 창설, 당 강령의 구체화, 공산주의인터내셔널 창립, 공산주의인터내셔널의 간부층 구성, 공산주의인터내셔널 기본 문헌들의 작성 등이 있었다. 중앙위원회의 핵심이던 레닌이 활동할 수 없게 된 후에 심각한 알력이 생겨났다. 1924년에 '트로츠키주의'라는 유령이 (막후에서 주의 깊게 준비된 후에) 무대에 올려졌다. 당 내부의 투쟁은 이때부터 모두 트로츠키주의와 레닌주의 사이의 대립이라는 틀 안에서 이뤄졌다. 다시 말해서, 새로운 상황과 새로운 과제 때문에 생겨난 나와 레닌의 아류들 사이의 의견 충돌은 오래전에 나와 레닌 사이에 있었던 의견 충돌의 연장선에 있는 것으로 묘사됐다. 이 주제에 맞춰 방대한 문헌들이 창조됐다. 명사수는 항상 지노비예프와 카메네프였다. 그들은 레닌의 오래되고 매우 가까운 동료라는 특성으로 인해 트로츠키주의에 대항하는 '고참 볼셰비키' 집단의 선봉에 섰다. 그러나 거대한 사회 변화 과정 속에서 이 집단 자체가 분열했다. 지노비예프와 카메네프는 소위 '트로츠키주의'가 근본적 문제들에서 옳았음을 인정할 수밖에 없었다. 새로운 수천 명의 고참 볼셰비키들이 '트로츠키주의'를 지지하게 됐다.

1926년 7월 전원회의에서 지노비예프는 나에 대항한 자신의 투쟁이 자신의 생애에서 "1917년의 실수보다 더 위험한" 최대의 실수였다고 발표했다. 오르조니키제가 자기 자리에서 지노비예프에게 다음과 같이 소리쳤는데 전적으로 틀린 말은 아니었다. "그러면 왜 당신은 당 전체를 속였습니까?"[19] 이 의미심장한 반박에 대해 지노비예프는 공식적으로는 아무런 대답도 하지 못했다. 그러나 1926년 10월 반대파 회의에서는 비공식적으로 해명했다. 내 눈앞에서 그는 자신의 가장 가까운 동료들, 트로츠키주의라는 신화를 곧이곧대로 믿고 있던 일부 레닌그라드[오늘날의 상트페테르부르크] 노동자들에게 다음과 같이 말했다. "여러분은 그것이 권력투쟁이었음을 이해해야 합니다. [주되게 사용된] 속임수는 바로 오래전의 견해차를 새로운 쟁점들에 엮는 것이었습니다. 이런 목적을 위해 '트로츠키주의'라는 것이 발명됐습니다."

반대파에 2년간 몸담는 동안, 지노비예프와 카메네프는 자신들이 스탈린과 함께 음모적 방법으로 '트로츠키주의'라는 신화를 창조한 이전 기간의 막후 역학 관계를 완전히 폭로해 냈다. 1년 후 반대파가 시류를 거슬러 장구하고 고난에 찬 항해를 할 수밖에 없다는 것이 결국 명백해졌을 때, 지노비예프와 카메네프는 승리자에게 자비를 구했다. 당 복귀의 첫째 조건으로, 그들은 트로츠키주의라는 신화를 재건할 것을 요구받았다. 그들은 동의했다. 당시 나는 일련의 신뢰할 만한 증거 문서들을[20] 통해 이 문제에 대해 그들 자신이 이전에 선언한 것을 보강하기로 결정했다. 다음과 같은 서면 진술서를 제출한 사람은 다름 아닌 라데크, 바로 카를 라데크였다.

저는 카메네프와의 대화에 참석했는데, 그때 L B[카메네프]는 어떻게 자신들이, 즉 카메네프와 지노비예프가 스탈린과 함께 레닌 서거 후 트로츠키의 당 지도권 장악을 봉쇄하기 위해 L D[트로츠키]와 레닌 사이의 오래전 의견 대립을 이용하기로 결정했는지를 중앙위원회 전원회의에서 공개적으로 천명하겠다고 말했습니다. 더욱이 저는 그들이 첫머리에 내걸 슬로건으로서 트로츠키주의를 어떻게 "발명"했는지에 대해 지노비예프와 카메네프의 입을 통해 반복해서 들었습니다.

카를 라데크
1927년 12월 25일

비슷한 서면 진술서들을 프레오브라젠스키, 퍄타코프, 라콥스키, 옐친이 제출했다. 현 국립은행 총재인 퍄타코프는 지노비예프가 한 증언을 다음과 같이 요약해 줬다. "'트로츠키주의'는 실제의 의견 차이들을 허구적 차이들로 대체하기 위해, 즉 현재와는 아무런 관련도 없지만 앞에서 언급한 일정한 목적을 위해서 인위적으로 되살린 과거의 차이들을 이용하기 위해 발명됐습니다."

이것으로 충분하지 않을까? 그리고 젊은 세대를 대표하는 V 옐친은 다음과 같이 썼다. "그 자리에 참석한 '1925년 그룹'(지노비예프 추종자들)의 지지자들 중 아무도 이것['트로츠키주의'에 맞선 논쟁은 이미 사전에 결정돼 있었고 단지 공격할 구실이 필요했을 뿐이라는 지노비예프의 설명]에 이의를 제기하지 않았습니다. 누구나 지노비예프가 제공한 이 정보를 일반적으로 알려진 사실로 받아들였습니다."

라데크가 앞에서 인용한 증언을 제출한 것은 1927년 12월 25일이었다. 몇 주 후 그는 이미 유배를 가게 됐고, 몇 달 후 톰스크 지방에 있을 때, 일찍이 모스크바에 있을 때는 깨닫지 못했던 것, 즉 스탈린의 입장이 올바름을 확신하게 됐다. 그러나 실권자들은 라데크에게도 똑같이 '트로츠키주의'라는 신화가 진짜라고 인정할 것을 필수 조건으로 요구했다. 라데크가 이것에 동의한 후, 그에게 남은 것은 지노비예프가 1926년에 스스로 폭로한 낡은 공식을 반복하며 결국 1928년에 다시 그들에게 돌아가는 것뿐이었다. 라데크는 한술 더 떴다. 남의 말을 쉽게 믿는 한 외국인[루트비히]과의 대담에서, 그는 레닌의 아류들이 고안한 '트로츠키주의'라는 신화를 뒷받침할 만한 구절을 레닌의 유언장에서 찾아내기 위해 유언장을 변조했다.

전적으로 문서 자료에 의존한 이 짧은 역사적 검토에서 많은 결론을 이끌어 낼 수 있다. 그중 하나는 혁명이 준엄한 과정이며 혁명적 인간에게 가혹한 짐을 지운다는 것이다.

크렘린과 소련에서 뒤이어 일어난 사건들의 궤적은 하나의 문서(설사 그것이 레닌의 유언장이라 할지라도)에 의해서가 아니라 훨씬 더 심오한 이치를 지닌 역사적 원인들에 의해 결정됐다. 수년간의 봉기와 내전의 막대한 여파로 정치적 반동이 불어닥치는 것은 피할 수 없는 일이었다. 여기서 반동이라는 개념은 반혁명이라는 개념과는 엄격히 구별돼야 한다. 반동이 반드시 사회적 전복(즉, 한 계급에서 다른 계급으로 권력이 넘어가는 것)을 의미하는 것은 아니다. 심지어 제정 치하에서도 진보적 개혁의 시기가 있었고 반동의 시기가 있었다. 지배계급의 동향과 지향은 상황에 따라 변화한다. 노동계급도 마찬가지다. 혼란과 소요에 지친 프티부르주아지가 프롤레타리아에 가하는 압력은 프롤레타리아 자체 내의 프티부르주아적 경향이 되살아나게 하고, 스탈린이 이끄는 현 관료 기구의 집권이라는 최초의 심각한 반동을 초래했다.

레닌이 스탈린의 장점으로 평가한 특징들(완강한 성격과 약삭빠름)은 물론 그때까지도 남아 있었다. 그러나 스탈린의 그런 장점들은 발휘돼야 할 새로운 분야와 적용돼야 할 새로운 대상을 찾아냈다. 과거에는 스탈린의 개성에서 단점으로 나타났던 그런 특징들(협소한 시야, 창조적 상상력의 결여, 경험주의)은 이제 최고로 중요한 효과적 의의를 갖게 됐다. 이런 특성들 덕분에 스탈린은 소비에트 관료들의 반쯤 의식적인 도구가 됐으며 관료 집단은 스탈린을 영명한 지도자로 여기게 됐다. 볼셰비키 지도자들 사이에 벌어진 이 10년간의 투쟁은, 이처럼 혁명의 새로운 국면이라는 조건에서, 레닌이 생애의 마지막 기간에 비타협적으로 전쟁을 벌인 바로 그 정치적 특징들을 스탈린이 극도로 발전시켜 왔다는 것을 분명하게 증명했다. 그러나 지금도 소비에트 정치의 초점이 되고 있는 이 문제는 우리가 다루는 역사적 주제를 훨씬 벗어나는 것이다.

우리가 언급한 사건들이 일어난 지도 여러 해가 지났다. 만일 10년 전에도 레닌의 충고보다 훨씬 더 강력한 요인들이 작용하고 있었다면, 이제는 유언장이 정치적 문서로서 효과가 있으리라고 기대하는 것은 너무 순진한 생각일 것이다. 볼셰비즘에서 성장해 나온 두 집단 사이의 국제적 투쟁은 개인들의 운명이라는 문제를 오래전에 넘어섰다. 레닌의 유언장이라는 이름으로 알려진 그의 편지는 지금부터는 주로 역사적 측면에서 중요성이 있을 것이다. 그러나 감히 생각하건대, 역사도 자체의 권리가 있으며, 더욱이 그 권리가 정치의 이해관계와 항상 충돌하는 것은 아니다. 과학의 요구들 중 가장 기초적인 것(사실들을 올바로 확증하고 문헌에 의해 풍문의 진위를 밝히는 것)은 정치가와 역사가 모두에게 적어도 권고될 수 있다. 그리고 이 요구는 심리학자에게도 적용될 수 있을 것이다.

1932년 12월 31일

4장

관료주의

배경

관료주의에 대한 레닌의 이론적 발전 과정과 이 문제에 관한 레닌과 트로츠키의 견해차는 편집자 머리말에서 다뤘다.

이 장에 실린 문서들은 1922년 3월의 11차 당대회와 1923년 4월의 12차 당대회 사이의 13개월을 포괄한다.

첫째 글은 레닌이 참석할 수 있었던 마지막 당대회인 11차 당대회에서 한 레닌의 정치 보고를 발췌한 것이다. 여기서 레닌은 신경제정책 실시 첫해의 경험을 총괄하면서 정치·경제적 상황을 요약하고 있다. 사정은 전에 없이 독특한 것이었다. "혁명적 전위인 프롤레타리아가 정치권력을 충분히 장악하고 있고 그것과 나란히 국가자본주의가 존재하는 이런 상황은 역사상 전례가 없는 것입니다." 자본주의 경제와 자본주의적 교환의 관례적 운용은 [특히 농민 대중에게] 필수적이다. "그것 없이는 생존이 불가능합니다." 그러나 국가자본주의는 일정한 범위 내로 제한돼야 하며 "우리는 아직 국가자본주의를 그렇게 제한하는 법을 배우지 못했습니다."

레닌은 또한 권력이 당의 수중에 집중됐다고 언급한다. "이 국가

자본주의는 국가와 연결돼 있으며 국가는 노동자들, 노동자들의 선진적 부문, 즉 전위입니다. 우리 자신이 곧 국가입니다."

이 시점에 레닌은 관료 집단이 당 외부의 국가기구에 집중돼 있다고 봤다. 문제는 "직접적으로 감독하도록 최전선에 배치된 노동계급의 전위가 … 그에 합당한 능력을 충분히 갖추고 있지 않다"는 점이었다. 이 때문에 경제와 국가기구가 처음에 의도했던 것과 다른 방향으로 나아가고 있었다. 공산주의자들은 지도하고 있는 것이 아니라 지도받고 있었다. 문제의 해결책은 "결의안도 [새로운] 부서도 재조직화도 아닙니다. … 임무에 적합한 사람을 선택해 실질적 통제를 도입해야 합니다."

1922년 4월 11일 레닌이 정치국에 제출한 "부의장(인민위원회와 노동·방위 위원회 부의장)의 직무에 관한 조정령"도 이런 정신에 따른 것이었다. 이 제안은 각급 기구가 제대로 기능하고 있는지를 감독할 "부의장" 제도의 확립에 기초를 뒀다. "부의장들이 특별히 책임져야 하고 최우선으로 여겨야 할 기본 업무는 포고령·법령·조정령이 실제로 집행되는지를 확인하고, 소비에트 기구의 기관들을 감축하고, 그 기관들의 사무 절차를 조정해 간소화하도록 감독하며, 그 기관들 내부의 관료주의와 형식주의에 대항해 싸우는 것입니다."[1]

여기에 실린 둘째 문서는 레닌의 조정령에 대한 트로츠키의 논평이다. 트로츠키는 세 가지 이유를 들어 레닌의 제안에 반대했다. 첫째로, 그는 문제의 본질이 명령이 제대로 수행되는지를 "확인"하거나 그렇게 하도록 실질적 통제를 하는 데 있다고 생각하지 않았다.

그보다는 관리들에게 적절한 업무 방식과 업무 습관을 철저히 훈련시키는 것이 문제였다. 둘째로, 그는 노농감사부(라브크린)는 주로 "다른 여러 분야에서 실패한" 관리들로 구성돼 있으며 여러 음모에 휩싸여 있기 때문에 행정 기구를 다시 활성화하는 임무를 맡기에 부적합하다고 논박했다. 셋째로, 그는 경제가 "체계도 계획도 없이 좌충우돌하는 상황"을 초래한 경제적 무질서라는 일반적 문제를 다시 한 번 강조했다. 국가계획위원회(고스플란)가 통제하는 중앙집권적 경제계획이 없다면, 다양한 경제계획 소위원회들이 불가피하게 상충하는 방향으로 사업을 하게 될 것이며, 조정되고 시의적절한 계획으로 피할 수 있었을 위기들에 직면해 임기응변으로 대응할 수밖에 없으리라는 것이다.

이 두 글은 1922년 봄에 관료주의 문제에 대한 레닌과 트로츠키의 이해 방식이 서로 달랐음을 보여 준다. 이어서 실린 글들을 보면 레닌이 트로츠키의 견해를 지지하는 쪽으로 생각을 바꾸면서 의견이 일치하게 됐음을 알 수 있다.

1922년 12월 27~29일에 레닌은 "국가계획위원회에 입법 기능을 부여하는 것에 관해"라는 짧은 편지를 구술했다. 그는 다음과 같이 썼다. "이 구상은 트로츠키 동지가 제안한 것입니다. 아주 오래전의 일인 듯합니다. 당시 저는 그 제안에 반대했는데 … 문제를 좀 더 면밀히 숙고하고 나서, 저는 실제로는 그 구상에 견실한 생각이 담겨 있음을 알게 됐습니다."

1923년 1월 15일 정치국에 보낸 편지에서 트로츠키는 국가계획위원회의 기능을 확대해야 한다는 자신의 주장을 다시 천명했다. "통일적 계획과 통일된 관리 없이는 어떤 경제 사업도 불가능합니다." 이것이 트로츠키가 2년 넘게 고수해 온 견해의 핵심 내용이었다. 경제 발전 없이는 관료주의를 극복할 수 없고 경제 발전은 중앙집권적 계획 없이는 이뤄질 수 없다는 것이었다.

1922년 1월 23일 레닌은 자신의 글 "우리는 노농감사부를 어떻게 재조직해야 하는가?"를 구술했다. 그는 이 글을 〈프라우다〉에 발표해 당대회 예비 토의에 부치고자 했다. 이 글에서 그는 라브크린을 재조직해 당 중앙통제위원회와 결합시킬 것을 제안했다. 글의 논조는 긍정적이지만, 글이 제안하는 개혁 조치들은 관료 분파에 대한 직접적 공격이다. 중앙통제위원들은 정치국 회의에 참석해야 하며, "자신들이 … 모든 문제에 관해 항상 충분한 정보를 얻고 문제를 제대로 처리하기 위해 엄격한 통제를 실시하려 할 때 이를 방해하려는 시도가 있으면 그것이 서기장의 권위이든 그 밖의 중앙위원의 권위이든 간에 어떤 예외도 없이 그런 권위를" 용납해서는 안 된다. 이는 당의 최고 정책 결정 기구 위에 감시자를 하나 배치하는 셈이었다. 이에 덧붙여 레닌은 덩치만 커져 버린 라브크린의 간부진을 300~400명으로 감축할 것을 제안했다. 사실상 이 제안은 관료 집단의 요새 하나를 전면적으로 대청소하라는 요구였다.

처음에 스탈린 분파는 이 글의 발표를 거부했다. 정치국의 특별회합에서 날카로운 논쟁이 벌어지고 나서야 비로소 이 글은 〈프라우다〉 편집부에 전달됐으며 1월 25일에 발표됐다.

라브크린을 다룬 레닌의 둘째 글, "느릿느릿 걸어도 황소걸음으로"
의 논조는 더 날카로웠다. 한 달(2월 2일부터 3월 2일까지)이나 걸
려 작성된 이 글에서 레닌은 트로츠키의 라브크린 비판을 그대로
되풀이하고 관료주의 문제는 국가기구에만 국한된 것이 아님을 처
음으로 공공연하게 선언한다. "덧붙여 말하면 관료는 소비에트 사무
실에만 있는 것이 아니라 우리 당의 사무실에도 있습니다." 레닌은
국가 관료와 싸우는 데에서 관건은 바로 당 관료와 싸워 이들을 확
실한 통제 아래 두는 것이라고 인식하게 됐다. 그가 (국가기구인) 노
농감사부를 재조직해 당 중앙통제위원회와 결합시킬 것을 제안한
것은 바로 이와 같은 목적을 위해서였다.

4장의 마지막 글은 트로츠키의 연설 "러시아공산당 12차 당대회
의 과제"에서 발췌한 것이다. 이 연설은 1923년 4월 5일 우크라이나
공산당 협의회에서 한 것이며, 《러시아공산당 12차 당대회의 과제》
라는 제목의 소책자로 발간됐다. 여기에 실린 연설의 발췌문에서 트
로츠키는 "국가기구" 문제를 다룬다. 트로츠키가 제시한 생각은 레
닌의 글 "느릿느릿 걸어도 황소걸음으로"에서 나오는 생각과 동일하
며 트로츠키는 이 점을 언급한다. 국가기구는 "제정 시대의 국가기
구와 거의 다를 바 없이 매우 유사합니다." 이런 국가기구는 볼셰비
키가 "역사적 필연의 압력 아래에서 자신들이 물려받아야 했던 재
료를 가지고" 만들어 낸 것이다. 필요한 것은 "국가기구를 체계적이고
계획적으로 재조직하는 것"이다(강조는 트로츠키의 것).

연설의 결론 부분에 해당하는 둘째 발췌문은 국제적 환경이 호전

될 때까지 기다리는 동안 국내에서 현실적 조치들을 취해야 함을 지적한다. 레닌주의적 관점의 핵심은 마지막 문단에 요약돼 있다. "우리는 농민과 프티부르주아지와 합의를 이뤄 앞으로 나아가며 네프맨[신경제정책으로 득을 보고 있던 신흥 부르주아지]을 허용합니다. 그러나 당내에서는 결코 네프맨식 사고나 프티부르주아적 경향을 허용하지 않을 것입니다. 아니, 우리는 황산과 벌겋게 달군 쇳덩어리로 그것을 태워서 당 밖으로 몰아낼 것입니다. … 그리고 만일 서구에서 [혁명의] 신호가 들려오면 — 반드시 그럴 것입니다 — 비록 그때 우리가 각종 원가계산과 대차대조표, 일반적으로 신경제정책에 제 코가 석자라 할지라도, 주저하지 않고 지체 없이 호응할 것입니다."

관료 분파는 스탈린의 지도 아래 정반대의 계획을 채택했다. 그들은 신경제정책이라는 경제적 양보와 국가기구의 관료화된 성격을 체계적이고 계획적으로 재조직해 극복해야 할 필요악으로 인식하지 않고 현실적 필요를 미덕으로 격상시켰으며 그것이 사회주의 건설의 기초라고 선언했다. 그들은 소련의 고립과 후진성을 극복하기 위해 서구의 혁명을 북돋울 생각을 하지 않고, 서구 혁명의 중요성을 폄하하고 마침내는 그것을 자본주의 정부들과 헛되이 동맹을 추구하기 위한 외교적 협상의 판돈으로 전락시켜 버렸다.

역사적 조건 때문에 러시아 혁명이 겪게 된 곤경에 대처하려는 이 두 가지 상반된 사고방식은 러시아공산당과 세계 공산주의 운동을 '스탈린주의'와 '트로츠키주의'라는 상반된 진영으로 분열시키는 기초가 됐다.

11차 당대회에 보내는 정치 보고

레닌

모든 경제학 서적에서 논의되는 국가자본주의는 국가가 일정한 자본주의 기업들을 직접적 통제 아래 두는 자본주의 체제입니다. 그러나 우리나라는 프롤레타리아 국가입니다. 즉, 우리 국가는 프롤레타리아에 기반을 두며 프롤레타리아에게 모든 정치적 특권을 부여합니다. 또한 프롤레타리아를 매개로 해서 하층 농민의 마음을 끌어당깁니다(동지 여러분은 우리가 빈농위원회를 통해 이런 일을 시작했음을 기억할 것입니다).[2] 그래서 많은 사람들이 국가자본주의라는 용어를 오해합니다.[3] 이런 오해를 피하려면, 현재 우리가 경험하는 형태의 국가자본주의가 어떤 이론이나 문헌에서도 다뤄지지 않는다는 극히 기본적인 사실을 명심해야 합니다. 이는 이 용어와 관련된 모든 통상적 개념이 자본주의 사회의 부르주아 지배와 연관

출처: Lenin, *Collected Works*, vol 33, pp 278~280, 288~289, 303~304.

돼 있다는 단순한 이유 때문입니다. 우리 사회는 자본주의의 궤도에서 벗어났지만 아직 새로운 궤도에 진입하지는 못한 사회입니다. 이 사회의 국가는 부르주아지가 아니라 프롤레타리아가 지배합니다. 우리는 "국가"라고 말할 때 그것이 곧 우리 자신, 즉 노동계급의 전위인 프롤레타리아를 의미한다고 이해하기를 마다합니다. 국가자본주의는 우리가 억제할 수도 있고 그 한계를 정할 수도 있는 그런 자본주의입니다. 이 국가자본주의는 국가와 연결돼 있으며 국가는 노동자들, 노동자들의 선진적 부문, 즉 전위입니다. 우리 자신이 곧 국가입니다.

국가자본주의는 우리가 반드시 일정한 범위 내로 제한해야 할 자본주의입니다만, 안타깝게도 우리는 아직 그것을 그렇게 제한하는 법을 배우지 못했습니다. 바로 이 점이 핵심입니다. 그리고 이 국가자본주의가 앞으로 어떻게 돼야 하는지를 결정하는 것은 우리에게 달려 있습니다. 우리는 충분한, 아주 충분한 정치권력을 가지고 있고 경제적 가용 자원도 넉넉히 가지고 있습니다. 그러나 [국가자본주의를] 직접적으로 감독하고 그 한계를 결정하고 [국가자본주의에] 지배당하는 게 아니라 지배하도록 최전선에 배치된 노동계급의 전위는 그에 합당한 능력을 충분히 갖추고 있지 못합니다. 여기서 필요한 것은 다름 아닌 능력인데, 우리는 바로 그 능력을 갖추지 못하고 있습니다.

혁명적 전위인 프롤레타리아가 정치권력을 충분히 장악하고 있고 그것과 나란히 국가자본주의가 존재하는 이런 상황은 역사상 전례가 없는 것입니다. 모든 문제는 이것이 우리가 허용할 수 있고 허용해야 하는 자본주의, 그러나 일정한 범위 내로 제한할 수 있고 제한해야 하는 자본주의임을 우리가 인식하는 데에 달려 있습니다. 왜냐하면 이 자본주의는 광범위한 농민 대중과, 농민의 필요를 충족하는 방식으로 상거래를 해야 하는 사적 자본에게 필수적이기 때문입니다. 우리는 자본주의 경제와 자본주의적 교환의 관례적 운용을 가능케 하는 그런 방식으로 일을 조직해야 합니다. 왜냐하면 이것이 인민대중에게 필수적이기 때문입니다. 그것 없이는 생존이 불가능합니다. 그 밖의 모든 것은 이들에게 절체절명의 문제인 것은 아닙니다. 그들은 그 밖의 모든 것은 감수할 수 있습니다. 여러분 공산주의자들, 여러분 노동자들, 국가를 통치하는 데 착수한 정치적으로 각성한 프롤레타리아 부문인 여러분은 여러분의 수중에 있는 국가가 여러분이 원하는 대로 기능할 수 있도록 그것을 조정할 수 있어야 합니다. 자, 이제 [신경제정책의 실시 이후] 1년이 지났습니다. 국가는 우리 수중에 있습니다. 그러나 과연 그 국가는 지난 1년간 우리가 원하는 방식으로 신경제정책을 운용했습니까? 그렇지 않습니다. 그러나 우리는 국가가 우리가 원하는 방식으로 [신경제정책을] 운용하지 않았다는 사실을 인정하기를 거부하고 있습니다. 실상은 어땠습니까? [국가]기구는 자기를 조종하는 손을 따르지 않았습니다. 그것은 마치 운전자가 원하는 방향이 아니라 다른 누군가가 원하는 방향으로 나아가는 자동차와 비슷했습니다. 뭔가 신비하고 제멋대로 움직이는 손, 아무도 모르는 누군가의 손이 그 자동차를 몰고 있는 것처럼 말입니다. 아무도 모르는 그 손은 아마도 부당이득자의 손이거나 사적 자본가의 손이거나 둘 다의 손일 것입니다. 그것이 누구 손이든 간에, 그 차는 운전대를 잡은 사람이 원하는 방향이 아니라 전혀 엉뚱한 방향으로 나아가기 일쑤입니다. 이것이 국가자본주의와 관련해 우리가 명심해야 하는 가장 중요한 점입니다. 이 가장 중요한 분야에서 우리는 맨 처음부터 새로 배워야 합니다. 이것을 완전히 인식하고 이해해야 비로소 우리는 배울 것이라고 확신할 수 있습니다. …

우리는 경제력의 주요한 부분을 장악하고 있습니다. 대규모 기간산업 일체와 철도 등이 우리 수중에 있습니다. [개인이] 임대한 기업의 숫자는, 비록 곳에 따라 꽤 많은 경우도 있지만, 전체적으로는 대단치 않습니다. 모두 합쳐 봐야 여타 부문에 비해 극히 미미합니다. 러시아의 프롤레타리아 국가가 장악하고 있는 경제력은 실로 공산주의로의 이행을 보장하기에 충분합니다. 그렇다면 무엇이 부족한 걸까요? 분명히, 행정 기능을 담당하는 공산주의자들의 문화가 부족합니다. 예를 들어, 모스크바에는 4700명의 공산주의자가 책임 있는 지위를 맡고 있고, 저 어마어마한 관료 기구, 산더미처럼 거대한 저 기구가 우리 앞에 있습니다. 그렇다면, 우리는 누가 누구를 지도하고 있는지 물어야 합니다. 저는 공산주의자들이 저 거대한 기구를 지도하고 있다는 것이 참말인지 심히 의심스럽습니다. 솔직히 말하면, 공산주의자들은 지도하는 것이 아니라 지도받고 있습니다. 비유를 들어 말하면, 우리가 어렸을 때 역사 수업 시간에 배운 것과 비슷한 일이 지금 여기서 일어나고 있다고 할 수 있습니다. 즉, 한 나라가 다른 나라를 정복할 때 정복한 나라는 종주국이 되고 정복당한 나라는 속국이 됩니다. 이는 누구에게나 단순명료한 사실입니다. 그러나 이들 나라의 문화에는 어떤 일이 벌어집니까? 이 문제는 그렇게 단순하지 않습니다. 정복한 나라가 정복당한 나라보다 문화 수준이 더 높으면 그들은 자신의 문화를 정복당한 나라에 강요합니다. 그러나 반대의 경우라면, 정복당한 나라의 문화가 정복한 나라에 강요됩니다. 이와 비슷한 일이 러시아연방의 수도에서 일어난 것은 아닙니까? 4700명의 공산주의자(거의 1개 여단 병력에 가까우며 모두 가장 우수한 사람들입니다)가 외부 문화의 영향을 받은 것은 아닙니까? 실제로, 정복당한 자들의 문화 수준이 높다는 생각이 들 수 있습니다. 그러나 그것은 결코 진실이 아닙니다. 저들의 문화는 보잘것없고 하찮은 것입니다. 그래도 우리의 문화보다는 수준이 높습니다. 비록 보잘것없고 수준 낮은 문화지만 그래도 우리 책임 있는 공산주의자 행정가들의 문화보다는 수준이 높습니다. 왜냐하면 우리의 공산주의자 행정가들은 행정 능력이 부족하기 때문입니다. 각 부서의 수장을 맡고 있는 공산주의자들(때때로 교활한 사보타주 세력이 그들을 방패막이로 이용하기 위해 일부러 그들에게 그런 직위를 맡기기도 했습니다)은 곧잘 속임수에 넘어갑니다. 이런 상황을 인정하는 것은 매우 불쾌한 일이거나 적어도 유쾌하지 않은 일입니다. 그러나 저는 우리가 이런 상황을 인정해야 한다고 생각합니다. 현재는 이것이 가장 중요한 문제이기 때문입니다. 저는 이것이 지난 1년간의 경험이 준 정치적 교훈이며, 1922년에는 바로 이 문제를 둘러싸고 투쟁이 벌어질 것이라고 생각합니다.

러시아연방과 러시아공산당의 책임 있는 공산주의자들이 자신들에게 행정 능력이 부족하며 자신들은 지도하고 있다고 생각하지만 실제로는 지도받고 있다는 사실을 깨닫게 될까요? 만일 이 점을 깨닫게 된다면, 그들은 물론 배우려 할 것입니다. 그것은 얼마든지 배울 수 있는 일이기 때문입니다. 그러나 배우기 위해서는 열심히 공부해야 하는데 우리 공산주의자들은 그러지 않고 있습니다. 그들은 명령과 포고령을 남발하지만, 그들이 원하던 것과는 전혀 다른 결과가 나타납니다.

우리가 신경제정책을 선언하면서 만연해진 경쟁과 다툼은 심각한 문제입니다. 그것은 모든 정부 기관에서 진행되고 있는 것 같지만, 사실은 화해할 수 없이 적대적인 두 계급 사이에서 벌어지는 투쟁의 또 다른 형태입니다. 즉, 부르주아지와 프롤레타리아 사이에서 벌어지는 또 다른 투쟁의 형태인 것입니다. 그 투쟁은 아직 전면에 부각되지 않았을 뿐, 문화적으로는 모스크바의 중앙정부 부서 내에서조차 아직 해결되지 못했습니다. 부르주아 관리들이 우리의 가장 뛰어난 공산주의자들보다 업무를 더 잘 아는 경우가 비일비재합니다. 우리 공산주의자들은 권한과 온갖 기회가 주어져도 그 권리와 권한을 조금도 활용하지 못하고 있습니다. …

신경제정책과 관련해 우리의 정부 부서들을 재조직해 새로운 부서들을 만들어야 한다고 호들갑스레 제안하는 사람들이 있습니다.

이런 제안은 모두 해롭고 어리석은 소리입니다. 현 상황에서 관건은 바로 인물, 바로 적합한 인재를 발굴해 내는 일입니다. 소심한 개혁주의자들과 사회사업가들에 대항해 투쟁하는 데 익숙한 혁명가로서는 이 점을 이해하기 어려울 것입니다. 그러나 냉정히 평가해 보건대, 현 상황에서 도출해야 할 정치적 결론은 우리가 너무 앞서 나가서 모든 직위를 차지할 수는 없거니와 그럴 필요도 없다는 것입니다.

국제적으로는, 최근 몇 년간 우리의 지위가 크게 강화됐습니다. 소비에트 유형의 국가 창설이 우리가 거둔 성과입니다. 그것은 인류의 진보를 향한 진일보이며, 공산주의인터내셔널이 매일같이 각국에서 접수하는 정보가 이 사실을 확증해 주고 있습니다. 아무도 그 사실을 추호도 의심하지 않습니다. 그러나 실천 활동의 관점에서 보면, 공산주의자들은 농민 대중에게 실질적 도움을 주지 못할 경우 그들의 지지를 잃게 될 처지에 놓여 있습니다. 법률을 제정하고 더나은 포고령을 만드는 등등의 일은 이제 우리의 주요 관심사가 아닙니다. 한때는 포고령을 제정하는 것 자체가 선전의 한 형태였습니다. 사람들은 볼셰비키가 자기들의 포고령이 이행되지 않고 있음을 깨닫지 못한다고 말하며 우리를 비웃곤 했고, 모든 백위군의 신문은 지면을 온통 그와 같은 조롱으로 채웠습니다. 그러나 당시 그렇게 포고령을 통과시킨 것은 전적으로 올바랐습니다. 우리 볼셰비키는 막 권력을 장악했을 뿐이었으며, 그래서 노동자와 농민에게 "여기 포고령이 있습니다. 우리는 이런 식으로 국가를 운영해 나가려

합니다. 이렇게 해 봅시다!" 하고 말했습니다. 애초부터 우리는 평범한 노동자와 농민에게 우리의 정책을 포고령의 형태로 이해시켰던 것입니다. 그 결과 우리는 인민대중의 엄청난 신뢰를 받게 됐으며 지금도 그런 신뢰를 누리고 있습니다. 이 같은 시기는 혁명의 초기에는 불가피했으며, 그런 시기가 없었다면 우리는 혁명의 파도 위에 올라서기는커녕 그 밑에 깔려 허우적거렸을 것입니다. 그런 시기가 없었다면, 우리는 새로운 노선에 따라 자신들의 삶을 건설하고 싶어 하는 모든 노동자와 농민의 신뢰를 얻지 못했을 것입니다. 그러나 그런 시기는 이미 지나갔는데도 우리는 그것을 이해하지 못하고 있습니다. 이제는 우리가 이러저러한 정부 부서를 설치해야 한다거나 재조직해야 한다고 지시하면 농민과 노동자가 우리를 비웃을 것입니다. 평범한 노동자와 농민은 이제 그런 일에 전혀 관심을 보이지 않을 것이며, 그런 일이 오늘날 당면한 핵심 과제가 아니라는 점에서 그들의 태도는 당연한 일이라 할 것입니다. 지금 우리 공산주의자들이 인민에게 내놓아야 할 것은 그런 것이 아닙니다. 비록 정부 부서에서 일하는 우리가 항상 산더미 같은 잡무에 짓눌려 있다지만, 그런 방침은 우리가 움켜쥐어야 할 고리가 아니며 핵심 사안도 아닙니다. 핵심 문제는 우리가 알맞은 사람들을 적재적소에 배치하지 못했다는 점, 혁명 기간에 뛰어난 능력을 발휘했던 신뢰할 만한 공산주의자들에게 그들이 전혀 알지 못하는 상공업 분야의 임무들이 주어졌다는 점, 우리가 진상을 파악하는 데 그들이 방해가 되고 있다(그들 뒤에 기막히게 숨어서 행동하는 협잡꾼들과 악당들 때문에)는 점입니다. 우리가 곤란을 겪는 것은 일의 진행 과정을 전혀 실질적으로 통제하지 못하고 있다는 것입니다. 이는 단조롭고 사소한 일이며 잡무입니다. 그러나 역사상 최대의 정치적 변동 후에, 우리가 한동안은 자본주의 체제에 둘러싸인 채 살아 나가야 한다는 점을 유념한다면, 현재의 핵심 문제는 좁은 의미의 정치(우리가 신문에서 접하게 되는 일들은 단지 정치적 소동일 뿐이며 그 안에는 사회주의적인 것이라곤 아무것도 없습니다)가 아닙니다. 결의안이나 이러저러한 부서의 설치나 재조직도 핵심 문제가 아닙니다. 그런 일들이 필요하다면 해야겠지만, 그런 것을 인민에게 내놓아서는 안 될 것입니다. 임무에 적합한 사람들을 선택해 실질적 통제를 도입해야 합니다. 그것이야말로 인민에게 인정받는 길일 것입니다. …

레닌의 부의장 활동 제안에 대한 논평

트로츠키

첫째, [레닌 동지의 제안에서] 제기된 문제들은 너무 일반적인 것들이어서 이는 결국 아무런 문제도 제기하지 않은 것과 같습니다. 부의장들은 모든 분야와 모든 측면에서 매사가 잘 돌아가도록 노력해야 한다는 것, 이것이 결의안 초안의 요지입니다. 여러 지적들은, 적어도 겉으로 보기에는, 어떻게 하면 각 분야에서 모든 일이 — 심지어는 〈예코노미체스카야 지즌〉(경제생활)의 올바른 편집 문제에 관해서까지 — 잘 돌아가도록 만들 것인지에 대한 지침들을 주고 있습니다.

둘째, 이런 일반적 과제를 수행하도록 지명된 기구는 라브크린입니다. 그러나 라브크린은 본질상 그런 일에 적합하지 않을뿐더러 적

출처: Jan Meijer ed, *The Trotsky Papers* (The Hague: Mouton, 1971), vol 2, pp 730~734. 편집자가 러시아어 원문을 번역.

합하게 될 수도 없습니다. 우리는 라브크린에서 일하는 사람들이 주로 다른 여러 분야에서 실패한 관리들이라는 사실을 외면해서는 안 됩니다. 무엇보다 이런 사실로 말미암아, 라브크린의 각급 기관에서 음모가 급격히 창궐하고 있는데, 이는 오래전부터 온 나라에 잘 알려져 있습니다. 이런 기구가 (그 수뇌부가 아니라 조직 전체가) 강화되거나 건실하게 쇄신될 수 있으리라고 생각할 만한 근거는 전혀 없습니다. 왜냐하면 훌륭한 노동자들은 앞으로도 필수적 업무에 배치될 것이지 감사관과 같은 업무를 맡게 되지는 않을 것이기 때문입니다. 그러므로 라브크린을 지렛대로 삼아 소비에트 국가기구를 쇄신하겠다는 계획은 명백히 환상입니다.

셋째, 마찬가지로 저는 라브크린을 통해 당원이 아닌 노동자와 농민 가운데서 행정 관리와 경제 관리를 육성할 가능성은 없다고 생각합니다. 그런 목적을 위해서는 학교 체계와 강좌 체계, 특히 경제활동과 국가사업의 구체적 분야들과 연관된 강좌들의 체계가 필요합니다.

넷째, 저는 부의장들 간의 관계가 곤란의 원천이 되지 않을까 매우 우려스럽습니다. 그렇게 되면 녹음기도 도움이 되지 못할 것입니다. 만일 부의장이 2명이라면, 그들 간의 관계는 완벽한 균형을 이뤄야 합니다.

다섯째, 주된 문제는 전에도 그랬듯이 매일매일의 경제활동을 실제로 운영할 수 있는 그런 기관을 상상할 수 없다는 것입니다. 중앙통계청이 학술적 기구인 것이 문제라면, 고스플란이 학술적 기구인 것은 백배 더 큰 문제이며, 솔직히 말해서 참담한 일입니다. 지난해 초만 해도 실질적 통제력을 행사하는 통일적 경제 기관이 전혀 존재하지 않았습니다. 현재 고스플란은 외관상 재조직돼 지난해 제가 제안한 것과 같은 모습으로 발전해 가고 있긴 하지만, 그것은 단지 외관만 그럴 뿐입니다. 본질적으로 여전히 책임이 분산돼 있어서, 실제로 누가 연료·교통·원료·통화 정책을 통제하는지 매우 불분명합니다. 부서 간에 분쟁이 발생하면, 이런 문제들은 노동·방위 위원회나 정치국에 제출되고 발등에 불이 떨어져서야 허겁지겁 해결됩니다. 이듬해의 경제 일정표를 벽에 걸어 놓고 사업 계획들을 짜며 그에 따라 통제·조정할 수 있는 기구가 있어야 합니다. 고스플란이 바로 그와 같은 기구여야 합니다. 제 생각에는 부의장 중 1인에게 고스플란 의장직을 맡기는 것이 이 결의안에서 논의되는 그 어떤 것보다도 훨씬 더 현실적인 직무일 것입니다.

L 트로츠키

[1922년 4월 19일 ─ 영어판 편집자]

부의장들의 직무에 관한 어제 날짜의 논평에 덧붙여서

첫째, 훌륭한 기구가 만들어지는 것은, 오직 일관되고 지속적이고 일상적인 노력·압력·지시·교정 등을 통해서만 가능합니다. 어떤 경우에도, 이런 일은 이따금씩 들러서 필요한 모든 일을 지시하는 외부의 특별 부서를 통해 이뤄질 수는 없습니다. 그런 생각은 공상에 불과합니다. 그런 부서는 세계 어느 곳에서도 존재한 바 없으며, 사물의 이치를 따져 봐도 존재할 수 없습니다.

우리의 신경제정책의 경우, 국가 통제를 확립해서 그것을 통해 소비에트 법률과 회계 실무에 관한 지식이 필요하며 제한적이지만 명확한 임무가 제시되는 것이 좋겠습니다. 라브크린이 그런 임무에 전념하며 전문화될수록, 우리의 전체 소비에트 기구를 정비하고 주로 예산편성을 정비해 재정 구조를 체계화하는 데 일조할 것입니다.

둘째, 결의안 초안이 주요한 실천적 과제라고 주장하는 "집행의 확인"은 실제로는 주요 과제로 보이지 않습니다. 적어도 우리가 1918년, 1919년, 1920년에 말했던 의미에서는 현재의 주요 과제라 할 수 없습니다. 당시에 지시 사항들은 (부주의, 미숙함, 태만함, 무규율로 인해) 그야말로 수행되지 않았습니다. 지금은 가장 "인도주의적인" 부서에서만 그런 사태가 벌어지고 있습니다. 형식적으로는 지시 사항들이 수행되고 있습니다. 그런데도 아무런 결과가 나타나지 않습니다. 왜냐하면 지시 사항이 수행되는 과정에서 한편으로는 자원의 부족 때문에 또 다른 한편에서는 좋게 봐도 무지와 미숙함 등 때문에, 실제로는 흐지부지돼 버리기 때문입니다. 외부에서 불시에 개입하는 것은, 아무리 심사숙고한 것일지라도, 그저 일이 제대로 돌아가지 않고 있음을 다시 한 번 확인해 줄 따름입니다. 타자수는 타자를 더 잘 치도록(오자·탈자 없이), 전화교환원은 번호를 혼동하지 않도록, 장부 정리하는 사람은 수입과 지출을 제때 정확하게 기재하도록 가르쳐야 합니다. 우리는 관청과 각 부서와 생산 현장과 교역 기구의 관리들을 위한 야간 강좌를 개설해야 합니다. 그 밖에 달리 어떤 게 있겠습니까? 이들을 대신할 사람은 아무도 없습니다. 그러므로 그들의 주의를 자신들의 업무가 아닌 다른 데로 돌리는 것이 아니라 그들의 자질을 향상시켜야 합니다. 이는 매우 어려운 과정이지만 다른 길은 없습니다.

셋째, 무릇 일을 하는 데는 어떤 체계가 있어야 합니다. 그동안 체계의 부재가 나타난 사례는 ― 체계의 부재는 가장 중요하고 위험한 것입니다 ― 위로부터 비롯한 것입니다. 모든 경제문제가 아무렇게나 결정되며 그조차 항상 뒤늦게 결정됩니다. 꾸준히 앞을 내다보고 일하며 자신의 일에 책임을 지는 경제 분야 지휘 기관이 없습니다. 누구나 이 점을 알고 느끼고 있습니다(현재의 위기는[4] 어느 정도는 예측할 수도 있었던 원인들에서 비롯했습니다). 그래서 때로 현실성 없는 미봉책이지만 절실한 필요에 부응하려는 제안들이 나오는 것입니다. 프레오브라젠스키는 중앙위원회 경제국을 제안합니다. (완전히 다른 유형의 동지인) 크라신도 이미 동일한 것, 즉 중앙위원회 최고 경제위원회를 제안했습니다. 그리고 중앙위원회 경제국을 설치하자는 제안조차 현 상황, 즉 중앙위원회가 경제위원회·예산위원회·통화위원회 등등을 설치하고 있는 현 상황에 비하면 진일보한 것이라 할 수밖에 없습니다. 이 모든 것은 앞을 내다보며 경제를 통제할 기관이 부재한 결과입니다. 처음의 발상대로 고스플란이 그런 기관이 됐어야 합니다. 구성으로 보나 사업 방식으로 보나 이념적 방향으로 보나 현재의 고스플란은 그렇게 돼 본 적도 없고, 그렇게 될 수도 없으며, 그렇게 되지도 않을 것입니다.

고스플란을 경제 질서를 정비하기 위한 도구로 만들 필요가 있습니다. 그러기 위해서는 이 핵심적 문제에 임기응변과 근시안적 태도로 대응하면서 초래된 끊임없는 경제적 무질서에 종지부를 찍어야 합니다. 경제가 체계도 계획도 없이 좌충우돌한다면, 선전과 징벌이라는 조치로는 경제 분야에서 아무것도 이룰 수 없습니다.

L 트로츠키

국가계획위원회에
입법 기능을 부여하는 것에 관해

레닌

이 구상은 트로츠키 동지가 제안한 것입니다. 아주 오래전의 일인 듯합니다. 당시 저는 그 제안에 반대했는데, 그리 되면 우리 입법 기구들의 체계를 조정하기가 근본적으로 어려워질 것이라고 생각했기 때문입니다. 그러나 문제를 좀 더 면밀히 숙고하고 나서, 저는 실제로는 그 구상에 견실한 생각이 담겨 있음을 알게 됐습니다. 즉, 국가계획위원회가 비록 우리 입법 기구들과 약간 분리돼 있지만, 경험 있는 사람들과 전문가들과 과학기술계 대표들로 이뤄진 기구라는 점에서, 실제로는 사태를 더 정확히 판단하기에 유리한 위치에 있다는 사실을 알게 됐습니다.

그러나 우리는 국가계획위원회가 비판적으로 분석한 자료를 국가

출처: Lenin, *Collected Works*, vol 36, pp 598~602.

에 제공하고 국가기관들은 국가사업에 대한 결정을 내려야 한다는 원칙에서 출발해 지금에 이르렀습니다. 현재의 상황, 즉 국가의 사정이 전에 없이 복잡해졌으며 문제를 해결하는 데 국가계획위원회 위원들의 전문가적 견해가 거듭거듭 요구되는 상황에서는, 국가계획위원회의 권한을 확대하는 방향으로 나아가야 한다고 생각합니다.

제가 생각하는 조치는 국가계획위원회의 결정을 소비에트 기구들의 일상적 절차를 통해서는 거부할 수 없고 그것을 재고하려면 특별한 절차를 거치도록 하는 것입니다. 예컨대, 특별한 지침에 따라 재심의하기 위해 마련된 전 러시아 중앙집행위원회 회의에 문제를 제출하게 하고, 여기에는 국가계획위원회의 결정이 뒤집어져야 하는지를 검토하기 위해 특별한 규칙 아래 보고서를 작성하는 것이 포함돼야 합니다. 마지막으로, 국가계획위원회 결정의 재심에는 특정한 시한이 설정돼야 합니다.

이 점에서 저는 우리가 트로츠키 동지의 요구에 응할 수 있고 응해야 한다고 생각합니다. 물론 구체적으로 우리 정치 지도자들 중 한 명이나 [국가]경제최고평의회 의장 등이 국가계획위원회의 의장이 돼야 한다는 뜻은 아닙니다. 저는 현재 개인적 문제들이 원칙의 문제와 너무 밀접하게 뒤엉켜 있다고 생각합니다. 현재 국가계획위원회 의장 크르지자높스키 동지와 부의장 퍄타코프 동지에 대해 가해지는 비판들은 두 가지 방향으로 이뤄지고 있는데, 하나는 그들이 너무 관대하고 독자적 판단력이 없으며 줏대 없다는 비난이고, 다른 하나는 그들이 너무 거칠고 훈련 교관처럼 굴며 탄탄한 과학적 배경지식이 부족하다는 등의 비난입니다. 제가 생각하기에 이런 비난들은 문제의 두 측면을 극단적으로 과장해 표현하는 것이며, 사실 우리는 그와 같은 두 유형의 성격을 국가계획위원회 내에서 능숙하게 결합할 필요가 있습니다. 한 가지 유형의 성격은 퍄타코프 동지가, 다른 한 가지 유형은 크르지자놉스키 동지가 예시하고 있다고 할 수 있습니다.

저는 국가계획위원회가 과학교육, 즉 기술이나 농업경제학 교육을 받고 기술이나 농업경제학 분야에서 수십 년간 실무 경험을 쌓은 사람에 의해 지도돼야 한다고 생각합니다. 그리고 그 사람은 행정가 자질은 부족하더라도, 풍부한 경험과 다른 사람들의 협조를 얻을 수 있는 능력을 갖춰야 한다고 생각합니다.

레닌

1922년 12월 27일

M 볼로디체바 기록

국가계획위원회 결정의 입법적 성격에 관해 이어지는 편지

1922년 12월 28일

저는 국정 방향에 결정적 영향력을 행사할 수 있는 우리 동지들 일부가 행정적 측면을 지나치게 중요하게 여긴다는 점에 주목해 왔습니다. 물론 때와 장소에 따라 그렇게 하는 것이 필요하기도 하지

만 그것을 과학적 측면, 광범한 사실을 파악하는 것, 사람을 충원하는 능력 등과 혼동해서는 안 됩니다.

모든 국가기관, 특히 국가계획위원회에서는 이 두 유형의 자질이 조화를 이루는 것이 필수적입니다. 크르지자놉스키 동지가 제게 찾아와 퍄타코프 동지에게 제안해 위원회 일을 함께하기로 합의했다고 말했을 때, 저는 이에 동의하면서도 한편으로는 약간 의구심이 들었고 다른 한편으로는 그렇게 함으로써 두 유형의 정치가들 사이에 조화가 이뤄지길 희망해 봤습니다. 그런 희망이 정당한 것이었는지 알아보려면 지금은 기다리며 좀 더 경험을 쌓으면서 숙고해야 하지만, 원칙적으로 저는 국가기관들이 올바로 기능하려면 (인물과 자질의) 서로 다른 기질과 유형 사이의 그와 같은 결합이 절대적으로 필요하다는 데에는 의심의 여지가 없다고 생각합니다. 저는 여기서 '행정'을 지나치게 중요하게 여기는 것은 다른 무언가를 지나치게 중요하게 여기는 것만큼이나 해롭다고 생각합니다. 국가기관의 장長은 개인적으로 매우 호감이 가는 인물이어야 할뿐더러 사람들의 업무를 점검할 수 있을 만큼 탄탄한 과학기술 지식도 충분히 갖추고 있어야 합니다. 적어도 그것만큼은 기본적인 것입니다. 그렇지 않으면 일을 제대로 할 수 없습니다. 다른 한편으로는 그가 행정적으로 유능하며 사업을 운영하는 데에서 조력과 조력자를 얻을 수 있어야 한다는 점도 매우 중요합니다. 한 사람이 이 두 자질을 모두 갖춘 경우는 거의 없을 것이며 그럴 필요도 별로 없습니다.

레닌

L 포티예바 기록

1922년 12월 28일

국가계획위원회에 관해 이어지는 편지

1922년 12월 29일

국가계획위원회는 모든 점에서 전문가들의 위원회로 발전하고 있는 것으로 보입니다. 그런 기관은 풍부한 경험을 쌓고 여러 분야의 과학교육을 받은 사람이 아니면 지도할 수 없습니다. 행정적 요인은 근본적으로 부차적일 수밖에 없습니다. 국가계획위원회에 일정한 독립성과 자율성을 부여하는 것은 이 과학 기관의 신망을 위해서는 필수적이며, 그것은 이 기관에서 일하는 사람들의 양심과 우리의 경제·사회 발전 계획을 현실로 만들려는 그들의 성실한 열망에 달려 있습니다.

물론, 마지막에 언급한 자질은 현재는 단지 예외적으로만 나타날지도 모릅니다. 왜냐하면 자연스럽게 이 위원회를 구성하고 있는 과학자들의 압도 다수는 불가피하게 부르주아 이데올로기와 부르주아적 편견에 물들어 있기 때문입니다. 이런 관점에 입각해 그들을 점검하는 것은 위원회의 상임간부회를 구성하는 몇몇 사람의 일이어야 합니다. 이들은 부르주아 과학자들이 업무의 전체 과정에서 우리의 대의에 얼마나 헌신하는지를 매일매일 점검하고 그들이 부르주아적 편견을 버리고 점차 사회주의적 관점을 받아들이도록 돕는 공산주의자들이어야 합니다. 이처럼 과학적 점검과 순수한 행정이라는 두 노선에 입각해 일하는 것이야말로 우리 공화국의 국가계획위원회를 운영하는 사람들의 이상이어야 합니다.

레닌

M 볼로디체바 기록

1922년 12월 29일

국가계획위원회의 일을 따로따로 분리된 업무들로 쪼개는 것이 합리적일까요? 그와 반대로, 위원회 상임간부회의 체계적 점검을 받으며 주어진 범위 내에서 문제 전체를 해결할 수 있는 상시적 전문가 집단을 구축하려 노력해야 할까요? 저는 후자가 더 합리적이며 그렇게 함으로써 그때그때의 긴급한 과제들의 숫자를 줄이도록 노력해야 한다고 생각합니다.

레닌

1922년 12월 29일

M 볼로디체바 기록

정치국에 보내는
1923년 1월 15일 자 편지(발췌)

트로츠키

스탈린 동지는 저를 [인민위원회] 부의장에 지명하는 제안(이 제안은 결코 정치국이나 중앙위원회 전원회의에 제출된 바 없으며 거기서 토의된 적도 없습니다)을 제출하면서, 베센하VSNKh(국가경제최고평의회)를 "트로츠키의 특별한 관리 아래 둘 것"을 제의했습니다. 문제를 이런 방식으로 제기하는 것은 … 근본적으로 잘못된 것입니다. 베센하에 대한 특별한 관리는 베센하의 의장이 해야 합니다. 특별한 "행정가"로서의 역할은 그저 책임 소재를 분산시킬 뿐이며, 분명함과 확실성이 무엇보다 소중하고 중요한 이 분야에서 불확실성과 혼란만 야기할 것입니다. 우리에게 필요한 것은 경제 부서의 활동을 정확하고 실제적으로 조정하는 것이지, 각 부서를 이원적으로

출처: *Trotsky Papers*, vol 2, pp 820~822. 편집자의 번역.

관리하는 것이 결코 아닙니다. …

통일적 계획과 통일된 관리 없이는 어떤 경제 사업도 불가능합니다. 이런 계획은 학술적이어서는 안 되며 실천적이어야 합니다. 계획을 그 계획의 집행에 대한 감독과 분리하는 것은 불가능합니다. 우리의 계획 기관은 고스플란이며, 그 밖의 다른 기구들(노동·방위위원회, 인민위원회, 재정위원회, 부의장 협의회, 중앙위원회)은 고스플란에 의지하거나 아니면 즉흥적으로 무수한 위원회들을 설치하거나 둘 중 하나일 수밖에 없습니다. 이 상황에서 벗어나는 유일한 길은 고스플란을 통제하는 것, 즉 신뢰할 만한 관리들을 매일매일 출근하는 상근 간부진으로 배치하고 그들과 전문가들을 적절한 비율로 결합시키는 것입니다. 상급 기관들이 고스플란으로부터 잘 정리되고 검증된 양질의 자료들, 두말할 필요도 없이 소비에트적·공산주의적 관점에 들어맞는 자료들을 제공받는 것이 필요합니다.

고스플란이 그와 같이 적절하게 기능하게 될 때는 원칙과 관련된 큰 문제들, 입법적 결정이나 원칙상의 방향 수정이 필요한 문제들만이 상급 기관에 회부될 것입니다.

비유하자면, 고스플란은 총참모부의 역할을 하게 될 것이고 노동·방위 위원회는 군사혁명위원회의 역할을 하게 되는 것이라고 말할 수 있겠습니다.

우리는 노농감사부를
어떻게 재조직해야 하는가?

레닌

12차 당대회에 보내는 권고

노농감사부는 의심할 바 없이 우리가 당면한 커다란 난제이며 이 난제는 아직도 해결되지 못하고 있습니다. 저는 노농감사부의 유용성과 필요성을 부정함으로써 이 어려움을 해결하고자 하는 동지들은 옳지 못하다고 생각합니다. 그러나 저는 우리의 국가기구가 야기한 이 문제와 그것을 개선하는 과제가 매우 어렵고 문제가 해결되기는커녕 매우 긴급한 것이 되고 있다는 점을 부인하지 않습니다.

외무인민위원회를 제외하면 우리의 국가기구는 상당한 정도로 과거의 잔재이며, 심대한 변화를 거의 겪지 않았습니다. 단지 표면적

출처: Lenin, *Collected Works*, vol 33, pp 481~486.

으로만 약간 손질됐을 뿐, 다른 모든 측면에서 우리의 국가기구는 구시대 국가기구의 가장 전형적인 유물입니다. 그러므로 그것을 진정으로 쇄신할 방도를 찾아내기 위해서는 과거 내전 시기의 경험을 되돌아봐야 한다고 생각합니다.

내전이라는 더욱 위급한 시기에 우리는 어떻게 행동했습니까? 우리 당의 가장 훌륭한 역량을 적군赤軍에 집중시켰고, 우리의 가장 뛰어난 노동자들을 동원했으며, 우리 [프롤레타리아] 독재 권력의 가장 심원한 근원에 있는 새로운 세력을 찾아내려 노력했습니다.

저는 우리가 노농감사부를 재조직하기 위한 수단을 찾기 위해 동일한 원천에게 가야 한다고 확신합니다. 우리의 12차 당대회가, 중앙통제위원회를 약간 확대하는 것에 기초를 두는 다음과 같은 재조직 계획을 채택하도록 권고합니다.

우리 당의 중앙위원회 전원회의는 이미 일종의 당 최고 회의로 발전하는 경향을 보이고 있습니다. 중앙위원회 전원회의는 보통 많아야 두 달에 한 번 열리는 한편, 일상적 사업은 두루 알듯이 정치국·조직국·서기국 등이 중앙위원회를 대표해서 수행합니다. 저는 우리가 지금까지 걸어온 길을 계속 따라가, 중앙위원회 전원회의를 중앙통제위원회와 합동으로 두 달에 한 번씩 개최되는 당 최고 회의로 명확히 전환시켜야 한다고 생각합니다. 중앙통제위원회는 재조직될 노농감사부의 주요 기구와 다음과 같은 방식으로 통합돼야 합니다.

당대회에서 중앙통제위원회의 새 위원들을 75~100명 선출할 것을 제안합니다. 그들은 노동자와 농민이어야 하고 여느 중앙위원들과 마찬가지로 당의 심사를 받아야 합니다. 그들도 중앙위원과 똑같은 권리를 누릴 수 있어야 하기 때문입니다.

반면, 노농감사부의 직원은 양심적이고 우리의 국가기구를 잘 아는 사람인지 특별 심사를 거친 300~400명으로 규모가 축소돼야 합니다. 일반적으로 과학적 노동 조직 원리를 잘 아는지, 특히 행정 업무와 사무 업무 등을 잘 아는지를 확인하는 특별 심사도 거쳐야 합니다.

제 생각으로는, 노농감사부와 중앙통제위원회의 그와 같은 통합이 양 기구 모두에 도움이 될 것입니다. 그렇게 함으로써 한편으로 노농감사부는 외무인민위원회보다 결코 떨어지지 않는 높은 권위를 누리게 될 것이고, 다른 한편으로 우리 중앙위원회는 중앙통제위원회와 더불어 명실상부한 당의 최고 회의가 될 것입니다. 사실 우리는 그런 길을 이미 택한 셈입니다. 그렇게 함으로써 중앙위원회는 두 측면에서 자신의 임무들을 철저히 수행할 수 있게 돼야 합니다. 중앙위원회 자신의 조직과 사업을 계획적이고 효과적이고 체계적으로 수행한다는 측면에서, 우리 노동자·농민의 가장 선진적인 부분을 매개로 광범한 대중과 접촉을 유지한다는 측면에서 그래야 합니다.

저는 우리의 국가기구를 구태의연하게 만드는 세력들, 즉 우리 국가기구가 지금처럼 도저히 참을 수 없는 꼴사나운 혁명 이전의 형태로 보전되도록 압력을 가하는 자들에게서 직간접적 반대가 제기될 것으로 예상합니다.(그런데 우리는 지금 급진적 사회변혁을 이루는 데 필요한 기간을 확인할 역사상 흔치 않은 기회를 맞이하고 있습니다. 우리는 지금 5년 동안에는 무엇이 이뤄질 수 있으며 더 많은 시간이 필요한 것은 무엇인지를 분명하게 확인하고 있습니다.)

제가 제안하는 변화가 혼란만 가져올 것이라는 반론이 예상됩니다. 중앙통제위원들이 모든 기관 주변을 어슬렁거리며 어디서, 왜, 누구에게 알아봐야 하는지도 모르는 채 가는 곳마다 조직을 혼란에 빠뜨리고 직원들의 일상 업무를 방해할 것이라는 등등의 입장입니다.

저는 이런 반론은 그 불순한 저의가 너무나 명백해서 답변할 가치도 없다고 생각합니다. 두말할 필요도 없이, 중앙통제위원회의 상임간부회와 노농감사부의 인민위원과 그가 이끄는 위원회는 (적절한 경우에는 우리 중앙위원회 서기국 역시) 노농감사부가 올바르게 조직되고 중앙통제위원회와 연계해 순조롭게 기능하도록 수년간 지속적 노력을 기울여야 할 것입니다. 제 생각에, 노농감사부의 인민위원은 자신이 이끄는 전체 위원회와 함께, "자신의 휘하에 있게 될" 모든 중앙통제위원들의 활동을 포함해 전체 노농감사부의 활동을 지도할 수 있고 그래야 합니다. 제 계획에 따르면 300~400명만 남게 될 노농감사부 직원들은 한편으로는 노농감사부의 다른 위원들과 중앙통제위원회의 보조 위원들을 위해 순전히 비서 같은 임무를 수행해야 하며, 다른 한편으로는 고도로 숙달되고 특별한 심사를 거치며 특별히 신뢰할 만하고 높은 보수를 받아야 합니다. 그렇게 되면 노농감사부 관리들은 (적어도) 참으로 불만족스러운 현재의 처지에서 벗어날 수 있을 것입니다.

저는 제가 언급한 규모로 직원 수를 감축하면 노농감사부 인민위원과 그가 이끄는 위원회 구성원들이 사업을 조직하고 노농감사부의 능률을 체계적으로 꾸준히 향상시키는 데 온전히 집중할 수 있게 돼서 노농감사부 직원들의 능률과 그 기관 사업 전체의 질이 크게 높아지리라고 확신합니다. 이것은 우리 노동자·농민의 정부와 우리의 소비에트 체제에 매우 필수적입니다.

다른 한편, 저는 노농감사부 인민위원이 노동의 조직화를 도모하는 고등 기관들(중앙노동연구소, '노동의 과학적 조직화를 위한 연구소' 등)을 일부 통합하고 일부 조정하는 일도 해야 한다고 생각합니다. 현재 우리 공화국에는 그런 기관이 12개나 됩니다. 지나친 획일화와 그에 따른 통합 요구는 해로울 것입니다. 그보다는 이 모든 기관을 통합하는 것과 각각의 기관에 적절한 한계를 설정하고 일정한 독립성을 허용하는 것 사이에서 합리적이고 유용한 균형을 잡는 것이 필요합니다.

우리 당의 중앙위원회도 이와 같은 재조직화를 통해 노농감사부 못지않게 이득을 얻게 되리라는 점은 의심할 여지가 없습니다. 대중과의 접촉이 더욱 확대되고 정규성과 효율성이 개선될 것이기 때문입니다. 그렇게 되면 정치국 회의를 더 엄밀하고 책임감 있게 준비하는 절차를 마련하는 것이 가능(하고 필요)해질 것입니다. 정치국 회의에는 한시적으로나 어떤 조직 계획에 따라 참여가 결정된 일정 수의 중앙통제위원들이 참가해야 합니다.

중앙통제위원들에게 일을 배분할 때, 노농감사부 인민위원은 중앙통제위원회 상임간부회와 협력해 중앙통제위원들에게 다음과 같은 의무를 부여해야 합니다. 이러저러한 방식으로 정치국에 제출된 문제들에 관한 문서들을 빠짐없이 검토하기 위해 정치국 회의에 참석하거나, 과학적 노동 조직 방법 같은 이론적 연구를 하는 데 업무 시간을 할애하거나, 상급 국가기관부터 하급 지방 행정기관 등에 이르기까지 우리의 국가기구를 감독하고 개선하는 일에 실질적으로 참여하게 해야 합니다.

또한 이런 개혁의 결과로, 중앙위원들과 중앙통제위원들이 훨씬 더 많은 정보를 얻고 정치국 회의를 더 잘 준비할 거라는 사실에서 비롯하는 정치적 이점 외에도(정치국 회의 의제와 관련된 모든 문서를 회의 전날까지는 모든 중앙위원과 중앙통제위원에게 보내야 하며 절대적으로 긴급한 예외적 경우에는 중앙위원들과 중앙통제위원들에게 정보를 제공해 이 문제를 처리하기 위한 특별한 방도를 찾아내야 합니다), 우리 중앙위원회가 순전히 개인적이고 우연적인 요인들의 영향을 받게 될 위험성이 감소하고 따라서 분열의 위험이 감소하게 되리라는 이점도 있을 거라고 생각합니다.

우리 중앙위원회는 엄격하게 중앙집권화되고 높은 권위를 인정받는 집단으로 성장해 왔지만, 이 집단이 일하는 조건들은 그 권위에 어울리지 않습니다. 제가 권고하는 개혁은 이 결점을 제거하는 데 도움이 될 것입니다. 중앙통제위원들의 임무는 일정 수의 위원들이 정치국의 모든 회의에 참석해야 한다는 것입니다. 중앙통제위원들은 탄탄한 그룹을 형성해서, 자신들이 문제를 제기하고 문서를 검증하고 일반적으로 모든 문제에 관해 항상 충분한 정보를 얻고 문제를 제대로 처리하기 위해 엄격한 통제를 실시하려 할 때 이를 방해하려는 시도가 있으면 결코 어떤 권위도 용납해서는 안 될 것입니다. 서기장의 권위이든 그 밖의 중앙위원의 권위이든 어떤 예외도 허용해선 안 됩니다.

물론 우리 소비에트 공화국의 사회질서는 노동자와 농민이라는 두 계급의 협력에 기초를 두고 있습니다. 현재의 질서에서 '네프맨', 즉 부르주아지는 일정 조건하에 참여가 허용됩니다. 만일 이 계급들 간에 심각한 계급적 불화가 발생한다면, 분열을 피할 수 없을 것입니다. 그러나 우리의 사회체제에서 그와 같은 분열의 근거는 불가피한 것이 아니며, 분열을 낳을 수도 있는 그런 상황을 주의 깊게 감시하고 미연에 방지하는 것이야말로 우리 중앙위원회와 중앙통제위원회는 물론 우리 당 전체의 주요한 임무입니다. 왜냐하면 결국 우리 공화국의 운명은 농민 대중이 여전히 노동계급을 지지하며 동맹에 충실할 것인지 아니면 '네프맨', 즉 신흥 부르주아지가 농민과 노동계급을 이간질해 분열시키는 데 성공할 것인지에 달려 있기 때문입니다. 우리가 이런 갈림길을 더 명확히 인식할수록, 모든 노동자와 농민이 이를 더 분명히 이해할수록, 우리가 소비에트 공화국에 치명타가 될 분열을 피할 가능성은 더 커질 것입니다.

1923년 1월 23일

느릿느릿 걸어도 황소걸음으로

레닌

우리 국가기구를 개선하는 문제에서 노농감사부는 양을 중시하거나 서두르려 해서는 안 된다고 생각합니다. 지금까지 우리는 우리 국가기구의 효율성을 높이는 문제에 거의 관심을 기울일 수 없었고, 그 때문에 이제는 국가기구의 철저한 조직화를 확보하는 일에 특별한 관심을 기울이고, 시대에 뒤떨어지지 않는(즉, 서유럽의 가장 우수한 노동자들 못지않은) 노동자들을 노농감사부 직원으로 집중 투입하더라도 이상할 것이 없는 상황이 됐습니다. 물론, 이런 조건은 사회주의 공화국치고는 너무 보잘것없는 것입니다. 그러나 혁명 이후 5년간의 경험은 우리의 머릿속을 의심과 회의로 가득 채워 버렸습니다. 이와 같은 상태는, 예컨대 사람들이 '프롤레타리아' 문화에 대해 지나치게 장황하고 경솔하게 설명해 대는 모습에서 부지불식

출처: Lenin, *Collected Works*, vol 33, pp 487~502.

간에 드러납니다. 처음에는 현실의 부르주아 문화로 만족해야 합니다. 처음에는 부르주아 이전의 더 조야한 문화, 즉 관료 문화나 농노 문화 등을 없앤다는 사실만으로 기뻐해야 합니다. 문화와 관련된 문제들에서는 졸속과 도매금으로 처리해 버리는 조치가 가장 해롭습니다. 우리의 많은 젊은 작가와 공산주의자는 이 점을 명심해야 합니다.

그러므로, 국가기구 문제에서 우리는 과거의 경험을 바탕으로 이제 더 천천히 나아가는 것이 낫겠다는 결론을 내려야 합니다.

우리의 국가기구는 비참하다 못해 매우 한심한 상태에 있으므로, 우선 우리는 어떻게 그것의 결함을 극복할지 매우 조심스럽게 생각해야 합니다. 이때 우리가 유념해야 할 것은 이런 결함들이 과거에서 비롯했고 우리는 그 과거를 타도했지만 아직 극복하지는 못했으며 아득한 과거로 잊어버리는 문화적 단계에는 아직 이르지 못했다는 점입니다. 저는 아주 신중히 문화에 대해 말하고 있는데, 왜냐하면 이 문제에서는 우리 문화·사회생활·관습의 본질적 일부분이 돼 버린 것만을 성취된 것으로 여길 수 있기 때문입니다. 우리는 우리 사회체제의 장점을 아직 올바로 연구한 적도 없고, 이해한 적도 없으며, 깊이 생각한 적도 없다고 할 수 있습니다. 그것이 무엇인지 이해하려고 다급하게 노력해 왔을 뿐, 그것을 경험으로 입증하거나 검증하거나 확증한 적은 없으며, 지속되도록 만들어 본 적도 없습니다. 물론, 발전이 엄청난 속도로 진행돼 단 5년 만에 차르 체제에서 소비에트 체제로 이행한 혁명적 시기에는 어쩔 수 없는 일이었는지도 모릅니다.

이제는 뭔가를 해야 할 때입니다. 우리는 지나치게 빠른 전진과 허풍 등에 대해 건강한 회의를 나타내야 합니다. 우리가 매시간마다 선포하고 매분마다 실행에 옮기고 매초마다 그 조잡함과 얄팍함과 몰이해가 드러나는 개혁 조치들을 검증하는 것을 생각해 봐야 합니다. 여기서 가장 해로운 것은 조급함일 것입니다. 우리가 사회주의나 소비에트 같은 이름에 걸맞은 정말로 새로운 국가기구를 수립하는 데 필요한 뭔가를 그래도 알고 있다든지, 그에 필요한 요소들을 상당수 갖추고 있다든지 따위의 가정에 의존하는 것이야말로 가장 해로운 태도일 것입니다.

그와는 정반대로, 우리는 그런 기구가 터무니없이 부족하며, 그런 기구의 요소조차 제대로 갖추지 못하고 있습니다. 그런 기구를 건설하는 데 시간을 아끼지 말아야 하고 그러는 데 상당히 여러 해가 걸릴 것임을 잊어서는 안 됩니다.

우리가 이런 기구를 구축하기 위해 가지고 있는 요소는 무엇입니까? 오직 두 가지뿐입니다. 첫째는 사회주의를 쟁취하기 위한 투쟁에 온 힘을 기울이는 노동자들입니다. 이들은 충분히 교육받지 못했습니다. 더 나은 기구를 만들고 싶어 하지만, 어떻게 해야 할지 모릅니다. 그래서 그런 기구를 만들 수 없습니다. 그들은 이 일을 하는 데 필요한 문화를 아직 충분히 발전시키지 못했는데, 문화야 말로 지금 필요한 것입니다. 문화를 발전시키는 데에서, 무턱대고 '돌격 앞으로'를 외치며 열정만 앞세워서는, 일반적으로 그 어떤 가장 훌륭한 인간적 자질을 동원해도 아무것도 이룰 수 없을 것입니다. 둘째로, 우리는 지식·교육·훈련이라는 요소를 갖고 있지만 이 요소는 다른 나라와 비교해 보면 턱없이 부족합니다.

이 점과 관련해 우리가 열의나 속도 따위를 높이는 방식으로 우리의 부족한 지식을 대신하려는 (혹은 그럴 수 있다고 생각하는) 경향이 농후하다는 점을 유념해야 합니다.

우리의 국가기구를 쇄신하기 위해 반드시 시작해야 하는 일은 첫째도 배움이고 둘째도 배움이고 셋째도 배움입니다. 그런 다음 우리의 학습이 죽은 지식이나 반짝했다가 사라지는 선전 구호로 전락하지 않도록 주의해야 합니다(우리에게 이 같은 일이 매우 빈번히 일어나고 있음을 솔직히 시인해야 합니다). 배움이 정말로 우리 삶의 일부가 되도록, 실제로 완전히 우리 사회생활의 한 구성 요소가 되도록 해야 합니다. 간단히 말해서, 우리는 서구의 부르주아 사회가 요구하는 것이 아니라 사회주의 국가로 이제 막 발전하기 시작한 나라에 적합하고 적절한 그런 요구를 제출해야 합니다.

지금까지의 논의에서 나오는 결론은 다음과 같습니다. 우리는 노농감사부를 우리의 국가기구를 개선하기 위한 도구로, 실로 모범적인 기관으로 만들어야 합니다.

이 기관이 우리가 바라는 높은 수준에 도달할 수 있게 하려면, "돌다리도 두들겨 보고 건너라"는 원칙을 따라야 합니다.

이런 목적을 달성하기 위해 우리는 우리 사회체제에 있는 최상의 요소를 활용해야 하며 그것을 최대한 주의 깊고 사려 깊게, 그리고 새로운 인민위원회를 구축하기 위한 지식을 갖추고 활용해야 합니다.

이를 이루려면, 우리 사회체제의 가장 우수한 요소들(첫째로 선진 노동자들과 둘째로 말만 앞세우지 않고 양심에 거리끼는 말은 한마디도 하지 않으리라고 우리가 보증할 수 있는 진실로 각성된 부분들)은 스스로 진지하게 설정한 목표를 성취하기 위해 어떤 어려움도 외면해서는 안 되며 어떤 투쟁도 회피해서는 안 됩니다.

우리는 지난 5년간 우리 국가기구를 개선하기 위해 분주하게 노력해 왔지만, 그런 노력은 그저 한바탕 소동을 일으켰을 뿐이며, 5년이 지난 후에는 쓸모없거나 심지어 헛수고이거나 해롭기까지 하다는 사실이 드러났습니다. 그와 같은 소동은 우리가 뭔가 하고 있다는 인상을 자아냈지만, 실제로는 단지 우리의 기구들과 머릿속을 어지럽히고 있었을 뿐입니다.

이제는 사태가 변화돼야 할 때입니다.

우리는 '느릿느릿 걸어도 황소걸음으로'라는 원칙을 따라야 합니다. 우리는 무언가를 이룰 수 있다는 기대도 없이 서두르는 것보다는 2년이나 심지어 3년 뒤에 우수한 인적 자원을 얻는 게 낫다는 것을 원칙으로 삼아 따라야 합니다.

저는 우리가 처한 조건에서는 이런 원칙을 견지하고 적용하는 것이 어려운 일이라는 것을 압니다. 이와 상반되는 원칙이 수많은 허점을 비집고 들어와 관철될 수 있으리라는 것도 알고 있습니다. 엄청난 저항이 일어날 수밖에 없을 것이고 극도의 인내심이 필요할 것이며 적어도 처음 몇 년간은 이 분야의 일이 지긋지긋할 만큼 어려울 것입니다. 그럼에도 저는 바로 그런 노력을 통해서만 우리가 목표를 이룰 수 있을 것이며 그 목표를 달성해야만 우리가 소비에트나 사회주의 등등의 이름에 진정으로 걸맞은 공화국을 건설할 수 있으리라고 확신합니다.

이 글을 읽는 많은 독자들은 십중팔구 제가 첫 글에서[5] 예로 든 [라브크린의] 인원수가 너무 적다고 생각할 것입니다. 그 수가 너무 적다는 것을 입증하기 위해 많은 계산법이 동원될 수 있을 것입니다. 그러나 저는 중요한 한 가지, 즉 진실로 모범적인 자질을 획득하고자 하는 열망이 그 모든 이러저러한 계산들보다도 우선적으로 고려돼야 한다고 생각합니다.

저는 마침내 우리가 성심성의껏 국가기구를 개선하려 노력해야 할 때가 도래했다고 생각하며, 그렇게 하는 데에서 조급함보다 더 해로운 것은 없다고 생각합니다. 제가 인원수를 부풀리려는 것에 반대해 엄중한 경고를 보내는 것은 바로 그 때문입니다. 저는 그와 정반대로 이 문제에서는 수치에 특별히 인색해야 한다고 생각합니다. 지금 '노동자·농민 감사 인민위원회'가 아무 권위도 없다는 사실을 솔직히 인정합시다. 우리 노농감사부의 조직 상태가 다른 어떤 기관보다 나쁘다는 사실, 그리고 현재 상황에서 이 인민위원회에 기대할 수 있는 것은 아무것도 없다는 사실을 누구나 알고 있습니다. 만일 우리가 모범적 기관, 모든 사람의 절대적 신뢰를 받는 기관, 중앙통제위원회 같은 상급 기관의 활동이 실제로 필요하다는 것을 모든 사람에게 증명해 줄 그런 기관을 정말로 몇 년 뒤에는 창설해 내고 싶다면, 이 점을 깊이 유념해야 합니다. 저는 우리가 간부 직원의 규모에 대한 잡다한 수치들을 즉각 단호하게 배격해야 한다고 생각합니다. 우리는 엄격한 테스트를 통해, 그리고 특별한 주의를 기울여 노농감사부 직원을 선발해야 합니다. 정말이지, 그저 적당히 임무를 수행하고 아무 신뢰도 받지 못하며 그래서 그 명령이 아무 강제력도 없는 그런 인민위원회를 설치해 봐야 무슨 소용이 있겠습니까? 저는 지금 우리가 염두에 두고 있는 재구성 과업을 시작하는 데에서 우리의 주된 목표는 그런 사태를 피하는 것이라고 생각합니다.

우리가 중앙통제위원으로 발탁하고자 하는 노동자들은 흠잡을 데 없는 공산당원이어야 하며 제 생각에는 그들에게 할 일의 목적과 수행 방식을 가르치기 위해 여러 조치가 마련돼야 합니다. 이런 일을 도와줄 일정 수의 비서도 필요하며, 그 비서들은 직위에 임명되기 전에 3가지 테스트를 치르도록 해야 합니다. 끝으로, 우리가 특례자로서 노농감사부 직원으로 직접 발탁하게 될 관리들은 반드시 다음과 같은 요건들을 갖추도록 해야 합니다.

첫째, 여러 공산당원의 추천을 받을 것.

둘째, 우리 국가기구에 대한 지식을 검증하기 위한 테스트를 통과할 것.

셋째, 우리 국가기구의 기본 활동, 즉 관리와 일상 업무 등의 근본 원리에 대한 테스트를 통과할 것.

넷째, 중앙통제위원들이나 자신의 비서와 긴밀히 조화롭게 일함으로써 전체 기구의 원활한 활동을 보증할 수 있는 사람일 것.

이런 요건들이 유별나게 엄격하다는 점은 저도 알고 있으며, 노농감사부에서 일하는 대다수의 '현실적' 노동자들이 이런 요건들을 비현실적이라고 치부하거나 비웃지 않을까 심히 걱정되기도 합니다. 그러나 저는 현 노농감사부의 책임자들이나 이 기구와 관련된 사람들에게 노농감사부 같은 인민위원회의 실제 목적을 솔직히 말해 줄 수 있는지 묻고 싶습니다. 저는 이 질문이 그들이 균형 감각을 되찾는 데 도움이 되리라고 생각합니다. 우리가 지금까지 노농감사부라는 이 구제 불능의 업무를 재조직해 보려고 기울인 수많은 노력에 단지 하나를 더 보태는 것은 무가치한 일입니다. 그보다는 완만하고 까다로우며 이례적인 방식으로, 또 그런 방법들을 몇 번이고 시험해 봄으로써 정말로 모범적인 뭔가를 만들어 내는 일을 시작해야 합니다. 즉, 그 지위와 명칭 때문만이 아니라 그 실적 때문에도 모든 사람에게 존경받는 모종의 기구를 창설하는 일을 시작해야 합니다.

대단한 인내심으로 무장하지 않으면, 또 이 일에 몇 년을 투입할 각오가 없다면, 우리는 차라리 이 일에 덤벼들지 않는 게 나을 것입니다.

저는 우리가 급조한 노동 연구소 같은 고등 기관들 가운데 최소한을 선택해 올바르게 조직되는지 살펴보고, 그런 기관들이 현대 과학의 높은 수준에 걸맞고 우리에게 그것의 모든 이점을 제공하는 방식으로 운영된다면 계속 운영되도록 해 줘야 한다고 생각합니다. 우리가 그렇게 한다면, 우리 국가기구를 개선하기 위해 체계적이고 꾸준하게 노력하는 역할을 할 수 있는 기관, 노동계급과 러시아공산당과 우리 공화국 전 인민의 신뢰로 지탱되는 그런 기관을 몇 년 뒤에는 보유하기를 희망하는 것이 공상은 아니게 될 것입니다.

이를 위한 준비 작업은 즉각 시작할 수 있습니다. 만일 '노동자·농민 감사 인민위원회'가 현재의 재조직 계획을 받아들인다면, 이제 위원회는 서두르지 않고 체계적으로, 기존 관행을 거리낌 없이 변화시키며, 재조직 과업을 완수할 때까지 사전 조치들을 취할 수 있을 것입니다.

이 문제에서 미봉책을 쓰는 것은 지극히 해로울 것입니다. 여타의 사항을 고려해 노농감사부의 직원 규모를 정한다면, 그것은 이미 비판과 조롱의 대상인 낡은 관료적 사고와 구시대적 편견에 기초를 두는 것과 다름없습니다.

문제의 본질은 다음과 같습니다.

우리는 이제 국가를 조직하는 것에 관해 정말로 무언가를 배웠음을 증명해 보이든지(우리는 지난 5년간 무언가를 배웠어야 합니다), 아니면 우리가 아직도 그 일을 감당할 만큼 성숙하지 못했음이 드러날 것입니다. 만일 후자가 맞는다면, 우리는 차라리 이 일에 달려들지 않는 게 낫습니다.

쓸 만한 인적 자원이 있다면 우리가 하나의 인민위원회 정도는 체계적으로 재구성할 수 있을 만큼 배웠다고 가정하는 것이 몰염치한 일은 아닐 거라고 저는 생각합니다. 참말이지, 이 하나의 인민위원회는 우리 국가기구 전체의 모범이 돼야 할 것입니다.

우리는 노동의 조직화 일반과 특히 관리에 관한 두세 권의 교재를 편찬하는 공모전을 연다고 즉각 발표해야 합니다. 전에 예르만스키가 출판한 책을 기초 자료로 삼을 수 있습니다. 그가 분명히 멘셰비즘에 동조적이라서 소비에트 체제의 교과서를 편찬하는 데에는 적합하지 않음을 덧붙여야겠지만 말입니다. 최근에 케르젠체프가 펴낸 책도 기초 자료로 삼을 수 있을 것이며, 그 밖의 불완전한 교과서들 가운데에도 도움이 될 만한 것이 있을 겁니다.

우리는 또한 몇몇 유능하고 성실한 사람들을 독일이나 영국에 보내 문헌들을 수집하고 이 문제를 연구하게 해야 합니다. 제가 영국을 언급한 것은 미국이나 캐나다에 사람을 보내는 것이 불가능할 경우를 염두에 둔 것입니다.

우리는 노농감사부 직원 선발 시험의 예비 계획을 작성할 소위원회 위원들을 지명해야 합니다. 중앙통제위원 선발 시험 계획을 세울 위원회도 임명해야 합니다.

물론, 이런 제반 조치들은 노농감사부 인민위원이나 위원회, 중앙통제위원회 상임간부회에 전혀 문제를 일으키지 않을 것입니다.

이와 동시에 중앙통제위원 후보를 선정하기 위한 예비 소위원회를 임명해야 합니다. 저는 우리가 이제는 우리 소비에트 고등교육기관의 학생들뿐 아니라 모든 부서에서 일하는 경험 많은 노동자들 중에서도 중앙통제위원 후보를 충분히 발견할 수 있게 되기를 바랍니다. 이런저런 범주를 미리 배제하는 것은 옳지 못할 것입니다. 십중팔구 이 기관은 여러 자질과 상이한 장점을 갖춘 다양한 인물들을 혼합해 구성하는 것이 나을 것입니다. 따라서 후보자들의 명단을 작성하는 일은 상당한 작업이 필요할 것입니다. 예를 들면, 이 새로운 인민위원회의 직원이 오직 한 가지 유형의 사람들, 예컨대 관리들만으로 이뤄진다면, 선전가형의 인물이나 사회성이 뛰어난 사람이나 이 분야의 관리들에게 그리 일상적이지 않은 영역에 침투하는 능력이 뛰어난 사람 등이 배제된다면, 최악일 것입니다.

* * *

제 계획을 학술 연구 기관의 계획과 비교해 보면 제 구상이 가장 확연해질 것 같습니다. 제 계획에 따르면, 중앙통제위원들은 상임간부회의 지도 아래 정치국의 모든 문서와 기록을 체계적으로 조사해야 합니다. 시간을 정확히 배분해 아주 조그마한 개인 소유 사무실부터 최고 국가기관에 이르기까지 우리 기관들의 일상 업무를 조사하는 다양한 일도 해야 합니다. 그리고 마지막으로, 이론(즉, 그들이 전념하고자 하는 사업의 조직화에 관한 이론)을 연구하고 고참 동지들이나 노동의 조직화를 연구하는 고등 연구소 교사들의 지도 아래 실천적 업무를 하는 것도 그들의 역할에 포함돼야 합니다.

그러나 저는 그들이 이런 종류의 학술적 활동에만 파묻혀 있을 수는 없으리라 생각합니다. 협잡꾼과 다름없는 자들을 적발하는 훈련(저는 서슴없이 이렇게 부르겠습니다)을 하고 그들의 움직임과 접근 등을 차단할 묘책을 강구하는 일도 준비해야 할 것입니다.

만일 그와 같은 제안들이 서구의 정부 기관들에서 제기된다면 엄청난 원성과 도덕적 분노 등을 불러일으킬 것이지만, 저는 우리가 아직 그럴 정도로 관료화되지는 않았다고 믿습니다. 신경제정책은 아직까지 충분한 존중을 받고 있지 못해서, 어떤 사람이 적발될지 모른다는 생각에 우리 중 누군가가 충격을 받게 되지는 않을 겁니다. 우리 소비에트 공화국은 이제 막 건설됐을 뿐이며 아직까지 구시대의 잡동사니들이 도처에 산더미처럼 널려 있습니다. 그러므로 우리가 모종의 계책을 쓰든, 때로 꽤나 먼 근원을 직접 조사하거나 간접적으로 조사하든 우리가 그런 잡동사니들을 뒤져야 한다는 생각에 충격받는 사람은 거의 없을 것입니다. 그리고 설령 이런 일로 누군가가 충격을 받게 되더라도 틀림없이 그 사람 자신이 웃음거리가 될 것입니다.

우리의 새로운 노농감사부가 프랑스어의 pruderie(고상한 척하기), 즉 우리말로는 우스꽝스럽게 점잔 빼거나 우스꽝스럽게 으스대는 태도를 벗어던지기를 바랍시다. 그런 태도는 오로지 우리 소비에트·당의 관료에게나 이로울 뿐입니다. 덧붙여 말하면 관료는 소비에트 사무실에만 있는 것이 아니라 우리 당의 사무실에도 있습니다.

앞에서 우리가 노동의 고차원적 조직화 등을 연구하는 기관에서 열심히 연구해야 한다고 제가 말했을 때, 그것은 학교식의 '연구'를 의미한 것이 결코 아니며 저는 학교 수업 방식의 연구라는 관념에 매몰되지 않았습니다. 이 문제에서 제가 필요하면 모종의 반쯤 장난스러운 속임수나 묘안이나 계략 같은 것에 의존하는 것도 '연구'에 포함된다고 이해하길 거부하는 것이 아닌가 하고 의심하는 사람이 진정한 혁명가 중에는 한 명도 없기를 바랍니다. 서구의 고루

하고 진중한 국가들에서라면 이런 구상이 사람들을 두렵게 할 것이며, 지체 높은 관리라면 아무도 이런 구상을 고려조차 하지 않을 것입니다. 그러나 저는 우리가 아직 그 정도로 관료화되지는 않았길 바라며, 우리 사이에서 이런 구상을 토론하는 것이 그저 유쾌한 일이기를 바랍니다.

참말이지, 유쾌함을 유용성과 결합시키지 못할 게 무엇입니까? 우스꽝스러운 것, 해로운 것, 어느 정도 우스꽝스럽거나 해로운 것 등등을 드러내 보이기 위해 불가피하다면 어떤 해학적이거나 장난스러운 속임수에 의존하지 못할 게 무엇입니까?

우리 노농감사부가 이런 구상들을 검토하는 데 착수한다면 많은 것을 얻을 것으로 보입니다. 또한 우리 중앙통제위원회와 그들의 동료인 노농감사부가 성취한 가장 빛나는 몇몇 전과의 목록에 (점잖고 고루한 교과서에서는 온전히 언급될 수 없는 곳들에서) 장래의 노농감사부와 중앙통제위원회 위원들이 거둘 적지 않은 공적들이 더해질 것이라고 생각합니다.

* * *

당 기관이 어떻게 소비에트 기관과 통합될 수 있습니까? 이 제안에는 뭔가 부적절한 것이 담겨 있는 것 아닙니까?

저 자신은 그렇게 생각하지 않지만, 제가 소비에트 기관뿐 아니라 우리 당의 기관에도 관료가 있다고 앞에서 말했을 때 암시한 바로 그 사람들은 이런 의문을 품을 것입니다.

그러나 정말로 이것이 우리의 일에 이익이 된다면 왜 둘을 통합시켜서는 안 됩니까? 외무인민위원회의 경우 처음부터 통합이 이뤄졌는데도 매우 유익했음을 우리 모두 알고 있지 않습니까? 정치국은 당의 관점에서 외국 열강의 '조치'에 대응해 그들의 간계를 제압하기 위해 우리가 취해야 할 '조치'에 관한 여러 크고 작은 문제를 논의하지 않습니까? 소비에트 기관과 당 기관의 이 유연한 통합이 우리 정치의 강력한 힘의 원천이 아닙니까? 저는 그 유용성이 입증됐고 우리 대외 정책에서 명확히 채택돼 이 분야에서 더는 의심할 바 없이 관행이 돼 버린 이와 같은 상호 결합이 우리 국가기구 전체에도 잘 어울릴 거라고 생각합니다(사실은 훨씬 잘 어울릴 거라고 생각합니다). 노농감사부의 임무는 우리 국가기구 전체를 망라해야 하며, 그 활동은 예외 없이 우리의 모든 국가기관에 영향을 미쳐야 합니다. 지방, 중앙, 상업, 순수 행정, 교육, 문서 보관, 공연 예술 등등 한마디로 어떤 예외도 없이 모든 기관에 영향을 미쳐야 합니다.

그렇다면 이처럼 광범위한 활동을 수행할 뿐 아니라 그처럼 특별히 유연한 형태가 필요한 기관에게 당 통제 기관과 소비에트 통제 기관의 이 독특한 통합을 채택하는 것이 허용되지 못할 이유가 무엇입니까?

저는 그렇게 하는 데 아무 장애도 없다고 생각합니다. 아니 오히려, 그와 같은 통합만이 우리 일의 성공을 보장한다고 생각합니다. 저는 이 점에 대한 일체의 의심은 우리 정부 기관 사무실의 가장 지저분한 구석에서 생겨나는 것이며 그저 조롱이나 받아 마땅하다고 생각합니다.

* * *

또 다른 의문은 다음과 같습니다. 교육 활동을 공무와 결합하는 것이 편리하지 않습니까? 저는 그것이 편리할 뿐 아니라 필요하다고 생각합니다. 일반적으로 말해서, 서구의 국가형태에 대한 우리의 혁명적 태도에도 불구하고 우리는 서구 국가의 가장 해롭고 터무니없는 수많은 편견에 물들어 왔으며 어느 정도는 우리 자신의 관료들에 의해 의도적으로 물들어 왔습니다. 그들은 이 편견의 흙탕물 속에서 거듭해 고기를 낚을 수 있기를 기대해 왔습니다. 그리고 그들이 이 흙탕물 속에서 너무 열심히 낚시질을 한 나머지, 그와 같은 낚시질이 얼마나 광범하게 이뤄지는지 누구나 알 수 있게 됐습니다.

사회·경제·정치 관계의 모든 영역에서 우리는 "무서우리만치" 혁명적입니다. 그러나 지난날을 돌이켜 보건대, 관공서의 운영 상태나 사무 절차를 보면, 종종 우리의 '혁명성'은 어디론가 자취도 없이 사라지고 판에 박혀 케케묵은 일상성이 그것을 대신하곤 합니다. 사회생활에서 위대한 도약이 이뤄지는데도 미미한 변화가 제기될 때마다 놀라울 만큼 소심하게 대응하는 매우 흥미로운 현상을 우리는 여러 차례 목도해 왔습니다.

어찌 보면 이런 현상은 자연스러운 것입니다. 왜냐하면 가장 대담한 진보적 조치들이 이뤄진 분야는 오랫동안 이론적 연구가 축적돼왔고 주로, 아니 거의 전적으로 이론적으로만 추진돼 왔기 때문입니다. 러시아인들은 활동에서 손을 떼게 되면 침울한 관료적 현실에서 벗어나는 위안을 각별히 대담한 이론적 구조물에서 찾았고, 바로 이 때문에 우리나라의 이 각별히 대담한 이론적 구조물은 매우 일면적인 성격을 띠게 됐습니다. 일반적 구조물로서 이론의 대담성은 일상 업무에서의 아주 사소한 개혁에 대한 놀라운 소심함과 병행했습니다. 위대한 보편적 농업혁명을 다른 어느 나라에서도 유례를 찾아볼 수 없을 만큼 대담하게 고안해 냈지만, 그와 동시에 일상 업무에서 최소한의 개혁을 이루는 문제에서는 그 같은 창조력을 발휘하지 못했습니다. 일반적 문제에 적용했을 때 그토록 빛나는 성과를 가져왔던 일반적 제안들을 이 분야의 개혁에 적용할 창의력과 인내심이 부족했습니다.

우리의 현재 생활에서 무모한 대담성이 아주 사소한 변화도 두려워하는 소심함과 놀라울 만큼 병행해 나타나는 것은 바로 이 때문입니다.

저는 정말로 위대한 혁명에서는 모두 이런 현상이 나타났다고 생각합니다. 왜냐하면 진정으로 위대한 혁명들은 옛것을 발전시키는 방향으로 나아가려는 경향과 매우 추상적으로 새것(옛것을 전혀 포함하지 않을 정도로 새로운 것)을 추구하는 경향 사이의 모순에서 성장해 나오기 때문입니다.

갑작스럽게 일어난 혁명일수록, 이런 모순들 가운데 많은 것이 더 오래 지속될 것입니다.

* * *

우리의 현재 생활을 일반적으로 특징짓자면 다음과 같습니다. 우리는 자본주의적 공업을 파괴했고, 중세적 제도와 지주 제도를 완전히 해체하기 위해 최선을 다했으며, 그 결과 소농을 창출했습니다. 이들 소농은 프롤레타리아의 혁명적 과업이 가져올 결실을 믿기 때문에 프롤레타리아의 지도를 따르고 있습니다. 그러나 선진국들에서 사회주의 혁명이 승리할 때까지 단지 이런 확신에 의지해서만 계속 나아가기란 쉬운 일이 아닙니다. 왜냐하면 경제적 필연성이, 특히 신경제정책 아래에서는, 소농의 노동생산성을 극히 낮은 수준으로 제한하기 때문입니다. 더구나 국제 정세 역시 러시아를 후진적 상태로 몰아넣었으며, 대체로 인민의 노동생산성을 전쟁[제1차세계대전] 이전보다 훨씬 낮은 수준으로 떨어뜨렸습니다. 서구 자본주의 열강은 어느 정도는 의도적으로 어느 정도는 무의식적으로 우리를 곤궁에 몰아넣기 위해 최선을 다했으며, 러시아의 내전을 부추겨 최대한 많은 곳을 폐허로 만들고자 했습니다. 우리가 제국주의 전쟁에서 발을 빼는 길을 택한 것은 그것이 많은 이점을 가져다주리라 생각했기 때문입니다. 서구 자본주의 열강은 대체로 다음과 같이 떠들어 댔습니다. "설령 우리가 러시아의 혁명적 체제를 무너뜨리는 데는 실패하더라도, 러시아가 사회주의를 향해 나아가는 것만은 막을 것이다." 그들의 관점에서는 그렇게 말할 수밖에 없었습니다. 마침내 그들의 문제는 반쯤 해결됐습니다. 그들은 혁명이 창출한 새로운 체제를 전복하는 데는 실패했지만, 이 새로운 체제가 즉각 첫걸음을 내딛는 것은 막아 냈습니다. 사회주의자들의 예측이 옳았음을 입증해 주며 사회주의자들이 엄청난 속도로 생산력을 발전시키고 사회주의를 창출할 모든 잠재력을 발전시킬 수 있게 해 줄 그 첫걸음을 말입니다. 그렇지 않았다면, 사회주의자들은 사회주의가 거대한 힘을 갖고 있으며 인류가 이제 찬란하게 빛나는 전망을 지닌 새로운 발전 단계에 들어섰음을 어느 누구에게나 증명해 보였을 텐데 말입니다.

지금 형성돼 있는 국제 관계는 독일이라는 유럽 국가가 승전국의 지배를 받는 그런 체계입니다. 더구나 서구의 수많은 낡은 국가들은 승리한 덕택에 자국의 피억압 계급에게 어느 정도의 사소한 양보를 할 수 있는 처지에 놓이게 됐습니다. 이런 양보는 비록 미미하다 하더라도 그 나라들에서 혁명운동을 지체시키면서 외형상으로는 일종의 '계급 간 휴전' 상태를 연출하고 있습니다.

이와 동시에, 지난 제국주의 전쟁의 결과로 인도와 중국 같은 동방의 많은 나라들이 이전의 판에 박힌 생활에서 벗어나 격동을 겪게 됐습니다. 명백히 그들의 발전은 유럽의 일반적인 자본주의적 경로를 따라 나아가고 있습니다. 유럽의 전반적 동요는 그 나라들에 영향을 미치기 시작했으며, 그 나라들이 세계 자본주의 전체의 위기로 이어질 발전 과정에 끌려 들어오고 있다는 사실은 이제 누구에게나 명백해졌습니다.

그리하여 이제 우리는 다음과 같은 질문에 부딪히게 됐습니다. 서구의 자본주의 나라들이 사회주의로의 발전을 완수할 때까지 우리가 지금과 같은 파국 상태에서 소농 생산으로 버틸 수 있을까요? 그러나 서구의 자본주의 나라들은 우리가 전에 기대했던 방향으로 나아가지 않고 있습니다. 그 나라들은 사회주의의 점진적 '성숙'이 아니라 일부 나라가 다른 나라를 착취하는 것, 제국주의 전쟁에서 패배한 최초의 나라[독일]를 착취하는 것과 더불어 동방 전체를 착취하는 것을 통해서 사회주의로의 발전을 완수하고 있습니다. 다른 한편, 바로 제1차 제국주의 전쟁의 결과로 동방은 세계 혁명운동의 전반적 소용돌이 속으로 확실히 휘말려 들어왔습니다.

이런 상황에서 우리나라는 어떤 전술을 채택해야 할까요? 분명히 다음과 같을 것입니다. 우리는 우리의 노동자 정부를 보전하고 그 지도와 권위 아래 소농을 존속시키기 위해 극도의 주의를 기울여야 합니다. 지금 전 세계가 세계 사회주의 혁명을 초래할 변화를 향해 나아가고 있다는 사실은 우리에게 유리한 점입니다. 그러나 우리는 또한 제국주의자들이 세계를 두 진영으로 갈라놓는 데 성공했다는 불리한 조건 속에서 분투하고 있습니다. 이 두 진영으로의 분열은, 선진국이고 문명국이며 자본주의 발전을 이룩한 나라인 독일이 다시 일어서기가 극도로 어렵다는 사실로 말미암아 더 복잡해지고 있습니다. 이른바 '서구'의 모든 자본주의 열강은 독일을 들들

볶아 부흥을 방해하고 있습니다. 다른 한편으로, 수억 명의 피착취 노동 대중이 인간이 감내할 수 있는 고통의 한계에서 신음하고 있는 동방의 모든 나라는 물리력·군사력에서 서구의 훨씬 작은 국가들과도 비교가 안 될 정도의 처지로 내몰렸습니다.

우리가 이 제국주의 국가들과의 임박한 대결을 모면할 수 있을까요? 서쪽의 성장하는 제국주의 국가들과 동쪽의 성장하는 제국주의 국가들[이를테면 일본] 사이의 내부적 반목과 갈등이, 처음에 러시아의 반혁명을 지지하기 위한 서구의 반혁명 군사작전이 동쪽과 서쪽의 반혁명주의자 진영, 동쪽과 서쪽의 착취자 진영, 일본과 미국 진영 내부의 반목 때문에 와해됐을 때 그랬듯이,* 다시 한 번 우리에게 유예기간을 가져다주길 희망해 볼 수 있을까요?

이 물음에 대한 답은 다음과 같을 것입니다. 즉, 그 문제는 너무나 많은 요인들에 달려 있으며, 다만 궁극적으로는 자본주의 자체가 지구 상 압도 다수의 인민대중에게 투쟁하도록 가르치고 훈련하고 있다는 사실 때문에 투쟁의 결과를 전체적으로 예측할 수 있다는 것입니다.

궁극적으로, 투쟁의 결과는 러시아·인도·중국 등이 지구 상 인구의 압도 다수를 차지한다는 사실에 의해 결정될 것입니다. 그리고

---

* 1918~1919년 러시아의 반혁명 세력을 지원하려고 시베리아를 침공한 미군과 일본군은 서로 상대방이 요충지를 점령하지 못하게 하려고 견제하다 군사적 기회를 놓치고 패배했다.

지난 몇 년간 유독 빠른 속도로 해방을 향한 투쟁에 이끌려 들어온 것은 바로 이 압도 다수의 인민대중이었으며, 이 점에서 세계적 투쟁의 최종 결과가 어떻게 될지는 추호도 의심할 여지가 없습니다. 이런 의미에서 사회주의의 완전한 승리는 전적으로 절대적으로 확실합니다.

그러나 우리가 관심을 두는 것은 이처럼 사회주의의 완전한 승리가 불가피하다는 점이 아니라 우리 러시아공산당이, 우리 러시아 소비에트 정부가 서구의 반혁명적 국가들이 우리를 분쇄하려 드는 것을 막기 위해 추구해야 할 전술이 무엇인가 하는 점입니다. 반혁명적 제국주의 서구와 혁명적 민족주의 동방 사이에, 세계에서 가장 문명화된 나라들과 동양적 후진 상태에 빠져 있지만 다수를 차지하는 나라들 사이에 벌어지게 될 다음번 군사적 대결까지 우리가 확실히 살아 남기 위해서는, 이 절대 다수의 인민대중이 문명화돼야 합니다. 우리 역시, 비록 사회주의로 이행하는 데 필요한 정치적 조건을 갖추고 있기는 하지만, 사회주의로 즉시 이행할 만큼 충분한 문명을 갖추고 있지는 못합니다. 우리는 우리 자신을 구하기 위해서 다음과 같은 전술, 즉 다음과 같은 정책을 채택하고 추구해야 합니다.

우리는 노동자가 농민에 대한 지도력을 유지하고 농민의 신뢰를 유지하는 국가를 건설하도록 노력해야 하며, 그것을 최대한 경제적으로 운영해 우리의 사회관계에서 일체의 낭비를 근절하기 위해 분투해야 합니다.

우리는 우리의 국가기구를 최소한으로 축소해야 합니다. 우리의 국가기구에서 일체의 낭비를 추방해야 합니다. 제정러시아의 관료주의적 자본주의 국가기구에서 물려받은 낭비가 여전히 만연해 있습니다.

이것은 농민 시대의 한계는 아닐까요?

그렇지 않습니다. 만일 우리가 농민에 대한 노동계급의 지도력을 유지할 수만 있다면, 우리 국가의 경제생활을 최대한 경제적으로 운영해서 우리가 절약하는 모든 자원을 이용해 대규모 기계공업을 발전시키고 전력화電力化와 이탄(토탄) 수압 채굴을 발전시키고 볼호프 발전소 계획을[6] 완성할 수 있을 것입니다.

여기에, 오로지 여기에만 우리의 희망이 있습니다. 이것을 성취해 낼 때에만 비로소 우리는, 비유적으로 말하자면, 말을 갈아탈 수 있을 것입니다. 가난과 궁핍에 찌든 무지렁이 농사꾼의 말에서, 피폐해진 농민 국가에 적합한 경제라는 말에서, 프롤레타리아가 찾고 있으며 반드시 찾아내야 하는 말로, 즉 대규모 기계공업과 전력화와 볼호프 발전소 같은 말로 갈아탈 수 있을 것입니다.

바로 이런 식으로 저는 우리의 일과 정책과 전략·전술의 전반적 계획을, 재조직될 노농감사부의 임무와 연결해 생각하고 있습니다. 바로 이 같은 사정이 우리가 노농감사부를 특별히 높은 위치로 끌어올리고 거기에 중앙위원회의 권한에 버금가는 지도력을 부여하는 데 특별한 주의와 관심을 기울여야 하는 이유를 잘 설명해 주리라 생각합니다.

제 주장은 우리의 정부 기구를 전면적으로 숙정하고 필수 불가결하지 않은 모든 것을 되도록 축소해야만 우리가 잘해 나가리라 확신할 수 있다는 것입니다. 소농 국가의 수준, 보편적 한계의 수준이 아니라 대규모 기계공업을 꾸준히 발전시키는 수준이 되려면, 더더욱 그런 조치가 필요합니다.

이것이 제가 꿈꾸는 우리 노농감사부의 원대한 과제입니다. 그래서 가장 권위 있는 당 기구를 '평범한' 인민위원회와 통합시키자고 제안하는 것입니다.

1923년 3월 2일

12차 당대회의 과제

트로츠키

이제 당과 국가기구의 관계라는 가장 중요한 문제로 넘어가 봅시다. 제가 여러 번 언급한 레닌 동지의 최근 글에서[7] 레닌 동지는 국가기구에 관해 쓰고 있습니다. 그리고 사실 솔직히 말하면, 레닌 동지가 아니었다면 아무도 감히 그런 이야기를 하지 못했을 것입니다. 아무도 그런 이야기를 쉽사리 되풀이하지 않고 있죠. (청중 웃음) 블라디미르 일리치는 우리의 국가기구가 소비에트 스타일로 기름칠되고 색칠됐을 뿐 제정 시대의 국가기구와 거의 다를 바 없이 매우 유사하다고 썼는데, 면밀히 살펴보면 사실은 옛 관료 기구와 똑같습니다.

듣기 거북합니까? 그것은 사실 국제 멘셰비즘을 위한 부활절 달걀[깜짝 선물]입니다. (청중 웃음) 그것은 갈팡질팡 운영되는 산업보다는 훨씬 "낫습니다." 그러나 우리는 그것을 어떻게 이해해야 할까

출처: *Leon Trotsky Speaks* (New York: Pathfinder, 1972), pp 155~158, 72~73.

요? 물론 이것은 레닌이 특별히 강조해서 쓴 표현 가운데 하나입니다. 더 확고하고 가능한 한 깊이 당의 사고思考에 이것을 각인시키기 위해, 레닌은 누구에게나 충격적으로 들릴 과감한 말을 삼가지 않습니다. 그러나 이것이 [현재의 국가기구에 대한] 유일한 설명은 아닙니다. 우리는 더 철저하게 그 문제를 검토해야 합니다. 우리의 국가기구는 무엇입니까? 갑자기 하늘에서 우리에게 떨어진 것입니까? 물론 그렇지 않습니다.

누가 그것을 세웠습니까? 그것은 노동자, 농민, 적군赤軍 병사, 카자크인을* 대표하는 소비에트를 기반으로 생겨났습니다. 누가 이 소비에트들을 이끌었습니까? 공산당입니다. 당이 무엇인지 우리는 잘 압니다. 물론 소비에트가 무엇인지도 잘 압니다. 우리는 소비에트야말로 노동 대중을 위한 최선의 정부 형태라고 말해 왔습니다. 우리 당은 가장 뛰어난 정당입니다. 우리 당은 공산주의인터내셔널에서 다른 정당들의 귀감이 되고 있습니다. 이 사실은 일반적으로 인정됩니다. 그런데 지금 우리는 소비에트에서, 즉 공산주의인터내셔널에서 가장 뛰어난 정당의 지도를 받는 노동 대중의 최선의 대의기관인 소비에트에서 옛 제정의 기구와 별다를 바 없다고 하는 국가

---

* 카자크 러시아제국 중앙정부의 영향력이 닿지 않는 남쪽 변경 지대로 도피해 터전을 잡은 농민 전사 집단. 농토를 소유할 수 있는 특권을 인정받은 대신, 한동안 기병대로 러시아제국에 봉사하고 도시에서는 혁명운동을 탄압하는 치안대로 활동했다. 1917년 10월 혁명 이후 대지주들은 반혁명 세력에 가담했지만, 빈농은 스스로 카자크 소비에트를 건설하고 소비에트 정부를 지지했다.

기구가 생겨나는 것을 목도하고 있습니다.

아마 약간 단순한 친구들, 이를테면 소위 '노동자의 진실' 그룹[8] 같은 친구들은 여기에서 다음과 같은 결론을 끄집어내려 할 것입니다. 망치를 사용해 — 낫은 아니고 망치만* (청중 웃음) — 이 기구에 역학적 수술을 가하면 안 되느냐고 말입니다. 그러나 그런 결론은 터무니없는 것입니다. 왜냐하면 그럴 경우 우리는 산산히 부서진 파편들을 주워 모아 다시 시작해야 하기 때문입니다. 왜 그럴까요? 이 국가기구는 비록 실로 형편없는 것이라 해도 저절로 하늘에서 떨어진 것이 아니라 역사적 필연의 압력 아래에서 물려받아야 했던 재료를 가지고 우리가 창조한 것이기 때문입니다. 누구에게 책임이 있습니까? 우리 모두이며 우리는 그것에 책임져야 할 것입니다.

국가기구의 이런 "자질"은 어디서 비롯한 것입니까? 다음과 같은 상황에서 비롯했습니다. 즉, 우리는 어찌해야 할지 몰랐고 지금도 그렇습니다. 그런데도 많은 일을 해야 했습니다. 그래서 흔히 일을 잘 알거나 절반이라도 아는 사람들에게 협력을 요청했지만, 그들은 반의반도 제대로 하지 않거나 때로는 아무 일도 하지 않거나 일을 망쳐 놓고 싶어 합니다. [경제를] 운영하면서 우리는 [원가]계산과 마술 [엉터리 원가계산]을 구별할 수 없을 때가 많지만, 국가기구 내에는 의도적으로 마술을 계산으로 호도하려는 사람이 적지 않습니다. 그

---

* 훗날 스탈린주의 체제와 운동의 상징으로 널리 사용된 낫과 망치는 본래 러시아 혁명의 상징이었다. 낫은 농민을, 망치는 노동자를 가리킨다.

리하여 우리는 젊고 사심 없이 헌신적이지만 경험이 없는 공산주의 지로 출발해, 무심한 사무직원을 거쳐, 이따금 완벽한 형태로 사보타주에 가담하는 늙은 전문 관료로 끝나는 국가기구를 건설해 온 것입니다.

자, 그러면 이제 이 모든 것을 즉각 폐기할 수 있을까요? 우리가 이 국가기구 없이 해낼 수 있을까요? 물론 그럴 수 없습니다. 그럼 어떻게 해야 합니까? 우리의 과제는 현존하는 이 형편없는 기구를 가지고 그것을 체계적으로 개조해 나가는 것입니다. 아무렇게나 무턱대고 하는 것이 아니라 계획적으로, 장기간을 내다보며 개조해야 합니다. 이제까지 국가기구는 그때그때 임시방편의 원리에 따라 건설돼 왔습니다. 우리는 먼저 재료를 모은 다음 그것을 축소했습니다. 어떤 기관이 너무 비대해지면 우리는 그것을 축소했습니다. 우리가 지난 5년간 무언가 배운 것이 있다면, 레닌 동지가 썼듯이, 그것은 시간을 가늠할 수 있게 됐다는 것입니다. 즉, 옛것을 새것으로 대체한다는 의미에서는 5년간 이룰 수 있는 것이 그다지 많지 않음을 이해하게 됐습니다. 따라서 우리의 막중한 과제에 얼마나 체계적으로 접근해야 하는지도 이해할 수 있게 됐습니다.

동지들, 이것은 아주 중요한 생각입니다. 권력을 장악하는 것도 중요하지만, 민중을 재교육하고 새로운 노동 방식으로 훈련하고 그들에게 아주 사소한 일(사소하지만 사고 전체의 전환을 전제로 하는 일)을 가르치는 것도 아주 중요합니다. 여기서 사소한 일이란, 크고 천장이 높은 관청에 들어와 주위를 두리번거리며 책상 앞에서 땅에 닿을 정도로 머리를 숙이고 어쩔 줄 모르는 늙고 글을 모르는 농촌 여성에게 소비에트의 관리가 정중하고 공손하게 행동해야 하는 것과 같은 일을 말합니다. 그러나 관청에는 그녀에게 손가락 끝으로 이래라저래라 지시하는 우리의 관료주의자가 앉아 있습니다. 그리하여 우리의 농촌 여성은 아무 도움도 주지 않는 관리들 앞에서 어찌할지 망설이다가 아무것도 얻지 못한 채 사무실을 떠나고 맙니다.

만일 그 여성이 자신의 생각을 일목요연하게 표현할 수 있다면, 제가 생각건대 그녀는 레닌의 표현을 빌려 7~8년 전이나 지금이나 변한 것이 없다고 말할 것입니다. 그녀는 예전과 같은 방식으로 사무실에 들어갔습니다. 그리고 전과 마찬가지로 원하는 것을 얻을 수 없었습니다. 왜냐하면 관리들이 그 여성을 도와주려 하기는커녕 돌려보내기 위해 그녀가 이해할 수 없는 언어로 이해할 수 없는 것을 말했기 때문입니다. 물론 이런 일이 언제 어디서나 계속되고 있는 것은 아닙니다. 그러나 만일 이것이 3분의 1이라도 진실이라면, 그것은 국가기구와 노동 대중 사이에 커다란 심연이 놓여 있음을 뜻합니다. 저는 최근에 이 "심각한 문제의 일각"에 관해 글을 써서 신문사에 전화해 보내 줬습니다. 그러나 안타깝게도, 소비에트의 기술이 여전히 낙후한 탓에, 그 글이 신문에 실렸을 때는 절반 정도만 내용을 알아볼 수 있었습니다. (청중 웃음) 그러나 그 글의 요점은 제가 방금 표현한 그대로입니다.[9]

동지들, 지금 이미 당에서 압도적 다수의 지지로 채택된 레닌 동지의 계획은 무엇을 의미합니까? 그 계획은 국가기구를 계획적으로 재건하기 위한 기본 시각을 제시한 것입니다. 우리 당은 국가기구를 창조했습니다. 그렇습니다, 당이 국가기구를 만든 것입니다. 그러고 나서 자신이 창조한 국가기구를 바라봤습니다. … 성서에 뭐라고 씌어 있는지 기억하시죠? 신이 세상을 창조하시고 피조물을 바라보면서 보기 좋다고 한 것 말입니다. (청중 웃음) 그러나 당은 자신이 창조한 것을 보면서 … 고개를 절레절레 흔들었습니다. (청중 웃음, 그리고 오랜 박수) 고개만 조용히 가로젓고 있던 차에 이제 한 사람이 나타나 지금껏 이뤄 놓은 것이 어떤지 보라고 감히, 그것도 목청껏 외친 것입니다.

그러나 이는 절망의 목소리가 아닙니다. 결코 아닙니다! 이런 상황에서 끌어내야 할 결론은 다음과 같습니다. 즉, 우리는 지난 5년간 상당 부분 "우리의 것"이 아닌 이 미숙하고 삐걱거리는 국가기구를 창조해 왔지만, 이제는 적어도 5년간을 다시는 국가기구에 대해 그처럼 분통을 터뜨릴 일이 없도록 그것을 변화시키고 재건하는 데 바쳐야 한다는 것입니다. … 이것이 제가 레닌 동지가 덧붙인 구절에[10] 주목하는 이유입니다. 그렇습니다, 우리는 이제 처음으로 우리의 노력을 제한하는 시간의 "능력"을 가늠하는 법을 배웠습니다. 많은 시간이 필요할 것입니다. 그래서 이제 문제는 단지 잘못을 바로잡는 것만이 아닙니다(물론 앞으로 하나하나 잘못을 바로잡기도 할 것이지만). 우리가 직면한 근본적 과제는 국가기구를 체계적이고 계획적으로 재건하는 것입니다.

그 일을 할 주체는 누구일까요? 국가기구를 세운 자, 즉 당입니다. 그리고 이 당에도 국가기구를 조사할 새롭고 개선된 기관이 필요합니다. 그런 조사는 윤리적 성격의 것일 뿐 아니라 정치적이고 실천적인 성격의 것이기도 합니다. 그리고 이미 파탄이 난 것으로 판명된 형식적 국가 감사의 차원이 아니라, 가장 중요한 사업 분야에서 선발 과정을 수행하기 위해 당이 문제의 핵심을 꿰뚫는다는 차원에서 이뤄지는 조사입니다. 그리고 이 기관이 처음에 어떤 모습일지, 어떻게 중앙통제위원회가 노농감사부와 협력해 일할지는 더 많은 경험이 필요한 문제이며, 진지하게 생각하는 노동자들은 급속한 변화의 가능성에 조금도 환상을 품지 않을 것입니다.

그러나 만약 우리가 그 문제에 이처럼 계획적으로 접근해도 아무것도 바뀌지 않을 것이라거나 "귀가 이마보다 더 높이 자랄 수는 없는 법"이라고 말한다면, 그것은 수치스러운 일일 것입니다. 물론 그것은 대단히 어려운 과제입니다. 그러나 바로 그렇기 때문에 그때그때의 사안별 해결 방식이 아니라 체계적이고 계획적인 방법으로 대처해야 합니다. 바로 그렇기 때문에 국가기구의 일반적 효율성이라는 관점과 글을 모르는 평범한 늙은 여성에게 어떻게 대해야 하는가 하는 관점에 입각해서 새로운 방식으로 국가기구를 조사할 수 있는, 당과 소비에트가 융합된 권위 있는 중앙 기관이 필요한 것입니다. 그리고 아마도 이 모든 것은 중앙통제위원회와 노농감사부의 통합 기관에 의해 가능할 것입니다. 그 통합 기관은 노농감사부(이는 통합 기관에서 가장 중요한 핵심 기구입니다)의 방식과 국영사업의 공식 관행을 결합해서 가장 훌륭한 노동자들을 선발해 체계적으로 교육한다는 원칙에 따라 일하게 될 것입니다. 이런 실험을 해야 하며 이미 하고 있습니다. …

동지들, 우리의 일은 비록 훌륭한 계획의 틀 안에서 수행되고 있지만, 매우 느리고 매우 불완전하게 추진되고 있습니다. 우리가 일하는 방식은 "따분"합니다. 수지 균형 맞추기와 원가계산, 식량세와 곡물 수출 등. 이 모든 것을 차근차근 조금씩 추진하고 있습니다. 이런 일을 하다 보면, 당이 하찮은 문제들에 매몰되는 경향으로 변질될 위험이 있지 않을까요? 우리는 당의 행동 통일을 파괴하는 것은 아주 사소할지라도 허용할 수 없는 것과 마찬가지로, 당이 하찮은 문제에 매몰되는 그런 변질도 허용할 수 없습니다. 왜냐하면 현 [신경제정책] 시기가 [레닌 동지가 말했듯이] "진지하게 오랫동안" 지속될 것이지만 "영원히 계속되지는 않을 것"이기 때문입니다. 아마도 오랫동안 지속되지도 않을 것입니다.

유럽에서 혁명이 시작되는 것과 같은 대규모 혁명적 분출이 지금 우리 다수의 생각보다 더 일찍 일어날 수도 있습니다. 전략에 관한 레닌의 가르침 가운데 우리가 특히 굳게 명심해야 할 것이 하나 있다면, 그것은 레닌이 급격한 방향 전환의 정치학이라고 부른 것입니다. 오늘은 바리케이드 전투를 벌이고 내일은 돼지우리 같은 3차 두마에 참가하는 것, 오늘은 세계혁명과 세계의 '10월'을 호소하고 내일은 추잡한 브레스트리토프스크 강화조약을 체결하기 위해 퀼만과 체르닌과 협상하는 것이 그것입니다.[11]

[1920년 4월 폴란드가 우크라이나를 침략하자] 상황은 변했고 우리는 새로운 방식("바르샤바를 장악하자"는 서방 진격 작전)으로 새롭게 상황을 평가했습니다. [1920년 8월 바르샤바 문턱에서 소비에트 군대가 패배하자] 상황을 다시 새롭게 평가해, 여러분도 알듯이 브레스트리토프스크 강화조약과 마찬가지로 더러운 평화인 리가 강화조약이 체결됐습니다. 그러고 나서는 까다로운 일들을 처리하며 아주 조금씩 전진해야 했습니다. 그 후에는 국가기관들을 축소하고 점검해야 했습니다.(우리에게 전화교환원이 5명 필요할까요? 아니면 3명만 있으면 될까요? 만약 3명으로 충분하다면 굳이 5명을 고용하지는 않을 것입니다. 왜냐하면 농민이 그들을 위해 추가로 얼마만큼의 곡식을 더 내야 하기 때문입니다.) 매일매일 사소한 것을 까다롭게 따져야 하는 하찮은 일들을 해야 했습니다. 그리고 이제 보십시오. 루르에서 타오르는 혁명의 불길을 말입니다.[12] 무엇이 우리를 변질의 단계에 빠뜨릴 수 있겠습니까? 동지들! 아무것도 그럴 수 없습니다.

우리는 변질되고 있지 않으며 우리의 방식과 절차를 바꾸고 있지만, 당의 혁명적 보수주의 경향은 어느 것보다도 더 깊게 우리에게 남아 있습니다. 우리는 대차대조표 작성을 배우는 동시에 서쪽과 동쪽을 날카롭게 주시하고 있으며 어떤 사건들이 발생해도 놀라지 않을 것입니다. 우리는 자신을 정화하고 노동계급 토대를 확대해 스스로를 강화할 수 있을 것입니다.

우리는 농민과 프티부르주아지와 합의를 이뤄 앞으로 나아가며 네프맨을 허용합니다. 그러나 당내에서는 결코 네프맨식 사고나 프티부르주아적 경향을 허용하지 않을 것입니다. 아니, 우리는 황산과 벌겋게 달군 쇳덩어리로 그것을 태워서 당 밖으로 몰아낼 것입니다. (청중 박수) 그리고 12차 당대회(10월 혁명 이후 블라디미르 일리치가 불참하는 첫 대회이자 당 역사상 그가 없이 열리는 몇 안 되는 대회 중 하나일 것입니다)에서 우리는 우리의 머릿속에 다음과 같은 기본적 교훈들을 날카롭게 새겨야 한다고 서로에게 말할 것입니다. 즉, 경직되지 말 것, 급격한 방향 전환의 기술을 염두에 둘 것, 책략을 부리더라도 거기에 매몰되지 말 것, 일시적·장기적 동맹 세력과 협정을 맺더라도 그들이 당 속으로 파고드는 것을 허용하지 말 것, 세계혁명의 전위로서 자신의 존재를 잊지 말 것. 그리고 만일 서구에서 [혁명의] 신호가 들려오면 — 반드시 그럴 것입니다 — 비록 그때 우리가 각종 원가계산과 대차대조표, 일반적으로 신경제 정책에 제 코가 석 자라 할지라도, 주저하지 않고 지체 없이 호응할 것입니다. 우리는 철저하게 혁명가입니다. 과거에도 그랬고 앞으로도 그럴 것입니다. 끝까지 혁명가일 것입니다. (우레와 같은 박수갈채, 전원 기립 박수)

5장

대외무역의 독점

배경

대외무역의 독점은 신경제정책의 초석 가운데 하나였다. 소련의 산업을 다시 활성화할 목적으로, 국가가 국내시장과 국외시장 사이의 '중간상인' 구실을 하는 국가 독점이 확립됐다. 이것이 어떻게 작용했는지는 이 장의 첫 글에서 레닌이 든 예를 보면 알 수 있다.

소련에서는 일정량의 아마포 가격이 4.5루블이었다. 영국에서는 같은 양의 아마포가 14루블에 팔렸다. 농민에게 아마포를 4.5루블에 구입해 영국에 14루블에 판매하면, 대외무역 독점을 통해 아마포 단위당 9.5루블의 이익을 올릴 수 있었다. 그러면 이 수익금을 소련의 공업·수송·전력화 계획 등에 투자할 수 있었다.

수입 관계에서도 비슷한 작용을 했는데, 여기서는 국가 독점이 이익을 가져다줄 뿐 아니라 발전 도상의 소련 산업을 보호하는 구실도 했다. 예컨대, 소련의 공장에서는 트랙터 1대를 1000루블에 생산할 수 있었다고 치자. 더 높은 수준의 노동생산성을 자랑하는 미국의 공장에서는 트랙터 1대를 500루블에 생산할 수 있었다. 대외무역을 독점해 미국에서 트랙터를 수입해 농민 협동조합에 1000루블에 판매하면, 500루블의 수익을 올릴 뿐 아니라 미국산 트랙터가 소련산 트랙터보다 싸게 팔리는 것을 막아 걸음마 단계인 소련 트랙터 산업의 붕괴를 막을 수 있을 것이다.

이 제도는 소련의 발전에 장기적으로 이익이 됐지만 농민의 즉각적 이익과는 정면으로 대립했다. 이 제도가 없었다면, 농민은 농산품은 세계시장에서 더 높은 가격에 팔고 공산품은 세계시장에서 더 낮은 가격에 사들이고자 했을 것이기 때문이다.

국내시장과 세계시장의 가격 차이로 말미암아 밀수가 이익이 많이 남는 사업이 됐고 널리 성행했다. 레닌은 독점을 약화시키려는 모든 시도를 단호하게 반대했다. 레닌은 다음과 같이 썼다. "국경에서 전문 밀수꾼을 단속하는 것과 **모든** 농민을 상대하는 것은 완전히 다른 문제입니다. 당국이 '자신들 몫'의 이익을 가로채려 하면 농민은 **모조리** 들고일어나 하소연하며 당국과 싸울 것이기 때문입니다"(강조는 레닌의 것).

1922년 10월 6일 당 중앙위원회 전원회의에서 독점을 약화시키는 제안이 레닌과 트로츠키가 참석하지 못한 상황에서 통과됐다. 이 소식을 접한 레닌은 그 결정을 비판하면서 특히 조급하게 결정한 것을 책망하는 분노에 찬 편지를 스탈린에게 보냈다. 레닌은 12월 차기 전원회의 때까지 그 결정을 보류할 것을 요구했다.

스탈린은 레닌의 편지에 자신의 의견이 적힌 메모를 첨부해 회람시켰다. 레닌의 편지에도 불구하고 그 결정이 옳다는 생각은 변함이 없지만, [레닌이 끈질기게 요구하므로] 그것의 법제화를 늦추는 것에

는 찬성하겠다는 내용이었다.[1]

　12월 전원회의가 다가오자, 레닌은 건강이 안 좋아 참석할 수 없음을 깨달았다. 12월 12일, 레닌은 트로츠키에게 짤막한 편지를 보내 전원회의에서 독점을 옹호할지를 물었다. 같은 날 트로츠키는 다소 긴 답장을 보내 "대외무역의 독점을 유지하고 강화하는 것이 절대적으로 필요하다고 생각합니다" 하고 확언했다(강조는 트로츠키의 것). 같은 날 레닌은 대외무역 부인민위원 M I 프룸킨과 베를린 주재 소련 무역 대표 스토모냐코프에게 편지를 써서, 트로츠키 편지의 사본을 동봉하고는 트로츠키에게 전원회의에서 자신의 견해를 옹호해 달라고 요청할 것임을 알렸다. 이상하게도 이 편지는《레닌 전집》에 수록돼 있지 않다.《레닌 전집》영어판 4판의 편집자들은 뒤이은 레닌의 편지에서 그것이 언급되자 "이 편지는 어디서도 발견되지 않았다"고 해명했다.[2] 사실 트로츠키는 1927년 10월 당사 편찬국에 이 편지의 사본을 맡겼다.

　12월 13일, 레닌은 트로츠키의 편지에 답장을 보내 "대외무역 독점의 유지·강화가 명백히 필요하다는 [우리의] 공통된 입장"을 수호하고 국가계획위원회의 역할에 관한 심의는 연기하도록 촉구했다. 레닌은 중앙위원회의 스탈린에게도 무역 독점에 관한 자신의 견해를 밝히는 서한을 보냈다.[3] 그날 밤 레닌은 두 번이나 심각한 뇌졸중을 일으켰다.

　12월 15일, 레닌은 다시 일에 착수해 3통의 편지를 구술했다. 첫째 편지는 스탈린에게 보낸 것이다. 여기서 레닌은 기회만 주어진다면 12월 말 개최될 전 러시아 소비에트 대회에서 연설하겠다는 의지를 표명한다. 레닌은 그 문제의 해결이 결코 미뤄져서는 안 된다고 하면서, 자신의 견해를 수호하기 위해 트로츠키의 힘을 빌릴 작정이고 일부 중앙위원들이 생각을 바꾼 것으로 안다고 쓰고 있다. 같은 날 트로츠키에게 보낸 두 편지는 이 투쟁의 전술에 대한 서술이다. 레닌은 트로츠키에게 전원회의에서 결정하도록 압력을 넣으라고 요청한다. 받아들일 만한 타협안이 있다면, 당분간은 독점을 확실하게 유지한 뒤 당대회에서 그 문제를 다시 제기하는 방안일 것이라고 쓰고 있다. 12월 15일에 트로츠키에게 보낸 이 두 번째 편지의 마지막 문장은 다음과 같다. "저는 우리 자신을 위해서나 대의를 위해서나 우리가 그 밖의 타협을 받아들일 수 있다고 생각하지 않습니다"(강조 추가). 이 문장은 직전에 레닌과 트로츠키가 개인적 만남에서 맺은 "관료에 맞서는 연합"을 에둘러 표현하는 것으로 보인다.

12월 18일에 당 중앙위원회가 열려, 10월에 통과됐던 결의를 폐기하고 대외무역 독점 원칙을 다시 승인했다. 3일 후(12월 21일), 레닌은 트로츠키에게 승리의 편지를 썼다. "총 한 방 쏘지 않고 그저 시늉만으로도 우리 주장을 관철할 수 있었던 듯합니다. 그러나 저는 우리가 멈추지 말고 공격을 계속해야 한다고 생각합니다." 비록 전원회의에서 입장을 관철했더라도 당대회에서 공격을 계속해야 한다는 주장은 언급할 만한 가치가 있다. 이 일련의 편지들에 제시된 전술적 계책들은 레닌이 훗날의 스탈린과는 달리 당과 국가에서 신성불가침한 절대 권력자가 결코 아니었음을 보여 준다. 그 편지들에서 우리는 레닌이 고참 볼셰비키 중 가장 저명한 인물들인 스탈린·부하린·지노비예프·카메네프에 맞서 투쟁을 벌였다는 사실을 알수 있다. 정치국 성원 중 레닌의 유일한 동맹자는 트로츠키였다. 레닌은 많은 대외무역 전문가(프룸킨·크레스틴스키·스토모냐코프·아바네소프)를 이 투쟁에 끌어들였는데, 이들은 모두 정치국원이나 중앙위원이 아니었다. 훗날 1927년에 트로츠키는 레닌이 (분파가 금지돼 있던 상황에서) 당 중앙위원회에 맞서는 "음모"를 꾸미고 있었다고 쓸쓸하게 농담을 했다.[4]

레닌은 일단 승리하면 그만이지 상대방에게 패배를 두고두고 상기시켜 "상처에 소금을 뿌리는" 법이 없었다. 레닌이 관심을 둔 것은 다른 지도자들의 인격을 짓밟거나 그들의 권위를 깎아내리는 것이 아니라 실제적 결과를 얻어 내는 것이었다. 레닌은 당 전체가 보는 앞에서 독점의 원칙을 재차 확인시켜야 할 필요성을 느꼈음이 분명하다. 레닌은 너무 쉽게 승리한 것에 의심을 품었고, 스탈린과 그 동조자들이 어쩔 수 없이 동의한 결정을 수행하리라고 확신할 수 없었다. 민족문제에 관한 논쟁을 통해 레닌의 의심은 더욱 굳어지게 된다.

대외무역 독점에 관해
러시아공산당(볼셰비키) 중앙위원들에게
제출하기 위해 J V 스탈린에게 보내는 편지

중앙위원회 서기 스탈린 동지에게

1922년 10월 13일

10월 6일 중앙위원회 전원회의의 다음과 같은 결정(의사록 7의 3항)은 겉으로는 사소하고 부분적인 개혁을 도입하는 것처럼 보입니다. 즉, "노동·방위 위원회에 사적 상품 수출입을 임시 허가하거나 특정 국경의 상품 교역을 허가할 수 있는 약간의 독자적 결정권을 부여한다"는 내용 말입니다.

그러나 이것은 사실 대외무역 독점을 파기하는 것입니다. [재무인민위원회의] 소콜니코프 동지가 그렇게 되도록 애써 왔고 마침내 성

출처: Lenin, *Collected Works*, vol 33, pp 375~378.

공한 것은 놀라운 일이 아닙니다. 그는 줄곧 대외무역 독점 유지를 반대했기 때문입니다. 그는 궤변을 즐기면서 독점이 우리에게 이익이 되지 않음을 입증하려고 줄곧 애써 왔습니다. 그러나 원칙적으로는 독점을 지지하는 사람들이 교역 담당 부서들에게 상세한 보고를 요청하지도 않고 그런 제안에 찬성표를 던진 것은 놀라운 일입니다.

채택된 결정이 뜻하는 바는 무엇입니까?

수출입 거래를 위한 구매 사무소들이 개설되고 있습니다. 그런 사무소의 소유자는 오직 특정 물품만을 거래할 권리가 있습니다.

어디서 이것을 통제합니까? 통제의 수단은 무엇입니까?

아마포 가격은 러시아에서는 4루블 50코페이카인데 영국에서는 14루블입니다. 우리는 모두 《자본론》을 읽으며, 이자율과 이윤이 급격히 상승할 때 자본주의가 내부적으로 어떻게 변화하고 얼마나 더 대담무쌍해지는지를 배웠습니다. 자본주의가 목숨을 건 모험도 불사한다는 것을 상기합시다. 그리고 마르크스는 전쟁 훨씬 전에, 자본주의가 '도약'을 시작하기 전에 이것을 인식했음을 우리 모두 기억합시다.

지금의 상황은 어떠합니까? 이익이 아주 많이 남는 거래를 하려는 농민과 상인을 무슨 수로 막을 수 있겠습니까? 온 러시아를 감독관으로 꽉 채우시렵니까? 구매 사무소에서 이웃들을 잡아다가 아마포를 외국으로 밀수출했다고 자백을 시키시렵니까?

소콜니코프 동지의 궤변은 언제나 능수능란합니다. 그러나 궤변과 엄연한 진실은 구별돼야 합니다.

지금 러시아 농촌에서 그런 문제에 대해 '적법성'을 따지는 것은 불가능합니다. 밀수 일반과 비교하는 것은 전혀 옳지 않습니다(흔히들 "어차피 독점에도 불구하고 밀수도 번성하고 있다"고 말합니다). 국경에서 전문 밀수꾼을 단속하는 것과 모든 농민을 상대하는 것은 완전히 다른 문제입니다. 당국이 '자신들 몫'의 이익을 가로채려 하면, 농민은 모조리 들고일어나 하소연하며 당국과 싸울 것이기 때문입니다.

이제 겨우 수백만 루블의 이익을 안겨 주기 시작한(그리고 앞으로 수천만 루블의 이익을 안겨 줄) 독점 제도를 미처 시험해 볼 기회도 갖기 전에, 우리는 완전한 혼란을 자초하고 있습니다. 이제 겨우 다지기 시작한 바로 그 토대를 우리 스스로 무너뜨리고 있는 것입니다.

우리의 제도는 걸음마 단계에 있습니다. 대외무역 독점과 협동조합은 모두 이제 겨우 체계가 잡히기 시작했을 뿐입니다. 1~2년 내에 몇 가지 성과가 나타날 것입니다. 대외무역에서 얻는 이익이 수백 퍼센트에 달하고, 우리는 수백만, 수천만 루블을 벌어들이기 시작하고 있습니다. 합작 회사가[5] 설립되기 시작했고, 우리는 거기서 생기는 (엄청난) 이윤의 절반을 받아 내기 시작했습니다. 이미 우리는 매우 엄청난 국가이익을 얻을 조짐을 볼 수 있습니다. 그런데 그런 이윤과는 전혀 비교도 안 될 정도의 관세를 바라고 이것을 포기하고 있습니다. 모든 것을 포기하고 망령을 좇고 있는 것입니다!

전원회의에서 그 문제는 너무 성급하게 제기됐습니다. 이렇다 할 신지한 토론도 이뤄지지 않았습니다. 서두를 이유가 없습니다. 교역 담당자들은 이제 겨우 그 일을 연구하기 시작했을 따름입니다. 무역 정책의 주요한 문제들을 적절한 자료를 수집하지도 않고 서류와 도표를 놓고 찬반 양론을 가늠해 보지도 않은 채 경솔하게 결정한다면, 그것을 어찌 올바른 접근이라 할 수 있겠습니까? 싫증이 난 사람들은 단지 몇 분만에 투표했고 그러고는 끝이었습니다. 우리는 덜 복잡한 정치 문제에 대해서도 재삼재사 심사숙고했고, 결정에 이르기까지 수개월을 보낸 적도 여러 번 있었습니다.

제가 그날 병 때문에 회의에 참석하지 못해서 이제 규칙에 대한 예외를 요청할 수밖에 없게 된 것을 매우 유감으로 생각합니다.

그러나 그 문제는 충분히 연구되고 검토돼야 하며 성급함은 해롭다고 생각합니다.

저는 그 문제의 결정을 2개월 동안, 즉 다음 전원회의 때까지 연기할 것을 제안합니다. 그 기간에 우리의 무역정책 경험에 관한 정보와 검증된 자료를 수집해야 합니다.

V 울리야노프(레닌)[6]

추신: 어제 스탈린 동지와 대화하던 중에(저는 전원회의에 참석하지 못해서, 참석한 동지들에게 정보를 얻고자 힘썼습니다), 우연히 페트로그라드와 노보로시스크의 항구들을 임시로 개방하자는 제

안에 관한 이야기가 나왔습니다. 둘 모두, 극히 제한된 품목의 상품들로 한정한다 해도, 그런 실험이 매우 위험하다는 것을 보여 주는 사례인 듯합니다. 페트로그라드항을 개방한다면 핀란드 국경을 넘는 아마포 밀수출이 엄청나게 늘어날 것입니다. 그렇게 되면 우리는 전문 밀수꾼과 싸우는 대신에 아마포 재배지의 모든 농민과 싸워야 할 것입니다. 우리는 이 싸움에서 패배할 것이 거의 확실하며, 그것도 돌이킬 수 없는 패배를 당할 것입니다. 노보로시스크항을 개방하면 신속하게 잉여 곡물을 처분할 수는 있을 것입니다. 그러나 전시 대비 비축량이 얼마 안 되는 마당에 이것이 과연 사려 깊은 정책이겠습니까? 비축량을 증가시키기 위한 일련의 체계적 조치들이 아직 성과를 보이고 있지 못한 시점이 아닙니까?

따라서 다음과 같은 점들을 고려해야 합니다. 대외무역 독점 덕분에 러시아로 금이 유입되기 시작했습니다. 원가계산은 이제 겨우 가능해지고 있습니다. 처음 러시아를 방문한 어떤 상인은 6개월 만에 수백 퍼센트의 이윤을 얻었고, 대외무역인민위원회에 지불하는 그런 권리에 대한 대가를 25퍼센트에서 50퍼센트로 올렸습니다. 이제 우리는 이런 이윤을 얻고 그것을 늘리는 법도 배울 수 있게 됐습니다. 만일 이곳저곳의 여러 항구를 한동안 개방한다면 어떤 상인도 이런 종류의 '독점'을 위해 돈을 내지는 않을 것이기 때문에 모든 것이 일시에 붕괴하고 모든 일이 멈출 것입니다. 그것은 명백합니다. 그런 위험을 무릅쓰기 전에 여러 가지를 심사숙고하고 몇 번이고 저울질해 봐야 합니다. 게다가 우리가 이름을 일일이 확인한 외국 상인들만이 아니라 프티부르주아지 전체가 이 일에 뛰어들 정치적 위험도 있습니다.

대외무역의 개시와 더불어 우리는 금의 유입을 기대할 수 있게 됐습니다. 저는 주류 독점[7] 말고는 대안이 없다고 생각하지만, 여기에는 매우 심각한 윤리적 고려가 있어야 하며, 소콜니코프는 몇 가지 실무적 이유를 들어 그것을 반대하고 있기도 합니다.

레닌

추신: 지금 막(오전 1시 30분) 몇몇 교역 담당자가 연기 신청서를 제출했다는 연락을 받았습니다. 아직 제안서를 읽지는 못했지만 진심으로 그것을 지지합니다. 단지 2개월 연기하는 것일 뿐입니다.

레닌

L D 트로츠키에게

트로츠키 동지,

크레스틴스키의 편지를 동봉합니다. 최대한 빨리 동지의 의견을 알려 주십시오. 중앙위원회 전원회의에서 저는 [대외무역] 독점을 위해 싸울 생각입니다.

동지는 어떻게 하시겠습니까?

레닌

추신: **빨리 회답해 주시면 좋겠습니다.**
[1922년 12월 12일 — 영어판 편집자]

출처: Lenin, *Collected Works*, vol 45, p 601.

레닌 동지에게

1922년 12월 12일

V I에게

대외무역의 독점을 유지하고 강화하는 것이 절대적으로 필요하다
고 생각합니다. 그러나 현재 대외무역 [독점]의 반대자들은 그것에
정면공격을 감행하고 있지는 않습니다. 그보다는 우회해서 측면공
격을 하는 책략을 부리고 있습니다. 한편, 대외무역 독점의 수단을
변경하고 개선하는 것이 절대적으로 필요합니다.

독점을 집행하는 방법을 개선하는 척하면서 본질적으로는 독점
을 훼손할 조치들이 도입될 위험이 있습니다.

오늘 아바네소프 동지가 들러서, 자신의 위원회가 내린 기본적
결론을 알려 줬습니다. 제가 이해하기로는, 그는 대외무역인민위원
회가 무역 독점을 직접 수행하는 것이 아니라 대외무역인민위원회
의 통제 아래 대규모 경제단위(신디케이트, 콘체른)가 무역 독점을

출처: *The Trotsky Papers*, vol 2, pp 778~780.

수행하기를 바라는 듯합니다. 스토모냐코프와 의견을 같이하고 있음이 분명한 크레스틴스키는 중요한 경제단위들(마찬가지로 신디케이트와 콘체른과 일부 부서들)이 거래처들에 상임 대표자를 두고, 이 대표자들이 무역대표부의 지부 구실을 해야 한다고 제안하고 있습니다. 이 계획은 몇 가지 점에서 아바네소프의 계획과 공통점이 있으나 매우 중요한 차이점도 있습니다. 크레스틴스키는 무역대표부를 기본 단위로, 즉 공화국의 직접무역(구매와 판매) 기관으로 삼고 있습니다. 사적 경제단위는 무역대표부의 지부를 통해서 운용될 것입니다. 한편, 이 지부들은 그에 상응하는 경제단위들과 합의를 이뤄 조직됩니다. 반면에, 아바네소프는 이 신디케이트들의 대표체를 곧바로 무역대표부로서의 통제 기능을 갖는 기본 무역 기관으로 설정합니다.

이런 논의를 진전시키다 보면 아마도 어떤 결론에 도달할 것입니다. 그러나 당분간은 무역대표부를 기본으로 삼는 것이 더 안전할 것입니다. 어쩌면 제가 아바네소프 위원회의 계획을 온전히 이해하지 못했을 수도 있습니다. 그는 내일 서면으로 된 제안을 보내 주기로 약속했습니다.

그러나 대외무역을 어떻게 우리의 전반적 경제활동과 연계해 조절할 것인지가 여전히 가장 중요한 문제입니다. 무엇을 수입할 수 있고 무엇을 수입해선 안 되는지, 무엇을 수출할 수 있고 무엇을 수출해선 안 되는지를 누군가가 알고 결정할 필요가 있습니다. 여기서 요구되는 결정들은 법적 규제 장치나 고정된 품목 같은 것이 아니라 경제 전체의 필요에 따라 언제든 조정될 수 있는 실제적이고 탄력적인 것이어야 합니다. 이것은 명백히 고스플란의 임무여야 하며, 국가 산업의 발전과 관련한 문제입니다. 그러나 이것은 다른 문제이고, 저는 몇 번 언급한 적이 있습니다. 아바네소프 위원회는 수출입에 대한 이런 종류의 계산이 아직까지 이뤄지지 않았음을 확인했을 뿐입니다.

트로츠키

프룸킨 동지와 스토모냐코프 동지에게

트로츠키에게도 사본 보냄

병이 깊어져서 전원회의에 참가할 수 없습니다. 제가 여러분과의 관계에서 얼마나 곤란하게, 아니 그것보다 훨씬 나쁘게 행동하고 있는지 알지만, 지금 저는 말하기조차 힘든 상태입니다.

동봉한 편지는 오늘 트로츠키 동지에게 받은 것입니다. 아마도 마지막 행에 씌어 있었던 듯한 국가계획위원회에 관한 부분만 제외하고는 모든 본질적 사항들에서 그에게 동의합니다. 저는 트로츠키에게 편지를 보내 그와 의견이 같음을 알리고 병 때문에 불참할 수밖에 없는 전원회의에서 제 견해를 옹호해 달라고 요청할 것입니다.

제 견해에 대한 수호는 세 부분으로 나뉘어 이뤄져야 한다고 생각합니다. 첫째, 대외무역 독점의 기본 원리를 수호하고 그것을 완전

출처: Trotsky, *The Stalin School of Falsification*, pp 59~60. 이 편지는 《레닌 전집》에 포함돼 있지 않다.

히 최종적으로 확인해야 합니다. 둘째, 절반 이상의 성원이 대외무역인민위원회의 대표로 구성되는 특별위원회를 만들어 아바네소프가 제기하는, 독점을 실현하기 위한 실제 계획을 구체적으로 검토하게 해야 합니다. 셋째, 국가계획위원회의 임무에 관한 문제는 따로 고려해야 합니다. 그런데 만일 트로츠키가 국가 산업 발전 업무를 수행하는 국가계획위원회가 대외무역인민위원회의 모든 부문의 활동에 자신의 견해를 밝혀야 한다는 것만 요구하는 것이라면, 그와 저 사이에 견해차는 없다고 생각합니다.

오늘이나 내일 다시 편지를 써서, 중앙위원회 전원회의에서 다룰 문제의 본질에 대한 제 분명한 견해를 여러분께 밝히고자 합니다. 어쨌든 이 문제는 근본적으로 중요한 문제이므로 전원회의에서 동의를 얻지 못한다면 저는 그 문제를 당대회로 이관하고 그에 앞서 열릴 소비에트 대회에서 우리 당내에 존재하는 견해차를 공개할 작정입니다.

레닌
L F에게 구술
1922년 12월 12일

L D 트로츠키에게

프룸킨과 스토모냐코프에게도 사본 보냄

트로츠키 동지,

크레스틴스키의 편지와 아바네소프의 계획에 대한 동지의 견해를 잘 읽었습니다. 동지와 저는 더할 나위 없이 의견이 일치한다고 생각합니다. 그리고 동지가 제기한 국가계획위원회 문제에 관해서는, 이번 회의에서는 국가계획위원회가 모종의 행정적 권한을 가질 필요가 있는지를 논의하지 말고 나중으로 미뤄야 한다고 생각합니다.

어쨌든 다음 전원회의에서 대외무역 독점의 유지·강화가 명백히 필요하다는 우리의 공통된 입장을 수호하는 일을 동지가 맡아야 한다는 것이 제 요구입니다.[8] 지난번 전원회의가 대외무역 독점과 전적으로 어긋나는 결정을 통과시켰고 이 문제에서 양보는 있을 수 없기 때문에, 프룸킨과 스토모냐코프에게 보낸 편지에서 이야기했

출처: Lenin, *Collected Works*, vol 45, pp 601~602.

듯이, 전원회의에서 우리가 패배할 경우 이 문제를 당대회에 제기해야 한다고 생각합니다. 그러자면 다가오는 소비에트 대회에 참가할 당 그룹 앞에서 차이점들을 간략하게 밝히는 것이 필요할 겁니다. 시간이 있다면 저는 그것을 쓸 생각이며, 동지도 그렇게 해 주신다면 매우 기쁘겠습니다. 이 문제를 놓고 주저하는 것은 우리에게 전례 없는 해를 안겨 주고 있으며, 대외무역 독점을 반대하는 주장은 전적으로 [독점을 집행하는] 기구의 결점을 비난하는 데에 집중되고 있습니다. 그러나 우리의 기구는 모두 결함이 있으며, 기구가 불완전하다는 핑계로 독점을 포기한다면 목욕물을 버리려다 아기까지 버리는 꼴이 될 것입니다.

레닌

1922년 12월 13일

러시아공산당(볼셰비키) 중앙위원들에게 제출하기 위해 J V 스탈린에게 보내는 편지

저는 이제 업무 정리를 마치고 걱정 없이 떠날 참입니다.[9] 대외무역 독점에 관한 제 견해를 수호하기 위해 트로츠키와 협의도 마쳤습니다. 제가 몹시 걱정하고 있는 것이 딱 하나 있는데, 그것은 소비에트 대회에서 연설할 수 없다는 것입니다. 화요일에 의사를 불러 진찰을 받고, 혹시 제가 연설을 할 수 있을지 협의할 작정입니다. 그 기회를 놓치는 것은 두말할 나위 없이 몹시 안타까운 일입니다. 연설 개요는 며칠 전에 써 놓았습니다.[10] 그러므로 저 대신에 몇몇 다른 연설자를 준비시키되, 평소보다 훨씬 짧은 45분가량의 개인 연설을 제가 직접 하게 될 가능성을 수요일까지는 열어 둘 것을 제안합니다. 제가 연설을 한다고 해서 대리인(동지가 그것을 누구에게 위임하든)이 연설을 못 하게 될 리도 없겠지만, 그래도 그렇게 하는 것이 정치적으로든 개인적으로든 유용하리라 여겨집니다. 그렇게

출처: Lenin, *Collected Works*, vol 45, pp 602~603.

하면 큰 동요가 일어날 소지가 사라질 것이기 때문입니다. 이 점 유의해 주시고, 만약 대회 개회가 더 연기되겠거든 제 비서를 통해 곧 알려 주시기 바랍니다.

레닌
1922년 12월 15일

저는 대외무역 독점 문제의 결정을 조금이라도 지연시키는 것에 단호히 반대합니다. 만에 하나, 어떤 이유로든(그 문제의 결정에 제가 참여하는 것이 바람직하다는 제안을 포함해) 차기 전원회의까지 그 문제의 결정을 미룬다는 발상이 제기된다면, 저는 그것에 더할 나위 없이 단호하게 반대할 것입니다. 왜냐하면 트로츠키가 저 못지않게 제 견해를 잘 옹호할 수 있으리라고 확신하기 때문입니다. 이것이 첫째 이유입니다. 둘째 이유는 동지의 발언과 지노비예프의 발언, 그리고 소문으로는 카메네프의 발언 역시 일부 중앙위원들이 벌써 자기들의 처음 견해를 바꿨음을 확언해 주고 있다는 것입니다. 셋째이자 가장 중요한 이유는 이 극도로 중요한 문제의 의결을 조금이라도 주저하는 행위는 결단코 용납될 수 없으며 모든 일을 좌절시킬 공산이 크다는 것입니다.

레닌
1922년 12월 15일

L D 트로츠키에게

트로츠키 동지,

저는 우리가 완전한 합의에 도달했다고 생각합니다. 전원회의에서 우리가 연대했음을 선언하시기 바랍니다. 10월에 대외무역 독점을 반대했던 몇몇 사람들이 지금은 부분적으로 또는 완전히 우리 편으로 돌아섰으니, 우리의 결정문이 통과되리라는 생각이 듭니다.

어떤 이유로 우리의 결정문이 통과되지 않는다면, 소비에트 대회에 참가할 당 그룹에 요청하셔야 하고 당대회에 그 문제를 제기하겠노라고 선언하셔야 합니다.

그럴 경우, 제게 연락하시면 제 성명서를 보내 드리겠습니다.

레닌 드림

추신: 만약 이 문제가 이번 전원회의 의제에서 배제된다면(그렇게

출처: Lenin, *Collected Works*, vol 45, p 604.

되지 않기를 바라며 물론 동지가 우리 공동의 대표자로서 가능한 한 강력하게 그것에 항의하실 것으로 믿습니다), 어떻게든 소비에트 대회에 참가할 당 그룹에 호소하셔야 하며 이 문제를 당대회에 제기하도록 요구하셔야 합니다. 더 이상의 망설임은 절대로 용납될 수 없기 때문입니다.

전원회의가 끝날 때까지 제가 동지에게 보낸 모든 자료를 보관하십시오.

[1922년 12월 15일 — 영어판 편집자]

L D 트로츠키에게

트로츠키 동지,

오늘 받은 프룸킨의 편지를[11] 동봉합니다. 저도 이 문제를 완전히 마무리 짓는 것이 절대적으로 필요하다고 생각합니다. 제가 이 문제를 몹시 걱정하고 있고 그것 때문에 제 건강이 악화되지 않을까 염려하신다면, 그것은 절대로 그렇지 않습니다. 왜냐하면 저는 결정이 지연돼 가장 기본적인 문제들 중 하나에 대한 우리의 정책이 매우 불안정한 상태에 놓이는 것을 훨씬 더 크게 걱정하고 있기 때문입니다. 그래서 동지가 동봉된 편지에 주의를 기울여 주시길 바라며 이 문제에 관해 즉각 토론이 이뤄지도록 지지해 주시길 요청합니다. 만약 우리가 패배할 위험에 처한다면, 당대회 후에 패배하기보다는 당대회 전에 패배해서 대회에 참가할 당 그룹에 즉시 문제를 제기하는 편이 훨씬 낫다고 확신합니다. 당장은 독점 원칙을 확인하는 결정을 통과시키되 곧바로 이 문제를 당대회에 상정해 마무리한다

출처: Lenin, *Collected Works*, vol 45, pp 604~605.

는 절충안이라면 받아들일 수도 있겠지요. 저는 우리 자신을 위해서나 대의를 위해서나 우리가 그 밖의 타협을 받아들일 수 있다고 생각하지 않습니다.

레닌
1922년 12월 15일

L D 트로츠키에게

총 한 방 쏘지 않고 그저 시늉만으로도 우리 주장을 관철할 수 있었던 듯합니다. 그러나 저는 우리가 멈추지 말고 공격을 계속해야 한다고 생각합니다. 이를 위해 대외무역 [독점]을 공고히 하는 문제와 그 실행을 개선하기 위한 조치를 당대회에 제기하도록 제안해 관철해야 합니다. 이것은 소비에트 대회에 참가할 당 그룹에게 공표돼야 합니다. 동지가 이에 동의하고 기꺼이 당 그룹에 보고서를 제출하리라 믿습니다.

N 레닌

1922년 12월 21일

출처: Lenin, *Collected Works*, vol 45, p 606.

6장

민족문제

배경

  민족문제에 대한 논쟁은 소비에트사회주의공화국연방을 수립하려는 계획과, 스탈린과 그루지야공산당 중앙위원회 사이의 투쟁을 중심으로 벌어졌다.

  그루지야는 일찍이 제정러시아에 속한 주州였으며 서쪽으로는 흑해에, 북쪽으로는 캅카스산맥에 둘러싸여 있다. 1918~1921년에는 멘셰비키 치하에 있었고 영국군과 프랑스군의 전진기지 구실을 했다. 1921년 2월 적군赤軍이 그루지야를 침공해, 그루지야 볼셰비키의 도움을 받아 볼셰비키 지배를 확립했다. 민족문제 인민위원 스탈린과 캅카스 전선 군 사령관 오르조니키제가 제공하는 정보에 따라 움직이던 정치국은 그루지야 볼셰비키의 봉기가 대중의 강력한 지지를 받을 거라고 예상하고는 이를 지원하기 위해 침공을 승인했다. 현실은 조금 달라서, 적군은 강력한 저항에 직면했다.

  따라서 억압받던 민족으로서 그루지야인의 권리를 엄격히 존중해 자신들의 통치 정당성을 인정받으려는 현지 볼셰비키와, 스탈린의 지원을 받으며 총독처럼 행세하는 오르조니키제 사이에는 처음부터 긴장이 흘렀다.

소비에트연방을 수립하려는 계획에 이르러서 그 차이가 극에 달했다. 스탈린의 자치공화국화 계획은 비러시아계 공화국들이 모스크바의 중앙집권적 통제를 받는 러시아연방에 공식적으로 "편입"할 것을 요구했다. 이 계획은 억압받던 민족의 자결권을 침해했고 이에 대한 저항의 중심지가 바로 그루지야였다.

6장의 첫 글은 1922년 9월 26일 자 레닌의 편지로 자치공화국화를 비판하면서 그것이 아니라 모든 공화국 사이의 평등에 기초한 연방이 돼야 한다는 내용이다.

둘째 글은 카메네프에게 보낸 레닌의 편지로 "대大러시아 국수주의를 끝장내기 위한 전쟁"을 선언하고 연방 중앙집행위원회 의장직을 교대로 맡아야 한다고 요구하는 내용이며 이 글을 쓴 구체적 동기는 알려져 있지 않다. 이때쯤 레닌은 그루지야인들이 부당한 처우를 받으며 느끼는 불만을 잘 알고 있었으며, 비록 논쟁에서는 여전히 스탈린과 오르조니키제를 지지하더라도 아니 땐 굴뚝에 연기 날 리 없다고, 즉 러시아인(또는 러시아화된) 지도부의 둔감함이 논쟁을 악화시키고 있다고 생각한 듯하다.

여기 소개하는 셋째 문서는 레닌이 스탈린과 그 일파를 가장 강력하게 공격한 글이다. 9월에 쓴 편지에서 보였던 외교적 언사는 없어진다. 이제 더는 스탈린을 [단순히] "지나치게 서두르는" 것으로 보지 않고, 스탈린에 맞선 그루지야인 반대파 지도자인 므디바니는 "분리주의'적 감상의 혐의"를 벗게 된다. 이제 레닌은 자치공화국화 계획과 그루지야 상황에 대한 처리 방식을 "진짜 대러시아 민족주의 운동"으로 여기고 그 책임이 스탈린·오르조니키제·제르진스키에게 있다고 밝힌다. 레닌의 비서 L 포티예바에 따르면, 레닌은 이 편지를 공표하려 했으나 그것을 쓴 직후에 공표하려는 것은 아니었다.[1] 그는 편지의 사본을 3월 5일 자로 된 쪽지와 함께 트로츠키에게 보냈고, 므디바니와 그 밖의 그루지야인 반대파에게 보낸 3월 6일 자 편지에서 이를 언급한다. 이는 그가 4월에 열릴 12차 당대회에서 스탈린에게 던지려고 준비한 "폭탄"의 일부였다. 트로츠키는 당사 편찬국에 보낸 편지(1927년 10월)에서 그 글의 몇 구절을 인용한다. 거기서 트로츠키는 레닌 편지의 전문全文이 1926년 6월의 당 전원회의 속기록에 포함돼 있다고 언급하지만[2] 1937년 《날조를 일삼는 스탈린 학파》의 영어판을 출판할 때는 자신이 그 편지의 사본을 가지고 있지 않다고 썼다. 그리하여 완전한 원문이 햇빛을 보게 된 것은 1956년 흐루쇼프의 '스탈린 격하' 운동의 일환으로 출판된 때였다.[3]

레닌의 마지막 정치 행위인 3월 5일과 6일 자의 두 짧은 편지에 이어 트로츠키의 글 "민족문제와 청년 당원 교육"을 실었다. 이 글은 "당에 관한 생각"이라는 연재물의 일부로 〈프라우다〉 1923년 3월 20일 자에 실렸다. 이 연재물의 첫 두 기사는 트로츠키의 연설문 "12차 당대회의 과제"와 함께 《러시아공산당 12차 당대회의 과제》란 제목의 소책자로 다시 출판돼 대회 전에 1만 5000부가 배포됐다. 이 글은 《러시아공산당 12차 당대회의 과제》에 실린 다른 글들과 마찬가지로, 레닌의 정치 활동의 마지막 수개월 동안 레닌과 트로츠키가 도달한 공동의 계획을 대중적으로 설명한 것으로 볼 수 있다. 이 글은 기층 당원과 광범위한 대중에게 그루지야에 대한 소비에트 정책의 기본 골격을 다음과 같이 설명한다. "우리가 확신할 수 있는 유일한 정책은 과거에 너무나 자주 모욕당해 왔던 그루지야 농민의 민족문화에 대한 관심, 민족 감정, 민족적 자존심이 이제는 객관적 상황 속에서 충족될 수 있음을 그들에게 행동으로 보여 주는 정책일 것입니다." 트로츠키는 대러시아 국수주의에 맞서기 위한 교육 프로그램을 요구한다. "민족문제 분야에서 당 전체를 위한 재교육 과정과 청년 당원을 위한 입문 과정이 의심할 나위 없이 필요합니다. 그리고 이 과정은 적절한 시기에 매우 엄격한 프로그램에 따라 시행돼야 합니다. 민족문제를 무시하는 사람은 누구나 그 문제의 수렁에 빠질 위험이 있기 때문입니다"(강조는 트로츠키의 것).

불행하게도, 새롭게 부상하던 관료 집단은 다른 과정을 염두에 두고 있었다. 여기에 포함된 마지막 두 편지를 쓴 후 레닌은 [영원히] 침묵에 빠졌다. 스탈린·지노비예프·카메네프 3두 체제는 트로츠키가 제안한 조건에 동의했고 당대회에서 아무 다툼도 일어나지 않았다. 스탈린은 레닌이 예견했듯이 추잡한 타협을 한 다음에 그것을 배신했다. 1923년 10월이 돼서야 비로소 기층 당원들 사이에서 투쟁이 시작됐고 트로츠키는 좌익반대파를 조직하기 시작했다.

러시아공산당(볼셰비키)
중앙위원회 정치국원들에게 제출하기 위해
L B 카메네프에게 보내는 편지

[1922년 — 영어판 편집자] 9월 29일

카메네프 동지! 독립 공화국들을 러시아연방으로 통합하는 것에 대한 스탈린 위원회의 결의안을 그에게 이미 받았을 것입니다.

만약 받지 못했다면, 즉시 비서에게 가져오게 해서 읽어 보십시오. 저는 어제는 소콜니코프와 오늘은 스탈린과 그것에 관해 토론했습니다. 내일은 므디바니('분리주의'적 감상에 빠진 것으로 의심받고 있는 그루지야인 공산당원)를 만날 것입니다.

제 생각에 이것은 가장 중요한 문제입니다. 스탈린은 지나치게 서

출처: Lenin, *Sochineniya* (Collected Works), 5th ed, vol 45 (Moscow: Izdatelstvo Politicheskoi Literatury, 1970), pp 211~213. 영어판 편집자가 러시아어를 번역. 이 글은 영어판 *Collected Works*에는 빠져 있다. 스탈린의 "자치공화국화 계획" 문서는 Lewin, *Lenin's Last Struggle*, pp 146~147에 있다. 레닌의 말의 의미를 분명히 하기 위해 적절한 구절을 꺾쇠 안에 보충해 넣었다 — 영어판 편집자.

두르고 있습니다. 동지는 한때 이 문제를 담당하고자 했었고 그에 대해 상당히 연구한 적도 있기 때문에 이 문제를 더욱 철저히 생각해 봐야 합니다. 지노비예프도 마찬가지입니다.

스탈린은 이미 한 가지를 양보하는 데 동의했습니다. 1절에서 [비러시아계 민족 공화국들이] "러시아연방으로 편입"한다는 표현을 다음과 같이 바꾸기로 한 것입니다.

"유럽·아시아소비에트공화국연방 안에서 러시아연방과 함께 공식적 연방[을 이룬다]."

이런 양보의 정신은 제 생각에는 명백합니다. 우리는 우리 자신과 우크라이나소비에트사회주의공화국이나 그 밖의 공화국들이 법적으로 평등하다고 여기며, 그들과 함께 '유럽·아시아소비에트공화국연방'이라는 새로운 연방, 새로운 연합으로 들어가는 것입니다.

그러면 2절도 수정돼야 합니다. [러시아연방의 정부 기관들이 모든 공화국의 통합 정부 기관이 되는 게 아니라] '유럽·아시아소비에트공화국연방의 전 연방 중앙집행위원회'를 창설해 러시아연방의 중앙집행위원회와 나란히 회합을 하도록 말입니다.

후자의 회의를 매주 1회, 전자의 회의를 매주 1회 연다면(또는 격주 1회일지라도), 둘의 활동을 조정하는 것은 어렵지 않을 것입니다.

'독립'을 지지하는 사람들을 이롭게 하거나 그들의 독립을 파괴하는 것이 아니라 평등한 권리를 누리는 공화국들의 연합이라는 새로운 단계를 확립하는 것이 중요합니다.

2절의 둘째 부분은 그대로 둘 수 있습니다. (노동·방위 위원회와 인민위원회의 결정에 대한) 불만이 호소되면 전 연방 중앙집행위원회가 집행을 유보하지는 않은 채 검토할 것입니다(러시아연방에 대해서도 마찬가지입니다).

3절은 편집상의 수정이 있어야 할 것입니다. 즉, "[공화국들의 외교·대외무역·국방·통신·우편·전신 등의 사업은 러시아연방의 해당 인민위원회들이 아니라] 모스크바에 본부를 둔 전 연방 인민위원회들로 통합될 것이며, 러시아연방의 해당 인민위원회들은 유럽·아시아공화국연방에 속하는 모든 공화국에 소규모 인원으로 구성된 공식 대표부를 둘 것이다."

3절의 둘째 부분은 다음과 같이 하는 것이 더 공정할 것입니다. "[이 대표단은 — 영어판 편집자] 유럽·아시아소비에트공화국연방의 각 공화국 중앙집행위원회와 합의를 거쳐 임명될 것이다."

셋째 부분, ["외교·대외무역 인민위원회와 관련된 공화국 대표자의 참가는 유용할 것이다" — 영어판 편집자]는 더 많은 고려가 필요합니다. "유용하다"를 "의무적이다"로 바꿔야 하지 않을까요? 또는 질의의 형식으로나마 "특별히 긴급한 중요성"이 있는 문제에 대해서는 질의 없이 결정을 받아들인다는 조건부 의무 조항을 삽입하는 것이 좋지 않을까요?

4절, ["각 공화국의 재정·식량·노동·경제 인민위원회는 러시아연방의 관련 위원회의 지시에 절대 복종한다" — 영어판 편집자]에는 아마도 "각 공화국 중앙집행위원회가 동의해 통합된"이란 구절을 첨가해야 하지 않을까요?

5절, ["각 공화국의 … 등의 기타 인민위원회는 독립된 것으로 간주한다" — 영어판 편집자]에는 "순수한 자문 기구 성격(또는 단순한 자문 기구 성격)의 연석회의나 총회를 설치해"를 첨가하는 편이 좋지 않을까요?

[5절의] 첫째·둘째 추가 항목도 위의 변경에 따라서 바뀌어야 합니다.

제가 도착할 때까지 중앙위원회 정치국에 결의안을 제출하지 말아 달라고 요청했고 스탈린은 동의했습니다. 저는 10월 2일 월요일에 도착할 것입니다. 리코프와 동지를 두 시간가량 만나고 싶습니다. 아침(가령 12~2시)이나 필요하다면 저녁(가령 5~7시나 6~8시)도 좋습니다.

이것이 제 첫 제안입니다. 므디바니와 그 밖의 동지들과의 토론을 기초로 보충하거나 수정할 것입니다. 동지도 그렇게 하고 답장해 주시길 강력히 요청합니다.

레닌 드림

추신: 모든 정치국원에게 사본을 보내 주십시오.

대러시아 국수주의와의 투쟁에 관해
L B 카메네프에게 보내는 메모

카메네프 동지,

저는 대러시아 국수주의를 끝장내기 위한 전쟁을 선포합니다. 저는 이 빌어먹을 충치를 빼는 즉시 건강한 치아로 그것을 먹어 치울 것입니다.

러시아인,

우크라이나인,

그루지야인 등이

교대로 연방 중앙집행위원회의 의장직을 맡아야 한다고 강력히 주장합니다.

강력히!

레닌 드림

[1922년 10월 6일 — 영어판 편집자]

출처: Lenin, *Collected Works*, vol 33, p 372와 *Sochineniya*, vol 45, p 214. 영어판 번역은 틀린 데가 많다. 제목에서 L B 카메네프가 "정치국"으로 바뀌어 있고, 첫머리의 인사말이 누락돼 있다. 또 대러시아 국수주의(Velikorusskii shovinizm)가 "지배 민족의 국수주의(dominant nation chauvinism)"로 돼 있다 — 영어판 편집자.

민족문제 또는 '자치공화국화' 문제

저는 러시아의 노동자들에게 제가 몹시 소홀했다고[4] 생각합니다. 왜냐하면 공식적으로는 소비에트사회주의공화국연방 수립 문제라고 부르는 이 악명 높은 자치공화국화 문제에 제가 있는 힘껏 단호하게 개입하지 못했기 때문입니다.

지난여름 이 문제가 발생했을 때 저는 병으로 누워 있었습니다. 가을에는 몸을 회복해 10월과 12월의 전원회의에서 이 문제에 개입할 수 있으리라고 너무 큰 기대를 걸었습니다. 그러나 (이 문제가 상정된) 10월 전원회의와 12월 전원회의에 결국 참석하지 못했고, 그래서 이 문제에 거의 개입하지 못했습니다.

제르진스키 동지와 잠시 이야기를 나눌 수 있었는데, 그는 캅카스에서 돌아와 이 문제가 그루지야에서 어떤 상태에 있는지 이야기해 줬습니다. 지노비예프 동지와도 몇 마디를 나누면서 이 문제에 대한 제 우려를 표명했습니다. 제르진스키 동지는 중앙위원회가 그

출처: Lenin, *Collected Works*, vol 36, pp 605~611.

루지야 사태를 '조사'하기 위해 파견한 위원회의 위원장인데, 그의 이야기를 듣고 우리는 오히려 더 커졌습니다. 제르신스키 동지가 저에게 알려 준 대로 오르조니키제가 물리적 폭력을 사용할 정도로 사태가 그렇게 극단적 지경에 이르렀다면, 우리가 얼마나 엉망진창인 상태에 빠졌는지 상상이 갑니다. 분명히 '자치공화국'을 만드는 일 자체가 근본적으로 잘못됐고 시기도 좋지 않았습니다.

흔히들 통합된 기관이 필요했다고 이야기합니다. 그런 확신은 어디서 나왔습니까? 제 일지의[5] 앞부분에서 지적했듯이, 우리가 제정에게 물려받아 소비에트 성유를 약간 바른 바로 그 러시아 기구에서 나온 것 아닙니까?

우리의 기구가 우리 자신의 것이라고 단언할 수 있을 때까지 그 조치를 얼마간 연기했어야 한다는 데에는 의심의 여지가 없습니다. 그러나 지금 우리는 확실히 반대의 것을 인정해야 합니다. 즉, 우리가 우리의 것이라고 부르는 기구는 실은 여전히 우리에게 매우 이질적인 것입니다. 그것은 부르주아지와 차르 체제의 뒤범벅이며, 지난 5년간 다른 나라들의 도움도 없이 그것을 제거할 가능성은 없었습니다. 우리는 전쟁과 기아에 맞선 투쟁으로 대부분의 시간을 바쁘게 보냈기 때문입니다.

그런 상황에서는 우리 스스로 정당화한 "연방에서 탈퇴할 자유"라는 말은 단지 휴지 조각에 불과할 것이고, 전형적 러시아 관료만큼이나 실제로는 악당이며 폭군인 진짜 러시아인스러운 남자, 즉 그 대러시아 국수주의자[스탈린]의 맹공격에 맞서 비러시아인들을 방어할 수 없으리라는 점은 아주 당연합니다. 소비에트와 소비에트화된 노동자들 중의 극소수만이 우유에 빠진 파리처럼 대러시아 국수주의 쓰레기의 물살에 휩쓸릴 것이라는 점은 분명합니다.

민족 심리나 민족 교육과 직접적으로 관련된 인민위원회들은 별개의 독립적 기구로 설치됐다며 이 조치를 옹호하는 주장도 있습니다. 그러나 거기에는 문제가 있습니다. 이 인민위원회들이 완전히 독립적으로 될 수 있습니까? 그리고 둘째로, 우리가 진짜로 러시아인스러운 그 골목대장에 맞서 비러시아인들을 실제로 보호할 수 있는 조처를 취하는 데 충분히 주의를 기울였습니까? 우리가 그럴 수 있었고 또 그랬어야 하지만 그런 조처를 취했다고는 생각하지 않습니다.

스탈린의 성급하고 순수 행정에 심취하는 성향, 악명 높은 '민족주의적 사회주의'에 대한 적개심이 여기서 치명적 구실을 했다고 생각합니다. 일반적으로 정치에서 악의를 품는 것만큼 야비한 구실을 하는 것은 없습니다.

또 한 가지 제가 걱정하는 것은 제르진스키 동지가 "민족주의적 사회주의자"들의 "범죄"를 조사하기 위해 캅카스에 가서 진짜 러시아인스러운 정신 상태를 유감없이 드러냈으며(다른 민족 출신의 러시아화된 사람들이 이처럼 러시아인스러운 정신 상태를 과도하게 표출한다는 것은 상식입니다)[6] 그의 조사 위원회 전체가 얼마만큼 공정했는지는 오르조니키제의 "거칠기 짝이 없는 행동"만 봐도 충분히 알 수 있다는 것입니다. 어떤 도발이나 심지어 모욕을 당했다 해도 그런 러시아인스러운 거친 행동은 정당화될 수 없으며 제르진스키 동지도 그에 대해 무사태평한 태도를 보임으로써 용서받을 수 없는 잘못을 저질렀다고 생각합니다.

캅카스의 모든 주민에게 오르조니키제는 권력 그 자체였습니다. 오르조니키제는 그와 제르진스키가 말한 것처럼 그렇게 흥분할 아무런 권리도 없었습니다. 오히려 오르조니키제는 "정치적" 범죄를 저질렀다고 비난받는 사람에게는 말할 나위도 없고 어떤 일반인에게도 요구될 수 없는 자제심을 가지고 행동했어야 합니다. 그리고 사실을 말하자면 그 민족주의적 사회주의자들은 정치적 범죄를 저질렀다고 비난받은 주민들이며, 비난의 표현들이 너무 심해서 비난이란 말 말고는 달리 묘사될 수 없었습니다.

여기서 우리는 '국제주의를 어떻게 이해해야 하는가?'라는 중요한 원칙적 문제에 직면하게 됩니다.[7]

레닌
1922년 12월 30일
M V가 기록

이어지는 편지
1922년 12월 31일

저는 이미 민족문제를 다룬 여러 글에서, 일반적으로 민족주의 문제를 추상적으로 설명하는 것은 아무 쓸모도 없다고 말했습니다.

억압 민족의 민족주의와 피억압 민족의 민족주의를, 큰 민족의 민족주의와 작은 민족의 민족주의를 반드시 구별해야 합니다.

둘째 부류의 민족주의[피억압·약소 민족의 민족주의]와 관련해서 보면, 큰 민족의 국민인 우리는 역사적으로 거의 항상 무수한 폭력을 휘두른 죄를 저질렀습니다. 또, 우리는 자신도 모르게 수도 없이 폭력을 사용하고 모욕을 줬습니다. 비러시아인들이 어떤 취급을 받았는지는 제가 [어렸을 때] 볼가강 연안[의 작은 도시 실비르스크]에서 겪은 경험만 떠올려 봐도 충분히 알 수 있습니다. 폴란드인은 언제나 '폴랴치스카'라고 [경멸적으로] 불렸고, 타타르인은 별명이 '프린스'였으며, 우크라이나인은 언제나 '호홀'이라고 불렸고, 그루지야인을 비롯한 캅카스 민족들은 늘 '캅카시안'이라고 불렸습니다.

이 때문에 억압 민족, 즉 이른바 '위대한' 민족(오직 폭력에서만 위대하고 폭력배로서만 위대하지만)에게 국제주의는 민족 간의 형식적 평등을 준수하는 것만이 아니라 실제로 존재하는 불평등을 보상하기 위해 억압 민족, 위대한 민족 자신의 불평등을 감수하는 것이기도 합니다. 이 점을 이해하지 못하는 사람은 누구든지 민족 문제를 대하는 진정한 프롤레타리아적 태도를 파악하지 못한 것이고, 근본적으로는 여전히 프티부르주아적 관점을 지니고 있는 것이며, 따라서 부르주아적 관점으로 미끄러지고 말 것입니다.

프롤레타리아에게 중요한 것이 무엇입니까? 프롤레타리아에게는 비러시아인들이 프롤레타리아 계급투쟁을 한껏 신뢰하고 있음을 확신하는 것이 중요할 뿐 아니라 절대적으로 필수적입니다. 이것을 확보하기 위해 무엇이 필요합니까? 단지 형식적 평등만으로는 안 됩니다. 이런저런 방식으로 태도를 바꾸거나 양보를 해서, 과거에 '지배 민족'의 정부가 비러시아인에게 가했던 모욕과 불신과 의심을 보상해 줘야 합니다.

이 점을 볼셰비키에게, 공산주의자들에게 더 상세히 설명하는 것은 불필요하다고 생각합니다. 그리고 저는 현재의 사례, 즉 그루지야 민족의 문제는 철저히 주의를 기울이고 사려 깊게 행동하고 기꺼이 타협하려는 진정으로 프롤레타리아적인 태도가 우리에게 필수적으로 요구되는 전형적 사례라고 생각합니다. 문제의 이 측면을 무시하거나 '민족주의적 사회주의'라는 비난을 마구 남발하는 그 그루지야인[스탈린](사실 그 자신이야말로 진정한 '민족주의적 사회주의자'이고 심지어 저속한 대러시아주의 골목대장입니다)은 사실상 프롤레타리아 계급의 연대를 훼손하고 있습니다. 왜냐하면 프롤레타리아 계급의 연대가 발전하고 강해지는 것을 방해하는 가장 큰 요인이 바로 민족적 불공평이기 때문입니다. '감정이 상한' 민족은 평등하다는 느낌과 이런 평등이 훼손되는 것(설사 부주의나 농담이라 하더라도), 같은 프롤레타리아 동지가 평등을 훼손하는 것에 무엇보다 민감합니다. 바로 이 때문에, 이 경우에 소수민족에게 양보와 관용을 아끼기보다는 차라리 지나치다 싶을 정도로 양보와 관용을 베푸는 것이 더 낫습니다. 바로 이 때문에, 이 경우에 프롤레타리아의 연대, 따라서 프롤레타리아 계급투쟁의 근본적 이익을 위해서는 민족문제에 형식적 태도를 취해서는 결코 안 되며 억압 민족(또는 큰 민족)을 대하는 피억압 민족(또는 작은 민족) 프롤레타리아의 구체적 태도를 항상 고려해야 합니다.

레닌

M V가 기록

1922년 12월 31일

이어지는 편지

1922년 12월 31일

현 상황에서 어떤 실천적 조치를 취해야 하겠습니까?

첫째, 사회주의 공화국 연방을 유지하고 강화해야 합니다. 이것은 의심할 여지가 없습니다. 이 조치는 우리에게 필요할 뿐 아니라, 세계 공산주의 프롤레타리아가 세계 부르주아지에 맞서 싸우고 부르주아의 음모에 맞서 자신을 방어하기 위해서도 필요합니다.

둘째, 사회주의 공화국 연방이 존속해야 하는 이유는 그 외교기관 때문입니다. 그런데 이 기관은 우리 국가기구의 예외적 구성 요소입니다. 우리는 옛 제정의 기구에서 영향력 있던 사람을 단 한 명도 그 기관에 들이지 않았습니다. 조금이라도 권한을 행사하는 부서는 모두 공산당원으로 채워져 있습니다. 바로 이 때문에, 사회주의 공화국 연방의 외교기관은 다른 인민위원회들과 비교가 안 될 정도로 옛 제정과 부르주아·프티부르주아 요소가 숙정된, 신뢰할 만한 공산주의 기구라는 평판을 스스로 얻어 냈(다고 장담할 수 있)습니다.

셋째, 오르조니키제 동지를 일벌백계로 처벌해야 하며(개인적 친구고 외국에서 함께 일했기 때문에 이렇게 말하는 것이 더욱 유감입니다), 제르진스키 위원회가 수집한 모든 자료를 철저히 조사해서 거기에 포함돼 있음이 틀림없는 수많은 잘못과 편파적 판단을 바로잡는 일을 시작해야 합니다. 이 모든 진짜 대러시아 민족주의 운동의 정치적 책임은 당연히 스탈린과 제르진스키에게 있습니다.

넷째, 우리 연방의 비러시아 공화국에서 민족 언어를 사용하는 것에 관해 엄격하기 이를 데 없는 규정을 도입해야 하며 이런 규정을 특별히 주의 깊게 점검해야 합니다. 우리 기구의 현 상태를 보건대, 공공 철도 사업의 통합, 재정 업무의 통합 등등을 빌미로 진짜 러시아적인 횡포가 대대적으로 벌어지고 있으리라는 것은 의심할 여지가 없습니다. 이런 횡포에 맞서 투쟁하려면 특별한 창의력이 필요하며, 이 투쟁을 수행하는 사람들에게도 각별한 성실함이 필요합니다. 세세한 법 조항이 필요할 것이고, 해당 공화국에 사는 민족만이 이것을 성공적으로 작성할 수 있습니다. 그리고 이런 노력의 결과로 다음 소비에트 대회에서 우리가 일 보 후퇴를 하지 않을 거라고 미리 단정할 수는 없습니다. 즉, 소비에트사회주의공화국연방은 단지 국방과 외교만을 담당하고 그 밖의 모든 분야에서는 각 공화국의 인민위원회들에 완전한 독립성을 되돌려 주게 될지 그러지 않을지 예단할 수는 없다는 말입니다.

모스크바와 그 밖의 중심 도시에서는 당의 권한을 아주 신중하고 공명정대하게 행사한다면 당의 권위로 인민위원회들의 분권화와 업무 조정의 부재를 충분히 보완할 수 있음을 명심해야 합니다. 민족적 기관들과 러시아 기관들 사이의 통일성이 부족해 우리 국가에 미칠 수 있는 해악은, 우리뿐 아니라 전체 인터내셔널과 머지않은 장래에 역사의 무대에서 우리를 뒤따르게 될 수억 명의 아시아 민족들에게 끼칠 해악에 비하면 한없이 작은 것입니다. 동방이 마치 잠에서 깬 것처럼 역사의 무대에 오르려는 이때, 아주 사소한 것이더라도 우리 자신의 비러시아 민족들에게 무례하고 부당한 짓을 저질러 동방 민족들의 신뢰를 잃는다면, 그것은 용서받을 수 없는 기회주의일 것입니다. 자본주의 세계를 수호하고 있는 서방의 제국주의자들에 대항해 결집할 필요가 있습니다. 이 점은 의심할 여지가 없으며, 제가 그것을 무조건 지지한다는 것은 말할 필요도 없을 것입니다. 비록 하찮은 것이라 할지라도 우리 자신이 피억압 민족들에게 제국주의적 태도를 취하게 돼서 우리가 원칙에 충실하다는 것과 반제국주의 투쟁을 원칙 있게 옹호한다는 사실이 손상되고 만다면 그것은 또 다른 문제입니다. 그러나 제국주의의 억압을 받던 민족들이 각성해 마침내 일어나서 해방을 향한 길고 험한 투쟁을 단호히 시작하는 바로 그날, 세계사의 새로운 날이 시작될 것입니다.

레닌
1922년 12월 31일
M V가 기록

L D 트로츠키에게

극비

사신私信

친애하는 트로츠키 동지

동지가 당 중앙위원회에서 그루지야인들을 옹호해 주셔야 한다는 것이 제 간절한 요청입니다. 지금 스탈린과 제르진스키가 이 사건을 '심리'하고 있지만, 저는 그들이 공명정대할지 믿을 수 없습니다. 오히려 정반대라고 생각합니다. 동지가 이 일을 맡아 주신다면 저는 안심입니다. 어떤 이유로든 거절하시겠다면, 그동안 제가 드린 자료를 모두 돌려보내 주십시오. 그러면 동지가 받아들이지 않는 표시로 알겠습니다.

가장 동지적인 인사를 전하며,[8]

레닌

1923년 3월 5일

출처: Lenin, *Collected Works*, vol 45, p 607.

P G 므디바니, F Y 마하라제와
그 밖의 동지들에게

극비

트로츠키와 카메네프 동지에게 사본 보냄

동지들,

저는 진심으로 동지들의 처지를 이해합니다. 저는 오르조니키제의 무례함과, 스탈린과 제르진스키의 묵인에 분개하고 있습니다. 동지들에게 보낼 편지와 연설을 준비하고 있습니다.

삼가 레닌 드림

1923년 3월 6일

출처: Lenin, *Collected Works*, vol 45, p 608.

당에 관한 생각: 민족문제와 청년 당원 교육

트로츠키

오래전에 괴테는 낡은 진리는 계속해서 새롭게 정화돼야 한다고 말했습니다. 이것은 개인과 정당과 모든 계급에게 적용됩니다. 우리 당은 스스로 새롭게 거듭나야 합니다. 즉, 국가 발전 계획을 새로이 사고하고 실제 경험 속에서 의식적으로 그것을 점검해야 합니다.

우리 당의 국내 정책과 국제 정책은 모두 두 기본 축, 즉 서구 프롤레타리아의 혁명적 계급 운동과 동방의 혁명적 민족운동에 의해 결정됩니다. 청년 당원(사실은 당 전체)의 교육과 전 세계 프롤레타리아 운동의 실제 과정 사이에 강력하고 생생한 관계를 구축하는 것이 우리에게 얼마나 중요한지는 이미 밝힌 바 있습니다.(개인에 대한 교육과 마찬가지로 당에 대한 교육도 결코 끝나지 않습니다. 살

출처: Trotsky, *Pokolenie Oktyabrya* (Generation of October) (Moscow, 1924), pp 28~37.

아 있는 한 우리는 배웁니다.) 여기서 당의 방향성과 자기교육을 위해 적잖이 유용한 정치적 훈련을 할 수 있는 것이 민족문제에 대한 명확한 이해임을 말해야겠습니다. "적잖이"라고 하니까 [크게 유용하지는 않다는 것으로] 오해할 수도 있겠습니다. 어쨌든 서구에서 벌어지는 일은 프롤레타리아의 권력투쟁인 반면, 동방에서 벌어지는 일은 '대체로' 주로 농민으로 이뤄진 여러 민족을 외국의 멍에에서 해방하는 문제니까요. 물론 추상적으로 생각하면 이 두 운동은 상이한 사회발전단계에 속하지만, 역사적으로는 서로 연결돼 있으며 둘 다 동일한 강력한 적(제국주의)에 맞서고 있습니다. 그러니 우리가 혁명적 민족운동이라는 요소의 엄청난 중요성과 그 막대한 폭발력을 이해하지 못한다면, 오랫동안 아니 어쩌면 영원히 서구의 혁명운동과 우리 자신에 대한 신뢰를 형편없이 손상시킬 위험에 처하게 될 것입니다.[9]

우리 혁명의 경험을 통해 우리는 프롤레타리아와 농민의 올바른 관계, 즉 각각의 계급적 힘과 전 세계 혁명운동의 발전 과정에 조응하는 관계의 중요성을 완전히 파악했습니다. 우리는 모든 조건에서 '연대'라는[10] 개념을 적용하는 법을 배웠는데, 이는 우연이 아닙니다.(때때로 아주 부적절한 곳에도 이 개념을 적용한다는 점은 인정해야 합니다!) 그러나 우리는 기본적 문제를 완전히 파악하고 있습니다. 우리의 정부가 까닭 없이 노동자와 농민의 정부라고 불리는 것이 아닙니다. 우리 혁명의 성공이 프롤레타리아와 농민의 올바른 동맹에 달려 있다면, 세계혁명의 성공은 무엇보다 서유럽 프롤레타리아와 동방의 민족주의적·혁명적 농민의 올바른 동맹에 달려 있는 것입니다. 러시아는 프롤레타리아의 시구와 농민의 동방이 만나는 거대한 교차점인 동시에 시험장입니다.

그러나 러시아 자체에서는 프롤레타리아와 농민 사이의 관계 문제가 전혀 동질적인 것이 아닙니다. 문제의 한 측면은 대러시아 프롤레타리아와 대러시아 농민 사이의 관계입니다. 여기서 문제는 순전히 계급적 내용에 있습니다. 그 덕분에 과제가 분명하고 단순해서 해결하기가 더 쉽습니다. 그러나 우리 연방 국가에서 주도적 구실을 하는 대러시아 프롤레타리아와 아제르바이잔·투르키스탄·그루지야·우크라이나 농민 사이의 관계는 또 다른 문제입니다. 과거 억압받던 이 '변경 지대'에서는 모든 사회적·계급적·경제적·행정적·문화적 문제가 민족적 프리즘을 통해 첨예하게 굴절돼 나타납니다. 그곳에서는 프롤레타리아와 농민의 불화가 (수년간 우리가 적잖이 봤듯이) 불가피하게 민족적 색채를 띱니다. 이것은 과거 억압받던 민족의 프롤레타리아에게도 상당한 정도로 적용됩니다. 모스크바나 페트로그라드에서는 중앙과 지방, 도시와 농촌, 섬유 노동자와 금속 노동자 사이의 단순하고 실무적인 갈등으로 이해될 것들이 그루지야, 아제르바이잔, 심지어 우크라이나에서도 쉽사리 '강대국' 러시아와 약소민족의 요구 사이의 갈등이라는 형태를 띨 수 있습니다. 이것이 사실인 경우도 있고 그저 사실처럼 보이는 경우도 있을 수 있습니다. 우리의 첫째 임무는 그것이 사실이 되지 않게 막는 일이며 둘째 임무는 사실처럼 보이지 않게 막는 일입니다. 그리고 이것은 법과 행정적 수단, 무엇보다 당적 수단을 써서 어떤 대가를 치르더라도 완수해야 하는 매우 중대한 임무입니다.

농민에 대한 잘못된 정책이 가져올 위험한 결과는 어떤 것일까요? 농민이 프롤레타리아의 지도를 따르기를 그만두고 부르주아지의 지도력 아래로 들어갈 위험이 있습니다. 그러나 이런 위험은 차르 제국에서 억압받던 작고 낙후한 민족의 농민 대중(아직 미숙하고 수적으로 열세인 프롤레타리아도 어느 정도는)의 문제일 때에는 10배로 가중됩니다. 계급들 사이의 민족적 유대도 또한 연대이며, 그것은 흔히 역사상 매우 강력하고 완강한 연대로서 그 모습을 드러내기도 했습니다. 그루지야의 멘셰비키, 우크라이나의 페틀류라 세력, 아르메니아의 다시나크, 아제르바이잔의 무사바트[11] 등의 정당들이 각 민족의 오래된 역사적 원한을 악용했지만 우리는 해당 인민들의 민족적 요구에 올바른, 즉 정중하고 존중하는 태도를 보임으로써 그 정당들을 하찮은 존재로 전락시켰습니다. 반대로 과거 억압받던 민족의 완전하고 무조건적인 신뢰를 획득하는 것의 거대한 역사적 중요성을 이해하지 못하거나 불충분하게 이해한다면, 그 지역 노동 대중의 모든 요구, 모든 원한, 모든 불만이 민족적 저항의 색채를 띠게 될 것입니다. 그런 기초 위에서 민족주의 이데올로기가 부르주아지와 근로 민중 사이의 강한 '연대'를 창조(더 정확히는 재창조)해서 혁명에 대항하는 방향으로 나아가게 할 것입니다.

노동계급의 독재는 역사상 처음으로 민족문제를 올바르게 해결할 가능성을 열어젖혔습니다. 소비에트 체제는 이것에 아주 유리한 국가 구조를 확립하고 있습니다. 즉, 소비에트 국가 구조는 탄력적이고 복원력이 강한 동시에, 지금처럼 수없이 많은 회해할 수 없는 적들에게 포위돼 있는 우리 혁명의 구심력과 사회주의 경제계획에 필요한 것을 늘 표현할 수 있습니다. 그러나 우리가 민족문제를 이미 해결했다는 듯이 자만한다면 조잡한 자기기만에 빠져들 것입니다. 실제로, 흔히 이런 자기만족에는 강대국의 국수주의가 감춰져 있습니다(그것은 심지어 우리 당의 당원들 사이에서도 발견됩니다). 그것은 공격성을 드러내지 않고 잠재돼 있으며 방해받는 것을 싫어합니다. 민족문제는 모든 민족이 스스로 모국어라고 생각하는 언어로 세계 문화에 아무 제약 없이 접근할 수 있게 보장해 줌으로써만 그 '해결'이 보장될 수 있습니다. 이것은 우리 연방 전체의 거대한 물질적·문화적 진보를 전제로 하며 우리는 아직도 그런 진보에 전혀 다가가지 못하고 있습니다. 그런 진보가 이룩되는 시간을 자의적으로 단축하는 것은 우리 능력 밖의 일입니다. 그러나 한 가지, 우리가 할 수 있는 일이 있습니다. 만약 과거에 제정의 억압을 받던 낙후한 약소민족의 중요하고 무시할 수 없는 요구가 충족되지 않는다면 이것은 결코 무관심과 강대국의 편파성 때문이 아니라 전체 연방에 공통적인 객관적 조건에서 비롯한다는 점을 그 모든 민족에게 보여주고 입증하는 것입니다. 이는 강령적 선언이 아니라 일상의 국가 사업 속에서 이뤄져야 합니다. 이런 과제, 즉 약소민족의 완전하고 무조건적인 신뢰를 획득하는 것(약소민족 자신의 경험이 쌓여야 분명해집니다)은 우리 당의 가장 중요한 과제입니다.

소비에트연방에 사는 수많은 사람들의 의식 속에는 내전으로 말미암아 깊고 선명한 골이 패였습니다. 우리 당에 관한 한, 이 전쟁의 동기와 목적에 민족주의나 '제국주의'의 요소는 털끝만큼도 없었습니다. 그것은 본질적으로 계급 혁명전쟁이었으며, 이런 형태로 옛 차르 제국의 영토 전체와 때로는 심지어 옛 국경 바깥에서도 벌어졌습니다. 내전은 다른 각도에서 다른 방향으로 민족 집단들을 가로질렀고, 현 연방의 특정 부분에 심한 고통을 가하는 경우가 많았습니다. 이처럼 혁명을 수호하기 위해 매우 격렬하게 투쟁하는 동안, 전쟁의 법칙이 다른 모든 법칙보다 우선했습니다. 경제생활에 어떤 손상을 가져올지에 관계없이 다리가 파괴됐습니다. 여러 건물이 접수돼 군사령부와 병영으로 사용되면서 학생과 교사가 학교에서 쫓겨났습니다. 가혹한 군사 정치체제 아래에서 문화생활 일반과 특히 민족문화가 심한 피해를 입을 수밖에 없었습니다. 이것은 특수한 경우에 일부 적군赤軍 부대의 후진성, 그런 부대 안의 공산주의자 조직의 특정 부류가 품은 불순한 의도, 관련 정치위원들의 부적절한 조치 때문에 민족 감정과 정서가 무시되거나 심지어 짓밟혔다는 사실에서 비롯한 것입니다. 그러나 이것들은 모두 단편적이고 일시적인 현상이었습니다. 내전으로 말미암아 모든 민족의 노동 대중은 억압 계급에 맞선 투쟁 속에서 함께 피 흘리며 굳게 단결하게 됐습니다. 그러나 일반적으로 내전은 그 본질상 일상적 공존과 협력의 학교가 될 수는 없었습니다. 내전을 통해서는, 낙후한 소수민족의 주민이 옛 지배 민족의 주민과 형식적·'입법적' 원칙을 넘어서 실질적·물질적·도덕적으로 평등하게, 소비에트연방에 속함으로써 보장받을 수 있고 보장받아야 마땅한 유·무형의 그 모든 혜택을 누리는 데까지 나아갈 수는 없었습니다. 과거 억압받던 민족이 느끼는 민족적 원한과 분노는 수십, 수백 년 동안 누적돼 온 것입니다. 그리고 이런 유산은 여성의 차별받는 지위와 마찬가지로, 단순한 선언만으로 사라질 수 없습니다. 그 선언이 아무리 진실하고 법적 구속력이 있다 해도 말입니다. 여성이 일상생활에서, 매일매일의 경험 속에서 자신에 대한 외적 제한과 제약이 없어졌으며 여성을 업신여기고 깔보는 태도가 사라졌음을 느끼는 것이 필요합니다. 그와 정반대로, 여성은 자신에게 '권리'가 있을 뿐 아니라 여성이 더 높은 지위로 올라가도록 돕는 형제애적 협력이 주어지고 있음을 느낄 수 있어야 합니다. 옛 '지배' 민족의 의식 속에 근본적이고 돌이킬 수 없는 변화가 일어났음을 약소민족이 느끼게 해 주는 것이 필요합니다. '지배' 민족의 구성원이 실질적·도덕적 평등에서, 생생하게 살아 있는 민족적 형제애에서 일탈할 때에는 언제나 '지배' 민족 자신이, 즉 그 민족의 지배계급이 그것을 파괴와 배신 행위로 간주해 처벌할 것임을 약소민족이 느껴야 합니다. 바로 지금, 경제적·문화적 측면에서 더 조직적인 사업들이 착수됨에 따라, 약소민족들은 소비에트연방 정부의 일반적 경제·정치·법률·문화 정책들이 자신들에게 어떤 영향을 주는지, 즉 이 문제에 대해 우리 당이 기본적으로 어떤 방침을 실행하는지 주의 깊게 지켜볼 것입니다.

우리의 적들은 이 영역에서 자신들에게 유리한 기회를 잡으려 애

쓰고 있으며 앞으로도 그럴 것입니다. 그루지야에서 멘셰비키를 축출한 것을 그루지야 민족에 대한 억압으로 묘사하며 맹렬한 국제적 캠페인을 벌여 온 사회민주주의자들을 보십시오! 우리는 그루지야에서 제국주의의 하수인 노릇을 한 멘셰비키를 추방하는 것이 우리 혁명 전체의 생사를 가르는 문제이며 완전히 정당한 것임을 보였습니다. 우리에게 프롤레타리아 혁명의 목적과 결과가 억압받는 약소민족의 이익과 완전히 일치한다는 것은 의심할 여지가 없습니다. 그러나 살아 움직이며 투쟁하는 미완의 혁명은, 우리의 소망과 무관하게, 그 진행 과정에서 민족적 이익이나 감정과 충돌하거나 그것에 상처를 입힐 수도 있습니다. 분명히 [1921년] 적군赤軍의 그루지야 침공은 그루지야인들의 봉기를 지원하려는 것이었지만 국제 멘셰비키 돌팔이들은 그것을 소비에트 국가의 '약탈' 정책으로 해석했고 일부 그루지야 농민과 심지어 노동자도 그렇게 이해할 수 있었고 실제로 그렇게 이해했습니다. 이런 정서와 견해에 맞서 투쟁할 때는, 혁명을 가장 심각하게 위협한 세계 제국주의에게 그루지야 멘셰비키가 고의로 문을 열어 줬다는 증거 자료를 내보이는 것만으로는 절대적으로 불충분합니다. 적군에 대한 민족적 불신에 사로잡힌 일부 후진적인 그루지야 노동 대중의 특징은 유럽과 전 세계를 무대로 일어나는 혁명적 사건들의 중요성을 이해하지 못했다는 사실입니다. 우리가 확신할 수 있는 유일한 정책은 과거에 너무나 자주 모욕당해 왔던 그루지야 농민의 민족문화에 대한 관심, 민족 감정, 민족적 자존심이 이제는 객관적 상황 속에서 충족될 수 있음을 그들에게 행동으로 보여 주는 정책일 것입니다.

과거에 억압받은 경험 때문에, 혁명이 미래에 어떤 종류의 민족적 불평등도 재발하지 않도록 보장할 것을 (매우 정당하게) 요구하는 여러 민족 속에서 민족적 감수성과 심지어 불신이 악화될 수 있음을 우리는 예견할 수 있습니다. 이런 맥락에서 민족주의 경향(대체로 방어적 민족주의 경향)이 약소민족의 공산주의자들 속에서도 나타나거나 강화될 가능성이 꽤 높습니다. 그러나 일반적으로 그런 현상은 완전히 별개의 현상이 아니라 무언가에 대한 반응이고 징후입니다. 노동계급의 일각에서 나타나는 아나키즘·모험주의 경향이 노동자 조직 지도자들의 기회주의적 성격을 보여 주는 징후이고 그것의 결과이듯이, 소수민족 공산주의자들 속에서 나타나는 민족주의 경향도 국가기구 전반과 심지어 집권당 자체의 일각에도 강대국주의가 아직 근절되지 않고 남아 있음을 보여 주는 징후입니다.

대체로 당원 중 젊은 세대가 정치에서 민족문제를 직면해 본 적이 없기 때문에 이런 위험은 그만큼 더 큽니다. 제정러시아에서 이 문제는 혁명적 정당에게 불가피하게 민족적 억압이라는 형태로 제기됐으며 우리의 일상적 선동에서 중요한 구실을 했습니다. 당의 이론에서 민족문제는 큰 비중을 차지했습니다. '고참 당원'들은 이 모든 것을 겪었습니다(그들도 실수를 거듭하는 경우가 드물지는 않았지만 말입니다). 청년 당원들은 민족적 억압이 없는 나라에서 정치적 삶을 시작했습니다. 그들은 공화국의 군사 방위 문제를 알고 있으며 경제문제도 어느 정도는 압니다. 그러나 민족문제는 현실에서 거의 직면한 적이 없습니다. 그래서 그들에게는 민족문제가 가령 종교처럼 이미 해결된 문제로 여겨지기도 합니다. 그들은 그 문제에 대해 더 거론하고 생각해 볼 만한 것이 있느냐고 반문합니다.

낙후한 소수민족 안에서도, 프롤레타리아를 포함한 더 혁명적인 부류가 민족문제에 세심한 주의를 기울이지 않는 경우가 허다합니다. 러시아공산당을 충실히 지지하는 이 젊고 성실하고 열렬한 혁명가들은 일단 자신의 지평을 넓히고 나자, 눈앞의 민족문제를 해결해야 할 문제로 보지 않고 뛰어넘어야 할 단순한 장애물로 보는 경향이 있습니다. 자기 민족의 민족주의와 투쟁하는 것은, 그것이 비록 과거의 억압에서 비롯한 것이라 할지라도, 모든 곳의 혁명가들에게 중요한 과제임이 틀림없습니다. 그러나 과거의 억압에 의해 배양돼 온 문제라는 점에서 이 투쟁은 끈기 있는 선전의 성격을 띠어야 하며 민족적 요구를 무시하는 것이 아니라 사려 깊게 충족시키는 데 의존해야 합니다.

민족문제를 무시하는 태도는 때때로 꽤 오래된 동지들 사이에서도 발견되는데, 이 동지들은 민족문제가 우리의 "나로드니키적" 농업 강령이나[12] 신경제정책과 비슷한 일시적 "양보"라는 근거를 댑니다. 글쎄요, 이런 비교를 받아들이려면 조건이 붙어야 합니다. 민족문제에서 "양보"를 할 필요가 없다면, 사회주의 건설이 더 용이할 것임은 자명합니다. 즉, 과거에 민족 억압이 없었다면, 현재에 언어와 민족문화의 차이가 없다면 말입니다. 마찬가지로 수백만 명의 농민이 없다면 사회주의 건설이 더 용이할 것입니다. 더 나아가서, 아시아도 유럽처럼 자본주의적 계급투쟁의 격전장이 돼 있다면 프롤레타리아 혁명에 더 유리할 것이라고도 말할 수 있습니다. 그러나 문제를 그렇게 제기하는 것은 현실과는 전혀 동떨어진 것입니다. 본질적으로, 민족문제를 신경 쓰지 않거나 하찮게 여기는 태도의 이면에는 역사에 대한 혼란스럽고 현실과 동떨어진 합리주의적 태도가 은폐돼 있습니다. 이와 반대로, 우리 당의 빛나는 혁명적 현실주의는 사실을 있는 그대로 포착하고 혁명을 위해 그것들을 실천적으로 결합한다는 것입니다.

만약 10월 혁명을 앞두고 우리가 농민에게 눈을 돌리지 않았다면, 틀림없이 오늘날 사회주의에 한 걸음도 다가가지 못했을 것이고 소비에트 권력도 세우지 못했을 것입니다. 10월 혁명 후의 몇 년을 겪고서야 비로소 우리 당은 농민의 중요성을 완전히 이해하게 됐습니다. '고참 당원'들은 이론적으로만 알던 것을 실천적으로 이해하게 됐고, 청년 당원들은 실천적으로 그 문제에 직면하고는 이제 이론적으로 그 경험을 이해하고 있습니다. 민족문제 분야에서 당 전체를 위한 재교육 과정과 청년 당원을 위한 입문 과정이 의심할 나위 없이 필요합니다. 그리고 이 과정은 적절한 시기에 매우 엄격한 프로그램에 따라 시행돼야 합니다. 민족문제를 무시하는 사람은 누구나 그 문제의 수렁에 빠질 위험이 있기 때문입니다.

물론 민족적 요구에 사려 깊은 태도를 보이자는 것이 경제적 분리를 장려하자는 뜻은 결코 아닙니다. 그것은 지방('민족') 관료에게 유리할 수 있을 뿐 대중에게 유리한 것은 결코 아닙니다. 연방 전체에 걸친 집중화된 철도 행정이 철도에서 민족 언어들의 사용을 막는 것이 아님은 아주 당연한 일입니다. 그리고 자치의 요구와 계획을 평가할 때, [지방]정부 상급 관리의 순전히 관료적인 위신·서열·겉치레와 대중의 진정한 일상적·필수적 이해관계와 요구를 엄격하고 주의 깊게 구별해야 마땅합니다. 전자는 때때로 지방 주민에 대해서는 극도로 러시아화된 사람들이며, 동시에 중앙에 대해서는 분리주의자들입니다.

민족적·생산기술적 조건 때문에 집중화가 요구되는 한, 민족문화 영역에서의 가장 광범위한 독립성은 원칙적으로 경제 집중화와 완전히 양립할 수 있습니다. 그러나 민족문화의 분권화와 경제의 집중화를 국가 차원에서 조정하는 일은 실제 현실에서는 크고 복잡한 임무입니다. 이것을 집행하는 데는 심사숙고와 자제가 필요합니다. 의심할 여지 없이, 과거에 억압받았고 지금도 그 흔적이 아로새겨져 있는 민족들은 민족적 독립에 아무런 해가 없고 모두에게 행정적·경제적 이익을 가져다주며 기본적으로 집중화될 수 있는 분야들에서도 자치를 선호하는 태도를 보일 수 있습니다. 그러나 이처럼 미심쩍은 문제를 다룰 때조차 최소한 약소민족의 지도자들만이라도 집중화의 장점과 이익을 인식할 수 있도록 최선을 다하는 것이 무엇보다 필요합니다. 그러면 대중이 문제의 조치들을 중앙정부의 모종의 압력이 아니라 모두에게 이익이 되고 동의하에 실시되는 조치로 인식할 수 있도록 그들이 도울 수 있습니다. 정치적 문제를 합리주의적으로 사고해서는 안 되며 민족문제는 특히 그렇습니다.

마지막으로 두 가지만 이야기하겠습니다. 최근에 그다지 젊지 않은 어떤 공산당원에게, 혁명에서 민족적 요인의 중요성을 강조하는 것은 (곤혹스럽기는 하나 고백하건대) 멘셰비즘이고 자유주의라는 이야기를 들었습니다. 여기서 사물과 개념이 완전히 거꾸로 된다는 것이 무슨 뜻인지 볼 수 있지 않습니까! 민족문제에 대한 멘셰비즘의 태도는 바로 다음과 같은 것입니다. 멘셰비키는 권력에서 배제된 동안에는 문제를 날카롭게 파악하지 못한 채 민족적 감상에 빠지고 민주주의적 호소에 탐닉하다 급기야 피억압 민족의 반란을 부추깁니다. 민족 부르주아지가 위험에 빠지거나 멘셰비키 자신이 권력을 장악할 때는, 부르주아지에게 위임받은 강대국의 사명을 중요하게 여기고 그것에 대한 책임 의식으로 가득 차, 피억압 민족을 민족주의라고 비난하면서 억압적 중앙집권화 정책을 계속합니다. 볼셰비즘은 민족적 요인의 거대한 혁명적 의의를 계급적 관점으로 인식하는 법을 안다는 점에서 혁명적 통찰력을 보여 줬습니다. 볼셰비즘은 앞으로도 이런 정신과 방침을 따라 우리의 청년들을 교육할 것입니다.

1923년 3월 19일

후주

1장 영어판 편집자 머리말

1   *Leon Trotsky Speaks* (New York: Pathfinder Press, 1972), p 137.

2   *Collected Works*, vol 27, p 249.

3   Isaac Deutscher, *The Prophet Unarmed* (New York: Vintage, 1959), pp 47~48.

4   이 책 4장에 발췌 수록된 "중앙위원회 정치 보고".

5   같은 글.

6   같은 글.

7   *Soviet Russia* (New York, March 5, 1921), pp 226~227.

8   트로츠키의 10차 당대회 연설. Isaac Deutscher, *The Prophet Armed* (New York: Vintage, 1965), p 509에서 재인용.

9   Trotsky, *My Life* (New York: Pathfinder Press, 1970), p 479.

10 Moshe Lewin, *Lenin's Last Struggle* (New York: Random House, 1968), pp 146~147.

11 같은 책, pp 51~53.

12 *Collected Works*, vol 33, p 582.

13 이 책 6장에 수록된 "민족문제 또는 '자치공화국화' 문제".

14 Trotsky, *My Life*, p 484.

15 같은 책, p 486.

16 같은 책 p 481.

17 같은 책, p 481.

18 같은 책, p 482.

19 Trotsky, *Challenge of the Left Opposition*, vol 1 (New York: Path-finder Press, 1975).

20 E H Carr, *The Interregnum* (Baltimore: Pelican, 1969), pp 375~376.

21 소련에서 지하 출판물에 실린 "한 볼셰비키-레닌주의자의 회고"를 보라. 이것은 George Saunders ed, *Voices of the Soviet Opposition* (New York: Monad Press, 1974)로 출판됐다.

2장 레닌의 유언장

1 *Since Lenin Died* (London: Labor Publishing co, 1925), pp 30~31n.

2 Robert V Daniels, *Conscience of the Revolution* (New York: Simon and Schuster, 1960), p 179.

3 이것은 노동조합에 관한 토론을 언급한 것이다. 3장의 후주 17을 보라.

4 지노비에프와 카메네프는 1917년 10월 10일과 16일 볼셰비키 중앙위원회 회의에서 레닌이 무장봉기를 즉시 준비하자는 결의안을 냈을 때 이에 반대했다. 자신들이 반대했는데도 결의안이 통과되자, 그들은 멘셰비키 신문 〈노바야 지즌〉(새로운 삶) 10월 18일 자에 글을 발표해 봉기는 "자포자기 행위"라고 공격했다. 같은 날 레닌은 "볼셰비키 당원들에게 보내는 편지"에서 두 사람을 "파업 파괴자"라고 비난하고 당에서 제명하라고

요구했다(*Collected Works*, vol 26, pp 216~219).

3장 레닌의 유언장에 대해

1 *Collected Works*, vol 36, p 593 이하에 수록된 유언장을 보면, 유언장
   의 첫째 부분은 1922년 12월 24일과 25일에 구술됐으며 M 볼로디체바
   가 받아 적었다. 1923년 1월 4일에 추가로 구술된 부분은 레닌의 또 다
   른 비서인 L 포티예바가 받아썼다.

2 레닌은 1917년 11월 1일(14일) 볼셰비키 페테르부르크 위원회의 회의에
   서 이런 말을 했다(당시 러시아인들은 아직도 구식의 율리우스력을 사용
   했고 이것은 서구에서 사용되는 그레고리력보다 13일이 늦었으므로 날
   짜를 이중으로 기입했다). 이 회의의 회의록은 원래 1927년에 발간된 페
   트로그라드(페테르부르크) 위원회 회의록 자료집에 포함돼 있었으나 마
   지막 순간에 이 책에서 삭제됐다. 인쇄 과정의 교정지들이 반대파의 수
   중에 입수됐으며, 트로츠키는 그것을 자신이 망명 중에 편집한 러시아
   어판 반대파 기관지 〈뷸레텐 오포지치〉(반대파 회보)에 원본의 복사 사
   진과 함께 게재했다(*Biulleten Oppozitsii*, no 7, November–December
   1929, pp 31~37). 해설이 달린 영어본은 *The Stalin School of Falsifica-
   tion* (New York: Pathfinder Press, 1972), pp 101~123에서 찾아볼 수
   있다. 레닌의 이 연설은 *Collected Works*에는 실려 있지 않다.

3 "Greetings to Italian, French and German Communists", *Collected
   Works*, vol 30, pp 55~56을 보라. 강조는 트로츠키의 것.

4 우리는 유언이 구술됐으며 교정을 거치지 않았다는 점을 잊지 말아야
   한다. 그러므로 곳에 따라 이해하기 어려운 문체가 있다. 그러나 그 사상
   은 완전히 분명하다 — 트로츠키.

5 이것과 앞의 인용문들은 "Speech in Memory of Y M Sverdlov", *Col-
   lected Works*, vol 29, pp 89~94를 보라. 강조는 트로츠키의 것.

6 이 글에서 인용한 다른 많은 편지와 마찬가지로 이것도 내 문서 보관함
   에 있는 자료에서 인용했다 — 트로츠키. 이 편지는 Jan M Meijer ed,
   The Trotsky Papers (The Hague: Mouton, 1971), vol 2, p 647에 실려
   있다.

7 이 문건은 어디에 실려 있는지 확인되지 않았다.

8 이 책의 4장에 실린 "우리는 노농감사부를 어떻게 재조직해야 하는가?"
   를 보라.

9 이 전원회의는 실제로는 1922년 10월 6일에 열렸다.

10 주가시빌리는 스탈린의 본명이다.

11 출처 미상.

12 이 책의 4장에 실려 있다.

13 실제로는 다음 날인 3월 6일이었다.

14 1923년 3월 16일 자 편지에 들어 있는 포티예바의 진술서 전문을 보려
   면, Trotsky, *The Stalin School of Falsification*, p 70을 보라. Lewin,
   Lenin's Last Struggle, pp 155~156에 따르면, 소련의 마르크스-레닌주
   의 연구소는 이 편지가 존재한다는 사실을 인정하고 있으며, 포티예바가
   1923년 4월 16일에 이 편지를 정치국에 보냈다고 언급한다.

15 Stenographic Minutes of the Plenum, No 4, p 32.

16 1923년 3월 5일 자로 돼 있는 이 편지는 소련에서는 스탈린이 죽은 뒤
   처음 공개됐다. 이 책의 2장에 수록했다.

17 전시공산주의 시기에 볼셰비키는 노동의 군사화를 도입했다. 이 정책은
   필수적 경제 부문을 다시 가동시키기 위해 군사적 규율 아래에서 노동
   자들을 동원하는 것을 포함했는데, 1920년 트로츠키의 지도로 수행된
   철도 수송의 재조직 같은 몇 가지 괄목할 만한 성공을 거뒀다. 그러나 이
   정책은 노동조합의 권리들을 유보하는 내용을 담고 있었기 때문에 많은

노동조합 활동가들의 거센 반발을 샀다. 1920년 가을 러시아·폴란드 전쟁이 종결된 후, 레닌과 트로츠키는 이 정책을 어느 정도까지 추구해야 할지에 대해 의견이 달랐다. 트로츠키는 전시공산주의 체제에서는 모든 자원이 정부의 명령에 따라 국유화되고 배분되기 때문에 노동조합의 독자적 구실은 없다고 봤다. 비록 트로츠키는 전시공산주의 체제 전반에 대해 반대해 [이미] 그해 2월에 전시공산주의 체제를 신경제정책과 매우 흡사한 체제로 바꾸자고 제안한 적이 있었지만, 전시공산주의가 유지되는 한 그것을 일관되게 집행해야 한다고 주장했다. 레닌은 노동조합 정책이 불만을 사고 있음을 감지하고 제한 조치들을 완화하는 것이 정치적으로 필요하다는 것을 절감했다. 전시공산주의가 신경제정책으로 대체된 1921년 3월에 논쟁은 종결됐다.

18 *Collected Works*, vol 27, p 110을 보라. 거기에는 레닌의 발언이 라데크가 아니라 랴자노프에게 한 것으로 돼 있다. 이 인용문에 대한 다음의 설명은 듀이 위원회가 모스크바 재판에서 트로츠키에게 제기된 혐의를 조사해 1938년에 발표한 조사 보고서 *Not Guilty* (2nd ed, New York: Monad Press, 1972), p 199에 나온다. "이 인용문을 검토하면서 우리는 그것이 트로츠키가 언급했듯이 레닌의 *Collected Works*, State Publishers, 1925 (Vol XV, pp 131~132)에 나온다는 것을 발견했다. 1935년에 출판된 레닌의 《전집》 러시아어 3판에서 라데크의 이름이 있던 자리에 랴자노프의 이름이 대신 들어갔다(Vol XXII, p 331). 《전집》 편집자들은 이런 변화를 설명하지 않고 있으며, 하다못해 이전의 판들에서는 랴자노프의 이름 자리에 라데크의 이름이 있었다는 것을 언급조차 하지 않는다."

19 앞서 인용한 Stenographic Minutes를 보라.

20 이 진술서들의 전문은 러시아어 원본의 복사 사진과 함께 *The Stalin School of Falsification*, pp 92~96에 실려 있다.

4장 관료주의

1 Jan Meijer ed, *The Trotsky Papers* (The Hague: Mouton, 1971), vol 2, pp 712~713.

2 빈농위원회는 부농(쿨락)에게서 곡식을 징발해 적군(赤軍)을 지원한 전시공산주의 시기의 초기에 조직됐다. 이것은 부유한 농민에 맞서 땅 없는 농업 노동자와 빈농을 지원하는 볼셰비키 정책의 일부였다.

3 레닌은 '국가자본주의'란 용어를 그가 본문에서 설명하듯이 매우 특수한 방식으로 사용했다. 그 후 다른 사람들은 그 용어를 독일과 이탈리아 파시즘의 '[국가]조합주의' 경제와 1930년대 소련의 관료화된 경제를 특징 짓는 용어로 사용했다.

4 이것은 11차 당대회(1922년 3월 27일부터 4월 2일까지)에서 논의된 경제 위기를 가리킨다. 프레오브라젠스키가 중앙위원회에 정치국·조직국과 비슷하게 경제국을 설치하자고 제안한 것에는 이런 맥락이 있었다. 이 제안은 부결됐다.

5 그 글은 바로 앞에 실린 "노농감사부를 어떻게 재조직해야 하는가?"이다. 레닌은 라브크린의 직원 규모를 300~400명으로 축소해야 한다는 자신의 제안을 언급하고 있다.

6 페트로그라드(레닌그라드)에서 동쪽으로 110킬로미터가량 떨어진 볼호프강의 발전소 건설 공사는 1918년에 착수됐다. 공사는 내전으로 중단됐다가 1926년에야 완성됐다. 이 발전소는 레닌수력발전소로 명명됐다.

7 바로 앞에 실린 "느릿느릿 걸어도 황소걸음으로"를 가리킨다. 소련의 국가기구에 대해 제정에게 물려받아 "소비에트 스타일로 기름칠되고 색칠됐을" 뿐이라고 묘사한 것은 라브크린을 다룬 레닌의 첫 글 "우리는 노농감사부를 어떻게 재조직해야 하는가?"에서 인용한 것이다.*

---

* 영어판 편집자가 착각한 듯하다. 이것과 가장 비슷한 표현은 이 책의 6장에 실린

8 '노동자의 진실' 그룹은 1921년경 볼셰비키 당내에서 나타난 작은 분파다. 그 그룹은 관료주의를 비판했을 뿐 아니라 신디컬리즘적이고 반쯤 아나키즘적인 노동조합 요구를 옹호했다.

9 "공손함과 정중함은 일상적 관계를 부드럽게 하는 필수적인 것이다"라는 제목의 이 글은 트로츠키의 *Problems of Everyday Life and Other Writings on Culture and Science* (New York: Monad Press, 1973)에 수록돼 있다.

10 "느릿느릿 걸어도 황소걸음으로"에서 "덧붙여 말하면 관료는 소비에트 사무실에만 있는 것이 아니라 우리 당의 사무실에도 있습니다" 하고 말한 것을 가리킨다.

11 두마는 1905년 혁명의 압력하에 차르 니콜라이 2세가 만든 순전한 '자문' 기관 성격의 의회였다. 3차 두마는 1905년 혁명의 파고가 가라앉은 1907년 9월에 소집됐다. 레닌은 이 가짜 의회에 대한 보이콧을 주장하는 사람들에 반대해 참가할 것을 옹호했다.
  브레스트리토프스크는 러시아와 폴란드의 국경 지대에 있던 작은 도시로, 1918년 3월 러시아와 독일 간에 강화조약이 체결된 곳이다. 강화조건이 신생 소비에트 정부에게 대단히 불리했기 때문에, 레닌의 강화 찬성 제안이 채택되기 전에 소비에트 정부 지도자들은 강화조건을 받아들일지를 둘러싸고 서로 첨예한 견해차를 보였다. 1918년 11월 독일 혁명과 독일의 제1차세계대전 패배로 말미암아, 소비에트 정부는 독일과의 강화조약을 통해 상실했던 영토를 대부분 되찾을 수 있었다.
  리하르트 폰 퀼만(1873~1948)은 독일의 외무부 장관(1917~1918)이었다. 그는 브레스트리토프스크에 파견된 독일 대표단의 수뇌였다. 체르닌 백작(1872~1932)은 오스트리아·헝가리 제국을 대표해 브레스트리토프스크에 파견된 오스트리아·헝가리 제국의 외무부 장관(1916~1918)이었다.

레닌의 "민족문제 또는 '자치공화국화' 문제"에 나온다.

12 서방 진격 작전은 러시아와 폴란드 사이에 일어난 전쟁을 가리킨다. 1920년 4월에 폴란드 군대가 영토를 탈취하기 위해 우크라이나 지방을 침공했다. 적군(赤軍)은 침략군을 몰아내는 데 성공했지만, 서방으로 계속 진격해 바르샤바를 장악하려 한 시도는 소비에트 군대의 완패로 막을 내렸다. 그해 10월에 휴전이 선포됐고 리가 조약(1921년 3월)으로 전쟁은 공식적으로 끝이 났다.

루르 위기는 독일 정부가 베르사유조약에 따라 결정된 제1차세계대전 배상금의 지불을 이행하지 않는 것을 이유로 프랑스가 독일의 중공업 지대인 루르 지방을 점령한 1923년 1월에 발생했다. 이에 따른 경제적·사회적 위기로 말미암아 1923년 독일 혁명이 일어났다.

5장 대외무역의 독점

1 스탈린의 메모는 Lewin, *Lenin's Last Struggle*, pp 151~152에 실려 있다.

2 *Collected Works*, vol 45, p 601n.

3 *Collected Works*, vol 33, pp 455~459.

4 *Stalin School of Falsification*, p 59.

5 합작 회사는 소련 정부와 외국인 투자가가 참여하는 합작 기업이다. 이 모험적 사업은 원자재 생산 분야에 집중됐다. 외국인 투자가들은 자본을 댔고 소련 정부와 똑같이 이윤을 나눠 가졌다. 소콜니코프는 외국자본의 직접적 개발을 허용하고, 공평한 이윤 분배 대신에 '수출관세'를 부과하자고 제안했다.

6 레닌의 본명은 블라디미르 일리치 울리야노프다. 그는 지하 정치 출판물에서는 N 레닌이나 니콜라이 레닌이라는 이름을 사용했다. 혁명 후에는 본명을 사용하면서 더 익숙한 이름인 '레닌'을 뒤에 덧붙이는 경우가 많았다.

7 1914년 차르 정부는 전쟁에 전력을 기울이기 위해 금주를 장려하려고

주류 국가 독점을 폐지하고 금주령을 내렸다. 볼셰비키 정부는 전통적으로 대중 사이에 만연한 알코올의존증을 퇴치하기 위해 금주령을 유지했다. 레닌과 특히 트로츠키는 세수를 확보하기 위한 주류 국가 독점 부활에 반대했다(Trotsky, "Vodka, the Church, and the Cinema", *Problems of Everyday Life*, pp 25~30를 보라). 금주령은 1925년에 해제됐다.

8 "제 요구입니다"의 러시아어 원문은 "ya by ochen prosil Vas …"(*Sochineniya*, vol 54, p 324)로서, [3장에 나오는] 트로츠키의 기록("진지하게 요청합니다")과 일치한다.

9 레닌은 의사의 지시에 따라 모스크바를 떠나 고르키로 요양하러 갈 준비를 하고 있었다. 수도에서 남쪽으로 27킬로미터 떨어진 마을이었다.

10 이 개요는 *Collected Works*, vol 36, pp 588~589에 실려 있다.

11 *Collected Works*의 편집자는 "이 편지는 발견되지 않았다"고 주석을 달고 있다(vol 45, p 756, note to p 604). 이 편지는 *The Trotsky Papers*, vol 2, pp 786~787에 사본이 실렸다. 프룸킨은 레닌이 참여할 수 있도록 독점 문제에 관한 토의를 다음 전원회의 때까지 연기하자는 제안이 있다고 보고한다. 프룸킨은 다음과 같이 불안감을 내비친다. "이 문제를 마무리 짓는 것이 절대로 필요하다고 생각합니다. 상황의 불확실성이 조금이라도 더 지속된다면 모든 일이 엉망이 될 것입니다." [레닌의] 편지에서 알 수 있듯이, 레닌도 프룸킨과 마찬가지로 상황의 긴박성을 느끼고 있었다. 독점 문제가 미결정 상태로 있는 한, 외국 무역상들은 독점이 약화되거나 폐기될 경우 더 유리한 여건이 조성될 것을 기대하면서 무역 협정을 맺는 것을 기피하려 들 것이 뻔했다.

6장 민족문제

1 *The Stalin School of Falsification*, p 70을 보라.

2 *The Stalin School of Falsification*, p 65를 보라.

3 멘셰비키가 망명 중에 베를린에서 발행한 정기간행물 《소치알리스티체스키 베스트니크》(사회주의 메신저)가 레닌의 민족문제에 관한 편지 전문을 공개했다(*Sotsialisticheskii Vestnik*, Dec 17, 1923, issue nos 23~24). 하버드대학교 도서관에 소장돼 있는 트로츠키의 문서 속에 이 잡지의 해당 호가 있다. 트로츠키는 스탈린의 왜곡을 밝힐 때, 자신이 가진 자료 가운데 충분히 신뢰할 수 있는 것만 사용하기를 원한 것으로 보인다.

4 러시아어로는 더 강한 표현을 쓰고 있다. "강력히 비난받아야(silno vinovat) 한다고 생각합니다."

5 이 책의 2장에 수록돼 있는 "당대회에 보내는 편지" Ⅲ절(1922년 12월 26일 자)을 참조할 것.

6 제르진스키는 폴란드 출신이었다.

7 속기본에는 이어서 다음과 같은 구절이 적혔다가 지워져 있다. "저는 우리 동지들이 이 중요한 원칙상의 문제를 충분히 연구하지 않았다고 생각합니다"(*Collected Works* 편집자 주).

8 러시아어로는 S nailuchshim tovarishcheskim privetom. 트로츠키가 진술한 것과 일치한다.

9 러시아의 서쪽에 있는 유럽에서도 민족문제는 혁명에서 여전히 커다란 구실을 할 것입니다. 그에 대해서는 폴란드, 루마니아, 발칸제국, 중부 유럽 전체를 언급하는 것으로 충분할 것입니다. 그러나 이 글에서는 혁명의 기본 노선만 고려할 것입니다 — 트로츠키.

10 스미치카(smychka, 연대)란 말은 소비에트 국가의 기초를 이루는 노동계급과 대다수 농민 사이의 동맹이나 연대를 의미하는 것으로 사용됐다. [이 본문을 직역하면 다음과 같은 뜻이다.] "모든 격(格)에서 스미치카라는 단어를 격변화시켜 사용한다." 라틴어와 마찬가지로 러시아어에는 문장에서 단어들 사이의 문법적 관계를 나타내는 복잡한 명사 격변화 체계

가 있다.

11 멘셰비키는 1918~1921년에 그루지야의 집권당이었다. 그들은 반(反)볼
셰비키 감정을 부추기기 위해 대러시아 국수주의에 대한 그루지야인들
의 원한을 이용했다. 동시에 그루지야에서 자본주의적 소유관계를 그대
로 유지시켰고, 프랑스·영국의 반혁명 군대와 협력했다. 우크라이나의
페틀류라 세력은 부르주아 민족주의 지도자 시몬 바실료비치 페틀류라
(1877~1926)의 추종자들이었다. 페틀류라는 볼셰비키에 반대한 부르주
아 정부인 우크라이나 중앙 라다(평의회라는 뜻)의 우두머리였다. 러시
아·폴란드 전쟁 기간에는 피우수트스키 휘하의 폴란드 편에서 싸웠다.
페틀류라는 1922년* [폴란드와 러시아 사이에] 리가 협정이 체결된 후
파리로 건너갔으나, 내전 중 자신의 군대가 자행한 포그롬(유대인 대량
학살)에 대한 보복으로 1926년 숄렘 슈바르츠바르트에게 암살됐다. 아르
메니아의 다시나크 당원들은 1890년 설립된 다시나크추티움, 즉 아르메
니아혁명연합의 구성원들이다. 러시아 사회혁명당의 강령과 유사한 민주
주의 강령을 가지고 있었다. 1918년 5월 아르메니아에 정부를 수립하고
연합국의 공식 승인을 받았다. [1921년] 그루지야 사태가 일어났을 때 소
비에트들에 맞서 반란을 일으켰으나 분쇄됐다. 아제르바이잔의 무사바
트(평등)는 1912년 건설된 정당이다. 강령은 범이슬람주의에 기초를 뒀
지만, 시간이 지나 1919년에는 민주주의적 권리에 약간의 강조점을 뒀다.
소비에트아제르바이잔이 건설된 후, 무사바트는 지하로 들어가 수년간
활동을 계속했다.

12 우리의 "나로드니키적" 농업 강령. 나로드니키, 즉 나로드나야 볼랴(민중
의 의지) 당은 지식인에 기반을 둔 민중주의 정당이었다. 훗날 이들의 일
부가 사회혁명당을 결성했는데, 이 당은 급진적 토지개혁을 주장했다. 2
월 혁명 후 구성된 임시정부에서 사회혁명당이 자신들의 강령을 이행하

---

* 1921년의 오기인 듯하다.

지 않자, 이 당의 좌파가 떨어져 나와 10월 혁명 이후 초대 정부를 볼셰비키와 함께 구성했다. 이 연립정부가 시행한 최초의 정책 하나가 사회혁명당의 "나로드니키적" 농업 강령을 실행하는 것이었다.

인물 설명

글랴세르, 마리야 이그나티예브나(1890~1951) 1917년 볼셰비키에 입당. 1918~1924년에 인민위원위원회 서기국에서 일했다. 레닌의 개인 비서 중 한 사람이고 나중에는 레닌연구소에서 일했다.

라데크, 카를 베른가르도비치(1885~1939) 제1차세계대전 이전에는 폴란드와 독일의 사회민주당에서 활동했다. 1917년 4월 레닌과 함께 러시아로 돌아와 볼셰비키에 입당했다. 내전 기간에는 외교 분야에서 활동했으며, 1923년 혁명 때는 독일에 파견된 코민테른 대표였다. 좌익반대파의 일원으로서 1927년 12월 당에서 제명됐으나 곧 굴복하고 복권됐다. 1930년대 초에는 스탈린주의 외교정책을 언론을 통해 설명하는 일을 했다. 2차 모스크바 재판(1937년 1월)에서 10년 형을 선고받고 십중팔구 감옥에서 사망한 듯하다.

라콥스키, 흐리스티안 게오르기예비치(1873~1941) 제1차세계대전 이전 발칸제국 혁명운동의 지도자. 1918년 우크라이나 소비에트의 의장이 됐고 그 후 런던·파리 주재 소련 대사를 역임했다. 좌익반대파의 초기 지도자였으며 1927년 당에서 축출돼 시베리아로 유배됐다. 1934년에 굴복했다. 1938년 3차 모스크바 재판의 주요 피고인 가운데 한 사람이었으며 거기서 20년 형을 선고받고 감옥에서 사망했다.

루트비히, 에밀(1881~1948) 독일의 전기 작가이자 극작가. 1907년 스위스로 이주했다. 제1차세계대전 때는 종군기자로 일했다. 나치가 그의 작품을 불태웠다.

리코프, 알렉세이 이바노비치(1881~1938) 1899년 러시아사회민주노동당에 입당. 레닌의 뒤를 이어 정부 수반이 됐다. 신경제정책 기간에는 부하린과 함께 당의 우파 경향을 이끌었다. 1930년 총리직에서 쫓겨났다. 3차 모스크바 재판(1938년 3월)의 피고인이었다. '자백'한 후 처형됐다.

마하라제, 필리프 예세예비치(1868~1941) 1903년 러시아사회민주노동당에 입당. 1921년 3월부터 1922년 2월까지 그루지야 혁명위원회 의장을 지냈다. 1922년부터 그루지야 중앙집행위원회 의장을 지냈다. 숙청은 모면했다.

몰로토프, 뱌체슬라프 미하일로비치(1890~1986) 1906년 러시아사회민주노동당에 입당. 1921년 정치국 후보위원이 됐고 1926년 정치국원이 됐다. 정치투쟁에서 일관된 스탈린 지지자였다. 1930년에 인민위원회 의장이 됐고 1939년에는 외무 인민위원도 맡았다. [흐루쇼프 시대인] 1957년에 '스탈린 격하' 운동에 반대했다가 중앙위원회에서 탈락해 외몽골 주재 대사가 됐다. 1960년에는 오스트리아 빈에 있는 국제원자력기구의 소련 대표로 임명됐다. 22차 당대회(1961년)에서 그를 당에서 제명하자는 권고안이 통과됐다. 1962년 공직에서 은퇴했다.

므디바니, 폴리카르프 구르게노비치(부두)(1877~1937) 1903년에 러시아사회민주노동당에 입당. 내전 기간에는 제10군 정치부장이었다.

1920~1921년 볼셰비키 중앙위원회 캅카스 사무국의 일원이었다. 1924년 프랑스에 소비에트 무역대표부를 설립했다. 1928년 '트로츠키주의 반대파 활동'을 했다는 혐의로 제명됐다가 1931년 복권됐다. 1931~1936년에 그루지야 인민위원회의 경공업 인민위원과 초대 부의장을 지냈다. 1936년 '해당 행위'를 한 혐의로 또다시 당에서 축출됐다. 1937년 체포돼 비밀재판을 받고 처형됐다.

볼로디체바, 마리야 아키노브나(1881~?) 1917년 볼셰비키에 입당. 10월 혁명 이후 1918년 7월까지 인민위원회 출판국 서기였다. 레닌이 와병 중일 때 개인 비서로 일했다.

부하린, 니콜라이 이바노비치(1888~1938) 1906년 볼셰비키에 입당. 1918년에 '좌파 공산주의' 그룹의 대변자였으나 레닌 사후에는 부농에 친화적인 우파 경향의 주된 이론가로 떠올랐다. 1926~1929년에 지노비예프의 후임으로 코민테른 의장을 지냈다. 1928년에는 스탈린의 강제 농업 집산화와 강제 공업화에 반대해 우익반대파를 조직했다. 1929년에 우익반대파가 분쇄되고 부하린도 굴복할 수밖에 없었다. 1938년 3월 모스크바 재판의 피고인이었다. 혐의 사실을 '자백'하고 총살당했다.

소콜니코프, 그리고리 야코블레비치(1888~1939) 1905년 러시아사회민주노동당에 입당. 브레스트리토프스크 강화 협상에서 소비에트 대표단의 일원이었다. 1922~1926년에 재무 인민위원이었다. 반대파 그룹의 일원이었으나 [트로츠키와 지노비예프·카메네프가 일시적으로 동맹한] 통합반대파에는 참여하지 않았다. 1927~1933년 런던 주재 대사였다. 1936년 당에서 제명되고 체포됐다. 2차 모스크바 재판

(1937년 1월)에서 10년 형을 선고받았다. 감옥에서 사망하거나 처형
됐다.

스미르노프, 알렉산드르 페트로비치(1877~1938) 1896년에 러시아 사회민
주주의 운동에 참가했다. 10월 혁명 후 내무 부ﾙ인민위원과 식량 부
ﾙ인민위원을 역임했다. 1933년 스탈린을 제거하려고 만들어진 '반
당 그룹'을 조직한 혐의로 기소됐다. 중앙위원회에서 탈락했고 나중
(1934년 12월)에 당에서도 제명됐다. 그의 이름은 모스크바 재판에
서 피고인들에게 끌어낸 '자백'에서 여러 차례 등장했으나 그 자신은
피고석에 앉지 않았다.

스베르들로프, 야코프 미하일로비치(1885~1919) 1901년 러시아사회민주
노동당에 입당. 볼셰비키에서 가장 능력 있는 조직가 가운데 한 명이
었다. 1917~1919년에 중앙위원회 서기국을 이끌었다. 1917년 11월부
터 전 러시아 중앙집행위원회 의장을 지냈다.

스토모냐코프, 보리스 스피리도노비치(1882~1941) 1902년 러시아사회민
주노동당에 입당. 1920~1925년에 베를린 주재 소련 무역대표부를
이끌었다.

아바네소프, 바를람 알렉산드로비치(1884~1930) 1903년 러시아사회민주
노동당에 입당. 1917~1919년에 전 러시아 중앙집행위원회 상임간부
회의 서기를 지냈다. 1920~1924년 라브크린 부ﾙ인민위원을 지냈다.

예르만스키 O A(1866~1941) 1918년에 멘셰비키 중앙위원이었다. 1921
년 멘셰비키를 탈당하고 모스크바에서 과학 연구에 종사했다.

옐친, 보리스 미하일로비치(1879~1937?) 1899년 러시아사회민주노동당

에 입당. 1917년 예카테리노슬라프[지금의 드네프로페트롭스크] 소비에트 의장이었다. 좌익반대파의 일원이었다. 1928~1929년에 아직 체포되지 않은 반대파 소그룹을 지도했다. 마찬가지로 반대파인 두 아들과 함께 체포돼 강제 노동 수용소에서 행방불명됐다.

옐친, 빅토르 보리소비치(생몰년 불명) 보리스 옐친의 아들. 1927~1928년 트로츠키의 비서 중 한 사람. 아버지와 동생과 함께 체포돼 5년간 복역한 후 아르한겔스크로 추방됐다. 그 뒤의 운명은 알려져 있지 않다 [1938년 보르쿠타에서 총살당했다].

오르조니키제, 그리고리 콘스탄티노비치(세르고)(1886~1937) 1903년 러시아사회민주노동당에 입당. 내전 때는 군사 분야에서 활동했다. 스탈린의 절친한 친구이자 정치적 지지자였다. 1926년부터 중앙통제위원회와 라브크린의 의장을 맡았다. 1930년부터는 최고경제위원회 의장을 맡았다. 숙청을 계속하는 데 반대한 것으로 알려져 있으며 의문사했다.

올덴부르크 S S(1940년 사망) 1922년 프라하에서 발간된 백위군 잡지인 《루스카야 미슬》(러시아의 정신)의 정치부 기자.

울리야노바, 마리야 일리니치나(1878~1937) 레닌의 누이동생. 1898년 러시아사회민주노동당에 입당했다. 1917년 3월부터 1929년 봄까지 〈프라우다〉 편집국원이자 사무국원이었다. 1928~1929년 스탈린에 반대해 부하린을 지지했고 〈프라우다〉에서 해임됐다.

이스트먼, 맥스(1883~1969) 제1차세계대전 전에는 《매시스》(대중)의 편집자였고 그 후에는 《리버레이터》(해방자)의 편집자였다. 어느 정당의 당원도 아니었으나 러시아 좌익반대파의 초기 후원자였다. 트로츠키의 저서를 몇 권 번역했고 최초로 트로츠키와 스탈린의 투쟁을 미국에 소개했다. 1930년대 중엽에 마르크스주의에서 멀어지기 시작해, 1940년 사회주의와 결별했다. 반공주의자가 돼서 《리더스 다이제스트》를 편집했다.

제르진스키, 펠릭스 예드문도비치(1877~1926) 폴란드·리투아니아왕국사회민주당의 창립자 중 한 명. 1906년 러시아사회민주노동당의 중앙위원으로 선출됐다. 혁명 후에 '반혁명과 사보타주에 맞서 투쟁하는 전 러시아 비상위원회'(체카)를 조직하고 그 의장이 됐다.

지노비예프, 그리고리 옙세예비치(1883~1936) 1901년 러시아사회민주노동당에 입당. 제1차세계대전 기간에 레닌의 가장 절친한 동료였다. 10월 봉기를 감행하려는 중앙위원회 결정에 카메네프와 함께 반대했고, 멘셰비키의 기관지나 다름없는 신문에 그 같은 취지의 성명을 발표했다. 레닌 사후 3두 지배 체제(지노비예프·카메네프·스탈린)의 지도자로 여겨졌다. 1925년 스탈린과 결별하고 1926년 트로츠키의 좌익반대파에 참여해 통합반대파를 형성했다. 15차 당대회(1927년 12월)에서 제명돼 시베리아로 추방됐다. 1928년에 스탈린에게 굴복하고 재입당했다. 1932년에 다시 제명당하고 또다시 굴복했다. [레닌그라드 당 조직의 우두머리인] 세르게이 키로프가 암살당한 후인 1935년 날조된 살인공모죄로 10년 징역형을 선고받았다. 1차 모스크바 재판(1936년 8월)의 주요 피고인이었으며, 범죄 사실을 '자백'한 후 처형됐다.

츄루파, 알렉산드르 드미트리예비치(1870~1928) 1898년 러시아사회민주노동당에 입당. 1922~1923년 라브크린 인민위원을 지냈다.

1923~1925년 고스플란 의장을 맡았다. 1925~1926년 내국·외국 무역 인민위원이었다. 1923년부터 볼셰비키 중앙위원이었다.

친차제, 코테 막시모비치(1887~1937?) 1904년 러시아사회민주노동당에 입당. 캅카스에서 활동했다. 그루지야에 소비에트 권력이 수립된 후 그루지야 체카 의장, 그루지야공산당 중앙위원, 그루지야 공화국 중앙집행위원을 역임했다. 1927년 좌익반대파로 몰려 당에서 제명돼 시베리아로 추방됐다. 소련 공식 문서에는 1930년 사망했다고 적혀 있으나, 1933년까지 베르흐네우랄스크 감옥에 생존해 있었다는 이야기가 전해진다. 같은 이야기에 따르면, 1937년 스탈린의 명령에 따라 총살됐다고 한다.

카메네프, 레프 보리소비치(1883~1936) 1901년 러시아사회민주노동당에 입당. 제1차세계대전 이전에는 볼셰비키 두마 의원단을 이끌었다. 1914년 11월 체포돼 시베리아로 유배됐다. 1917년 2월 혁명 후 페트로그라드로 돌아와서, 4월에 레닌이 귀국할 때까지 스탈린과 함께 볼셰비키를 지도했다. 지노비예프와 함께 10월 봉기에 반대했다. 레닌 사후 지노비예프·스탈린과 함께 3두 체제를 이뤘다. 1926~1927년 지노비예프를 따라 트로츠키와 함께 통합반대파를 형성했다. 1927년 12월에 당에서 제명당했으나 자기 신념을 철회하고 재입당했다. 1932년 다시 제명됐으나 자기 신념을 또다시 철회하고 재입당했다. 키로프 암살 사건 후 1935년에 암살자와 "도덕적 공모"를 했다는 죄목으로 징역 5년 판결을 받았다. 1936년 1차 모스크바 재판에 다시 소환돼 혐의 사실을 '자백'한 후 처형됐다.

카바니제 L A 포티예바는 자신의 회고록 *Iz Vospominaniy o Lenine*

(Moscow: Gosizdat, Polit Lit, 1964), p 75에서 카바니제를 오르조니키제가 구타한 그루지야 반대파의 일원이라고 확인했다.

칼리닌, 미하일 이바노비치(1875~1946) 1898년부터 활동. 최초의 비합법 마르크스주의 학습 모임의 일원이었다. 1919년 전 러시아 중앙집행위원회 의장이자 볼셰비키 중앙위원이 됐다. 숙청을 모면했다. 1938~1946년에 소비에트사회주의공화국연방 최고 소비에트 상임간부회 의장이었다.

캅타라제, 세르게이 이바노비치(1885~1971) 1903년 러시아사회민주노동당에 입당. 1917년에 그루지야 볼셰비키 지도자였으며 볼셰비키 신문 편집자였다. 그루지야에 소비에트 권력이 수립된 후 법무 인민위원이었다. 1922~1923년에 그루지야 인민위원회 의장이었다. 좌익반대파를 지지해서 1927년 당에서 축출돼 시베리아로 유배됐다. 세르게이 키로프 암살 사건(1934년) 이후 스탈린에게 개인적으로 보낸 편지에서 자신의 견해를 철회하고 사면됐으나 재입당하지는 않았다. 1936년에 다시 체포돼 부두 므디바니와 함께 스탈린 살해 음모 혐의로 고발됐다. 1936년 마린스크와 콜리마의 강제 노동 수용소에 수감됐다고 전해졌다. 1940년 복권돼 외무 인민위원 보좌관이 됐다. 제2차세계대전 후에는 루마니아 주재 소련 대사를 역임했다.

케르젠체프, 플라톤 미하일로비치(1881~1940) 1904년 러시아사회민주노동당에 입당. 1918~1920년 [소비에트 기관지] 〈이즈베스티야〉의 부편집자였다. 외교관으로 일했다. 1923~1924년 '노동의 과학적 조직화를 위한 라브크린 위원회'의 위원장이었다. 1923년 노동의 합리화를 촉진하기 위해 '시간 동맹'과 잡지 《브레먀》(시간)를 설립했다.

쿠이비셰프, 발레리안 블라디미로비치(1888~1935) 1904년 러시아사회민주노동당에 입당. 내전 동안 군사·외교 분야에서 활동했다. 1922년 볼셰비키 중앙위원에 선출됐다. 1923년 중앙통제위원회의 우두머리가 됐고 나중에 라브크린도 이끌었다. 1927년에는 정치국원이 됐다. 1934년에는 정치체제 자유화를 지향하는 그룹의 일원이었다고 전해진다. 자연사한 것으로 보이는데도, 3차 모스크바 재판(1938년 3월)의 피고인들은 쿠이비셰프를 살해한 혐의로 기소됐다.

크레스틴스키, 니콜라이 니콜라예비치(1883~1938) 1903년 러시아사회민주노동당에 입당. 1919년 12월부터 1921년 3월까지 볼셰비키 중앙위원회 서기였다. 1921년 10월부터 독일 주재 러시아연방 대사를 지냈다. 3차 모스크바 재판(1938년 3월)의 주요 인물이었다. 처음으로 '자백'을 거부해 논란을 일으켰다. 1938년 처형됐고, 사후 '스탈린 격하' 운동 기간에 복권됐다.

크룹스카야, 나데즈다 콘스탄티노브나(1869~1939) 1898년 러시아사회민주노동당에 입당. 레닌의 아내이자 정치적 동반자였다. 혁명 전에는 볼셰비키 신문 편집국에서 일했으며, 혁명 후에는 공공 교육 분야에서 일했다.

크르지자놉스키, 글레프 막시밀리아노비치(1872~1959) 1893년에 러시아 사회민주주의 운동에 뛰어들었다. 레닌과 함께 페테르부르크에서 노동계급해방투쟁동맹을 조직했다. 1894년 페테르부르크공과대학을 졸업하고 전기 기사가 됐다. 1907년 이후에는 정치 활동에 소극적이었다. 1917년 2월 혁명 후 모스크바 소비에트 볼셰비키 분파의 일원이었다. 1920년에는 러시아전력화위원회를 이끌었다. 1921~1930년에는 국가계획위원회의 책임자였다. 1929~1939년에 소련과학아카데미 부의장이었다.

키로프, 세르게이 미로노비치(1886~1934) 정치국원이고 레닌그라드 당 조직의 우두머리였다. 정치체제의 자유화를 지향하는 경향의 지도 자였다. 1934년 12월 그가 암살된 후 트로츠키 지지자, 지노비예프 지지자, 불만을 품은 스탈린 지지자에 대한 공포정치가 시작됐다.

퍄타코프, 게오르기 레오니도비치(1890~1937) 1910년 러시아사회민주노 동당에 입당. 탁월한 이론가이자 경제학자. 1923~1928년 좌익반대파 지지자였다. 1927년 당에서 제명됐고 스탈린에게 굴복했다. 초기 5 개년계획 기간에 소련 산업 발전에 중요한 구실을 했다. 2차 모스크 바 재판(1937년 1월)에서 숙청돼 처형됐다.

포크롭스키, 미하일 니콜라예비치(1868~1932) 1905년 러시아사회민주노 동당에 입당. 1918년 러시아연방의 교육 부剛인민위원으로 임명됐다. 저명한 스탈린주의 역사가였다.

포티예바, 리디야 알렉산드로브나(1881~1975) 1904년 러시아사회민주노 동당에 입당. 1918년부터 레닌의 비서이자 인민위원회와 노동·방위 위원회의 서기였다. 숙청에서 살아남았다. 1956년 '스탈린 격하' 운동 의 일환으로 레닌훈장을 받았다.

프룸킨, 모이세이 일리치(1878~1939) 1898년 러시아사회민주노동당에 입당. 1922년 4월부터 러시아연방의 외국무역 부剛인민위원이었다. 소비에트 무역과 재정 분야에서 고위직에 종사했다. 1928~1929년과 그 후에도 우익반대파를 지지했다. 1937년 당에서 축출됐다.

찾아보기

Lenin's Fight Against Stalinism

Edited by Russell Block

Copyright ⓒ 1975 by Pathfinder Press

Korean translation edition ⓒ 2024 by Chaekgalpi Publishing Co.

Pathfinder와 협약에 따라 이 책의 한국어 판권은 책갈피 출판사에 있습니다.

스탈린주의에 맞선 레닌의 투쟁
레닌 저작선

지은이 블라디미르 레닌

옮긴이 최일봉

펴낸곳 도서출판 책갈피 | 등록 1992년 2월 14일(제2014-000019호)

주소 서울 성동구 무학봉15길 12 2층 | 전화 02) 2265-6354

팩스 02) 2265-6395 | 이메일 bookmarx@naver.com

홈페이지 chaekgalpi.com | 페이스북 facebook.com/chaekgalpi

인스타그램 instagram.com/chaekgalpi_books

첫 번째 찍은 날 2024년 12월 13일

값 17,000원

ISBN 978-89-7966-275-7

잘못된 책은 바꿔 드립니다.